El destructor

El destructor

PABLO HIRIART

Grijalbo

El papel utilizado para la impresión de este libro ha sido fabricado a partir de madera
procedente de bosques y plantaciones gestionadas con los más altos estándares ambientales,
garantizando una explotación de los recursos sostenible con el medio ambiente y beneficiosa para las personas.

Penguin
Random House
Grupo Editorial

El destructor

Primera edición: febrero, 2023

D. R. © 2022, Pablo Hiriart

D. R. © 2023, derechos de edición mundiales en lengua castellana:
Penguin Random House Grupo Editorial, S. A. de C. V.
Blvd. Miguel de Cervantes Saavedra núm. 301, 1er piso,
colonia Granada, alcaldía Miguel Hidalgo, C. P. 11520,
Ciudad de México

penguinlibros.com

ISBN: 978-607-382-497-2

Impreso en México – *Printed in Mexico*

ÍNDICE

CAPÍTULO I
EL HUEVO DE LA SERPIENTE

El huevo de la serpiente es transparente. A través de la cáscara se ve el embrión del reptil venenoso. Ingmar Bergman lo utilizó como metáfora para ilustrar el proceso de acumulación de poder en un solo hombre que acabaría por destruir la democracia alemana, ante la mirada complaciente de la mayoría.

La película del cineasta sueco llegó a México, al Centro Universitario Cultural (CUC), durante mis años felices cuando estudiaba en la Facultad de Ciencias Políticas y Sociales de la Universidad Nacional Autónoma de México (UNAM). Al igual que a varios de quienes la vimos, a mí se me grabó lo dicho por el científico Hans Vergérus, quien dirigía un extraño laboratorio: "Cualquiera puede ver el futuro, es como un huevo de serpiente. A través de la fina membrana se puede distinguir un reptil ya formado".

De ninguna manera Andrés Manuel López Obrador es comparable con Adolfo Hitler. Sería absurdo y falso. Aunque sí hay similitudes en la actitud de dirigentes políticos, de la iniciativa privada e intelectuales y comunicadores, quienes vieron la gestación de la serpiente tras la cáscara y negaron lo que tenían ante sus ojos, le dieron calor con sus simpatías o la dejaron crecer desde su arrogante indiferencia.

El reptil alemán fracasó en Múnich, donde intentó quebrar la vida institucional de su país con un golpe y fue a la cárcel. Pronto lo perdonaron, porque contaba con el respaldo popular y con ideales, y la indulgencia lo fortaleció. Los demócratas de Alemania le abrieron paso a su propio destructor. El presidente Paul von Hindenburg lo nombró canciller, puesto desde donde Hitler maniobró para acumular funciones, suspender libertades y, a la muerte del mandatario, asumió el poder absoluto.

A López Obrador se le giró una orden de aprehensión por la toma de pozos petroleros en Tabasco y el mismo gobierno que lo acusó se encargó de dejarla sin efecto.

El presidente Ernesto Zedillo dio un paso más: lo quiso convertir en su aliado. Yo estaba de visita en la oficina de un alto funcionario en Los Pinos cuando tomó el teléfono rojo para decirle al entonces director del Infonavit, Arturo Núñez: "Ya hubo acuerdo, prepara todo porque te vas a Tabasco en lugar de Roberto Madrazo". La maniobra, sin embargo, no fructificó.

Al final de ese sexenio, López Obrador fue candidato a jefe de Gobierno del Distrito Federal (GDF) por encima de la ley. No cumplía con el requisito de la residencia efectiva porque su domicilio estaba en Tabasco, como lo indicaba su credencial de elector. Desde el gobierno se desalentó al Partido Revolucionario Institucional (PRI) capitalino para llevar a cabo la impugnación. Pase usted, otra vez.

Liébano Sáenz, secretario particular del entonces presidente, me dijo para este libro que el candidato a jefe de Gobierno por el PRI, Jesús Silva-Hérzog, quería bajar a López Obrador de la candidatura porque, en efecto, era ilegal.

"No quisimos echarle a perder el trabajo a (el candidato del PRI, Francisco) Labastida ni a Santiago Creel (el candidato del Partido Accional Nacional a la jefatura capitalina), a quien se le consultó y dijo que él iba a ganar en las urnas". En realidad "no hicimos nada para evitar la candidatura (ilegal) de

AMLO. Fue un error que ahora estamos pagando. Así como otros que, en su momento, también cometieron errores".

José Luis Luege, quien en esa época era presidente del Partido Accional Nacional (PAN) en el Distrito Federal, llevó el caso al Tribunal Electoral capitalino y comenta: "Nos dieron palo. Pudimos subirlo al Tribunal Electoral Federal y habríamos ganado, porque López Obrador no tenía los cinco años de residencia en la capital previos a la elección. En el equipo de Vicente Fox y de Creel no quisieron. Diego (Fernández de Cevallos) estaba de mi lado para ir hasta las últimas, pero Fox y Santiago decidieron que podría ser contraproducente".

Lo dejaron pasar, por encima de la ley.

En 29 de octubre de 2001, la reportera Karina Soriano, de *Crónica*, dio a conocer una investigación documentada en la que afirmó que López Obrador violó un amparo que dictó suspender obras de vialidad en el predio El Encino. El jefe de Gobierno se negó a rectificar y continuó las obras, aun cuando los propietarios estaban protegidos por una figura constitucional, joya del derecho en México, contra actos de la autoridad.

Más de tres años tardó la Cámara de Diputados en iniciar el juicio de procedencia y votar su desafuero. Ya estaba encima el proceso electoral para la Presidencia de la República y el desaforado dobló al gobierno y a la ley con un par de marchas multitudinarias. López Obrador salió fortalecido rumbo a la cita con las urnas en julio de 2006.

Perdió. Al anochecer de ese domingo 2 de julio le llamé a Ulises Beltrán, el padre de una brillante generación de encuestadores mexicanos surgidos del Instituto Nacional de Estadística y Geografía (Inegi). Seis años atrás también le llamé, a las cuatro de la tarde, y me anticipó: "Ganó Fox por seis puntos". En 2006 volvió a ser certero: "Viene apretadísima, pero tengo arriba a Calderón por un pelito".

Los datos oficiales lo fueron confirmando: el Programa de Resultados Electorales Preliminares (PREP) no dejó de funcionar toda la noche y la madrugada del día 3 de julio. Las televisoras salvaron al país de un caos mayor: transmitieron de manera ininterrumpida el conteo.

"En el PREP siempre estuvo arriba Felipe Calderón", recuerda Luis Carlos Ugalde, presidente del Instituto Federal Electoral (IFE) en esa elección. "Fue en los cómputos distritales del miércoles 5 cuando AMLO inició arriba, una estrategia del PRD para generar la sensación de que iba a ganar. El cruce se dio a las cuatro de la madrugada del jueves 6 de julio".

La prueba es el *mea culpa* de un testigo de calidad: "Fernando Belaunzarán acaba de confesar esa estrategia en Twitter. Él era operador de AMLO en Sonora".

Felipe Calderón le ganó a López Obrador por 236 003 votos.

El perredista rechazó el resultado sin tener pruebas, desconoció al ganador y al gobierno surgido de esa elección, se autoproclamó "presidente legítimo" e instó a sus partidarios a tomar Reforma, bloquear carreteras en los estados y estrangular el Istmo de Tehuantepec, mandó "al diablo" a las instituciones, nombró un gabinete paralelo, alteró el escudo nacional para ceñirse la banda tricolor en el pecho e inició una campaña para que ninguna autoridad, en ningún municipio del país, reconociera al "usurpador". Se accedió a un recuento parcial de votos: en una muestra de 9% de casillas instaladas en el país se abrieron paquetes con boletas que ya habían sido contadas por los funcionarios (ciudadanos) y por otros ciudadanos en los distritales, en presencia de los representantes de los partidos políticos. El panista no redujo su ventaja. Y el viernes 14 de julio en entrevista con Carmen Aristegui en W Radio, López Obrador descubrió su verdadera intención de fregar a México: "Ni con el voto por voto aceptaré a Calderón" como presidente.

Todas esas violaciones a las leyes quedaron impunes.

"Pasó cerca la bala", dijeron los empresarios y continuaron su rutina sexenal sin cambiar en nada.

Vieron a la serpiente en el cascarón y optaron por convencerse de que sólo fue una anécdota. La bala ya "había pasado". Y no dieron crédito a su propia narrativa: "Es un peligro para México".

En 2012 López Obrador volvió a perder la Presidencia, con una diferencia más holgada que hizo poco creíble y menos incendiaria su narrativa del fraude electoral: en el Zócalo capitalino, con un chivo, seis gallinas, dos patos y ocho pollitos recién nacidos quiso convencer a todos de que le habían robado la elección. Los animales que llevó a la principal plaza del país no fueron parte de una representación sino, según dijo, de una realidad: gente del pueblo se los entregó porque con ellos quisieron comprar su voto en favor de Enrique Peña Nieto. Y el día de la toma de posesión del ganador de las elecciones, partidarios de López Obrador atacaron con violencia a la policía con el fin de tomar el recinto legislativo de San Lázaro e impedir que el presidente electo rindiera la protesta constitucional. Atacaron con bombas incendiarias, piedras, palos, fuego de sopletes. Y no pasó nada: los agresores detenidos muy pronto salieron libres, y el instigador político de la violencia, López Obrador, no fue molestado ni con un citatorio.

"Déjalo, hombre, ya está en la lona", me dijeron colaboradores, políticos y amigos.

Respondí con una columna en *La razón*: "López Obrador está en la lona, pero está en el *ring*".

De nueva cuenta los empresarios contribuyeron a la supervivencia de las causas que daban calor al nido donde incubaba el huevo de la serpiente. Pagaban sueldos bajos a los trabajadores cuando podían pagarles más, aunque sacrificaran un par de puntos del retorno de su inversión. Regateaban el pago de horas extra. Exhibían su cercanía con altos funcionarios en fiestas, les prestaban sus aviones y yates, salían fotografiados codo a codo con ellos en revistas de sociales. Tenían al poder político comiendo en su mesa y lo mostraban como blindaje

para abusos fiscales, contaminar ríos, construir en lugares pro-
hibidos para venderle casas a gente de escasos recursos que
perdían la propiedad en la primera inundación (Acapulco, por
ejemplo) y se quedaban con la deuda del pago de la hipoteca.

El presidente Peña Nieto tenía claro lo que se debía trans-
formar en el país y lo hizo en tiempo récord: reforma educativa, reforma en telecomunicaciones y reforma energética.
Afectó los intereses sindicales espurios enraizados y los del
hombre más rico de México.

Con esos adversarios colosales, además de López Obrador
activo y en campaña, Peña Nieto renunció de manera inexpli-
cable a ejercer su principal talento: la capacidad para conectar
con la gente. Esas reformas en el tramo inicial de su mandato parecían la punta de un iceberg modernizador del país, que
empezaba a moverse. Pero no, esa punta era todo el iceberg:
no tenía nada abajo. Carecía de respaldo social.

Ocurrió lo que nunca hubiéramos esperado de esa aspira-
dora de simpatías que era donde se plantara: le cedió la iniciativa y el terreno a sus colosales adversarios. Delegó el poder en
Luis Videgaray, funcionario que carecía de las virtudes humanas y políticas del presidente. Peña dejó de ser Peña. En unos
cuantos meses fue anulado por Videgaray, quien impuso una
rígida estrategia de gobierno cupular en la naciente administración.

Recuerdo cuando un amplio contingente de estudiantes
en paro marchó desde el Instituto Politécnico Nacional (IPN)
hacia Bucareli para llevar su pliego de demandas a la Secretaría
de Gobernación (Segob). Como era usual, instalaron un templete en la calle y los oradores exigieron ser recibidos. Salió
el secretario Miguel Osorio en mangas de camisa, se subió al
templete a dialogar con los estudiantes y despresurizó el conflicto. Dentro del gobierno, la actitud del titular de Gobernación fue vista como un pecado contra el primer mandamiento
del nuevo estilo de gobernar: la política es cupular.

El presidente se aisló de los intelectuales, de los formadores de opinión, de los dirigentes opositores, de todo lo que implicara esfuerzo de concentración para escuchar y hablar con naturalidad los temas delicados que un presidente necesita conversar en corto con quienes ven las cosas desde una posición distinta. En lugar de salir los fines de semana a visitar las zonas populares de México, urbanas y rurales, a tocar gente, mirarla a los ojos, estrechar manos, a establecer contacto personal —su principal fortaleza—, a contrarrestar a López Obrador, que recorría todas las plazas públicas del país donde difamaba el proyecto reformista, Peña Nieto se iba a jugar golf a Punta Mita o a Ixtapan de la Sal.

La ausencia de Peña Nieto en el corazón de buena parte de los ciudadanos de un país presidencialista la ocupó López Obrador. El candidato derrotado que seguía en campaña y vivía del aire, sin cuenta en el banco ni tarjetas ni efectivo, con los 50 mil pesos que le daba el pueblo, decía, logró conectar muy bien con la parte oscura (cual más, cual menos, todos tenemos una) de millones de personas.

Sacó lo peor de cada uno: el resentimiento, la ira y la envidia. Entró muy bien su cizaña polarizadora. Hizo gala de una superioridad moral que no tenía y se presentó ante las clases populares y medias como un mesías. Todos tus problemas son por culpa de otros mexicanos, "ladrones de cuello blanco". "Si acabamos con ellos se acabarán tus problemas", decía todos los días ciudad por ciudad, ranchería por ranchería.

El fanatismo empezaba a correr por las venas de México.

Dice Amos Oz, en su libro de entrevistas y ensayos *Contra el fanatismo*, que "la semilla del fanático siempre brota al adoptar una actitud de superioridad moral que impide llegar a un acuerdo". Ése era AMLO. Así empezó su carrera. Así actuó como candidato y ahora como presidente. Imposible llegar a un acuerdo con él, porque desde el inicio de su vida pública se instaló en la cúspide de una columna de superioridad moral que sólo su megalomanía y el fanatismo de sus seguidores le confieren.

Había materia para aprovechar ese lado oscuro de un amplio sector de la población. Un ejemplo, aunque hay muchos: el gobierno llenó la plancha del Zócalo con camionetas Suburban, muchas de ellas blindadas, con señores de traje y corbata que iban al Informe del presidente que les hablaba de las bondades de las reformas estructurales.

"¡Rateros!", escuché en el centro capitalino a transeúntes que espontáneamente expresaban con un grito su repudio al elitismo y percibían corrupción. No se hizo nada para tender un lazo con la gente desplazada de la cercanía con el presidente y su gobierno.

"¿Ya ven? Ésos son los que se enriquecen con el dinero de ustedes", era el discurso de López Obrador. Muy eficaz y fácil de ilustrar. En los estados, no pocos gobernadores aportaban tropelías para multiplicar el descontento y el enojo. El país se polarizó y la violencia criminal repuntó.

Los altos índices de homicidios están ligados al extravío en la política social de los sucesivos gobiernos priistas, panistas y morenista. No es el único factor, pero sí el decisivo.

Fue un error abandonar Solidaridad como política social del Estado. El programa fue sustituido por el individualismo del cheque personalizado y la etiqueta de pobre en la frente del registrado en el padrón.

Es cierto que el individualismo —y la descomposición— es un fenómeno mundial, pero México ya había encontrado un camino para proteger el tejido social y fomentar que las personas fueran escuchadas, se organizaran, se sintieran partícipes e importantes en núcleos humanos de carne y hueso; los vecinos, por ejemplo.

Mark Zuckerberg (citado por Yuval Noah Harari en sus *21 lecciones para el siglo XXI*) dijo en el discurso inaugural de la Cumbre de Comunidades el 22 de junio de 2017 que los trastornos sociopolíticos de nuestra época son el resultado, en gran medida, de la desintegración de las comunidades humanas: "Durante décadas la afiliación a todo tipo de grupos se ha reducido hasta una cuarta parte. Son muchísimas las personas que ahora necesitan encontrar un propósito y apoyo en algún otro lugar".

Esos trastornos sociopolíticos de los que habla el padre de Facebook, en México se expresan en crímenes ejecutados con crueldad inigualable: personas que destazan vivas a otras, las desintegran en ácido, filman los martirios y los suben a internet.

Antes de abandonar la política social que fortalecía a la comunidad, casos así ocurrían como excepción y eran noticia durante semanas. Ahora es rutina de páginas interiores en los periódicos, si acaso. Roto el tejido social, desintegrados los lazos que unían a vecinos, poblados y colonias, la consecuencia —o una de ellas— fue el repunte de la atrocidad delictiva.

Las bandas que reclutan sicarios se nutren de muchachos que ingresan para ser "alguien", parte de un grupo, tener compañeros de algo. Y dan rienda suelta a su energía en una actividad, que en este caso es cruel, desalmada. Con esa parte turbia, execrable, encarnada en grupos criminales, Andrés Manuel López Obrador ha hecho una magnífica conexión cuyas evidencias hemos atestiguado. Peña Nieto tenía la obligación de ganarle pueblo a las organizaciones delictivas y a AMLO, con trabajo político durante todos los días de su sexenio, y no lo hizo.

En una entrevista que seis periodistas le hicimos en Palacio Nacional, le pregunté al presidente si no le preocupaba su decrecimiento en el respaldo de la población para el futuro de las reformas y contestó que él no gobernaba para las encuestas de popularidad.

Quien lo haya convencido de ese falso dilema y equívoco planteamiento fue un facilitador de la llegada de López

Obrador al poder. Tenían ante sí al embrión que se desarrollaba tras la delgada membrana, y cuando quisieron reaccionar ya fue demasiado tarde: la serpiente ya estaba ahí.

Un amplio sector ilustrado de la sociedad también vio el huevo y el reptil le pareció pintoresco, inofensivo dentro del cascarón. Al alcance de la mirada de cualquier observador estaba el peligro que representaba AMLO para México.

Peligro para la democracia, porque no era demócrata.

Peligro para la convivencia plural, porque era intolerante.

Peligro para la economía, porque era un profeta del desprecio al sector privado.

Peligro para la vida institucional del país, porque no creía en las instituciones.

Peligro para la unidad nacional, porque era un sembrador de discordias.

Peligro para la seguridad personal y patrimonial de la población. Cuando fue jefe de Gobierno, la violencia y los delitos en la capital del país crecieron hasta el extremo de que las clases medias salieron a las calles para protestar.

Peligro para el Estado de derecho, porque quebrantó la ley una y otra vez desde el gobierno citadino.

Se prefirió mirar hacia otro lado. Hacer como si nada de lo anterior fuera verdad.

Había que burlarse de Peña Nieto porque se puso unas calcetas de correr extrañas, o solazarse en errores tan pequeños e insignificantes como una suma mal hecha o el inglés mal pronunciado. Con esas nimiedades se inundaron nuestros WhatsApp, las redes sociales, las mesas familiares y las reuniones de amigos. Se obstaculizó todo lo que venía de Peña Nieto.

La aversión llegó hasta la insensatez de crear un colectivo llamado "Por una fiscalía que sirva" para frenar la propuesta del presidente de poner a Raúl Cervantes como fiscal general de la República, y lo lograron. Para abajo el brillante abogado y luego no dijeron nada, desapareció el colectivo, cuando el nuevo gobierno nombró a Alejandro Gertz Manero.

¿Resultado? Más de 30 científicos con orden de aprehensión, en paquete, a pedido de la directora de Conacyt, María Elena Álvarez-Buylla. Acuerdos con delincuentes confesos para arreglar declaraciones ministeriales con el propósito de enlodar a personas que le desagradaban a alguien en el poder. Fabricación de delitos para tener encarcelada a una mujer que el presidente detesta, Rosario Robles. Proyecto de reformas constitucionales para crear un Código Penal Federal que nulificaba las libertades individuales ante el Estado. Qué bonito papel de la "sociedad" civil al minimizar el huevo de la serpiente.

Afortunadamente hay vigor y capacidad de reacción, pero el daño es tan profundo que pasarán generaciones antes de que cierre la herida de la polarización social alentada por el presidente de México, Andrés Manuel López Obrador.

La población, una parte amplia de ella, se ensañó con un presidente que tenía luces y sombras. Frívolo y débil de carácter, pero sin odios ni rencores. Ligero de soportar.

Dejó al país creciendo por encima del promedio mundial. Creó 4 millones de empleos. México exportó más manufacturas que todo el resto de América Latina junta. El salario aumentó 11.7% encima de la inflación. Sacó a 2 millones de personas de la pobreza extrema. Sus grandes obras públicas tenían sentido de futuro: duplicó la capacidad operativa de los puertos y arrancó un potente aeropuerto internacional en Texcoco que se pagaba solo.

Al gobierno de AMLO le dejó 300 mil millones de pesos en el Fondo de Estabilización de Ingresos Presupuestarios (FEIP), inversión extranjera nueva —y en fierros— por 193 mil millones de dólares. El Instituto Mexicano del Seguro Social (IMSS) pasó de números rojos a negros y al concluir el sexenio se le inyectaron 73 mil millones de pesos en reservas financieras.

Se dio un frentazo con la "Casa Blanca". Pero una vez detonado el escándalo —no ilegal, pero sí muy cuestionable por conflicto de interés—, a Juan Armando Hinojosa, propietario de Grupo Higa, no se le dio un solo contrato en el Gobierno Federal y todos los contratos con gobiernos estatales le fueron cancelados.

Hubo corrupción, sí, pero no de la magnitud que la propaganda del Movimiento de Regeneración Nacional (Morena) y sus comentaristas (ex) afines decían. Se creó un andamiaje institucional para evitarla y castigarla.

López Obrador tiró el Sistema Nacional Anticorrupción. Le recortó el presupuesto a la ciencia, a la tecnología. Desmanteló el Seguro Popular. Demolió la reforma educativa. Congeló la reforma energética y perdemos hasta la camisa con la obsesión petrolera. El presidente López Obrador se doblegó ante Trump y le hizo el trabajo sucio en el sur y en el norte.

Peña cometió el error de recibir a Donald Trump en Los Pinos cuando este último se encontraba en campaña electoral. Sin embargo, su comportamiento a la hora de interactuar de presidente a presidente fue algo más que decoroso: valiente. No aceptó la presión para pagar el muro y salvó lo esencial del Tratado de Libre Comercio de América del Norte (TLCAN). En una conversación telefónica entre Peña Nieto y Donald Trump, difundida íntegra meses después por *The Washington Post*, se evidencia que fue Trump y no Peña quien se dobló.[1]

López Obrador fue a Washington, a la Casa Blanca, a darle las gracias a Trump por el "trato respetuoso" a los mexicanos, en la recta final de su campaña por la reelección. Se doblegó a la primera ante el presidente de Estados Unidos y luego cedió soberanía al permitir que éste, y más adelante jueces federales, dispusieran de territorio nacional mexicano como patio

---

[1] Pablo Hiriart, "El presidente y el pelele", columna "Uso de Razón", en *El Financiero*, 7 de julio de 2020.

trasero donde debían esperar los solicitantes de asilo en Estados Unidos. Todo ello sin consultar a las autoridades mexicanas. Denigrante.

Peña reaccionó tarde ante la masacre de Iguala, pero durante su sexenio se investigó y encarceló a más de un centenar de asesinos materiales e intelectuales. Cometió el error de no dar a conocer el móvil de lo ocurrido, en virtud de un acuerdo con padres y representantes legales de los familiares de los normalistas.

López Obrador hizo de la matanza un tema de campaña —e hizo bien, por la trascendencia del caso—, pero varios de los involucrados eran sus aliados políticos. Y en este gobierno han dejado libre a más de la mitad de los detenidos, incluyendo al que coordinó el secuestro y la masacre: José Ángel Casarrubias Salgado, *el Mochomo*, líder del cártel Guerreros Unidos, quien fue liberado el 1 de julio de 2020, pero recapturado de inmediato por hechos ajenos al caso Ayotzinapa.

Se despreció todo lo que viniera de Peña Nieto, revuelto lo malo con lo bueno. No se valoró lo suficiente la existencia de separación de poderes, la democracia, la libertad de expresión. Millones dieron calor al huevo en su nido, a pesar de ver que ahí había una serpiente.

¿Nunca se creyó que AMLO fuera así? ¿No se sabía?

Siempre fue un intolerante: "Si no estás conmigo estás contra mí". Lo viví en carne propia.

En el último trimestre de 1988, el director de *La Jornada* (diario del cual fui reportero fundador, incorporado al grupo por mi compañero de "fuente", Julio Hernández López) me envió a Tabasco para cubrir las campañas a gobernador del estado y me fui de gira con López Obrador en su coche. Escribí lo que vi. Puse lo que él decía. Reproduje en crónicas y notas lo que decía la gente, sus diálogos con el candidato, partes de discursos, y nada le gustó. Obviamente no iba para darle gusto, simplemente no me sumé a su causa ni mentí para congraciarme con el personaje. Tampoco lo agredí ni exageré situaciones para perjudicarlo. Esa frialdad profesional me convirtió en su enemigo. Jamás lo olvidó. Y para mi mala suerte y la del país, el rencoroso candidato del Frente Democrático Nacional llegó, 30 años después, a la Presidencia de la República.

Su primera reacción escrita a una crónica mía está en su libro cuyo título, de cinco palabras, tiene tres palabras que encontraremos siempre en su léxico de político intolerante: *Tabasco, víctima del fraude electoral.* Víctima, aunque el agresor sea él, y fraude electoral, siempre que ha perdido una elección.

Escribió en ése, su primer libro: "Esta crónica no necesita respuesta porque se descalifica a sí misma. Fue armada para mostrar nuestra poca capacidad de convocatoria, dar a conocer las 'discrepancias' que nos impidieron hacer coalición partidista para presentar candidatos únicos, y justificar a los 'viejos cuadros' que al encontrar 'autoritarismo' y 'antidemocracia' en nuestras filas deciden 'voluntariamente' defeccionar. En fin, los argumentos centrales manejados por el PRI-gobierno, sólo que envueltos en el lenguaje de un profesional de la crónica mercenaria".

Me increpó, hiriente, en la sala de prensa en Villahermosa, en ese tiempo cuando hablaba de corrido. Mintió sobre mis actividades en Tabasco. Su equipo repartió panfletos contra mí. En el DF presionaban al director del diario que me envió para que me quitara de la cobertura.

Desde esa época supe que para AMLO quien no es su incondicional es su enemigo, inmediato o en potencia. Lo que viví en Tabasco no fue nada en comparación con los desplantes de intolerancia que exhibió después: López Obrador desconoció a su hermano Arturo, hijo de su misma madre y padre, porque piensa distinto a él en cuestiones políticas.

Vaya, ni siquiera fue una discrepancia de ideas, sino que en una elección local, Arturo dijo que votaría por el candidato del PRI en Veracruz porque lo conocía.

La respuesta de su hermano Andrés Manuel quedó escrita en Facebook: "En la familia siempre hay alguien que desentona, que le gusta acomodarse. Se dice en el argot, en el hampa de la política, a colarse. Y son aspiracionistas, no tienen ideales, no tienen principios, por eso yo ya no tengo hermanos".

¿No se vio esa señal que salió del corazón de Andrés Manuel López Obrador? ¿O no se quiso ver?

Como jefe de Gobierno del Distrito Federal, *Crónica* —bajo mi dirección— le resultaba insoportable. Mostró que no podía convivir con un medio de comunicación crítico. Desde el antiguo Palacio del Ayuntamiento llamó a los reporteros, una y otra vez, a "rebelarse contra la línea editorial" del diario y les pedía que "tengan el coraje de sentirse libres".

Adrian Castillo y Raymundo Sánchez fueron los reporteros que cubrían sus actividades. El primero recibió insultos, incluso de conductores de television muy conocidos, por su cobertura crítica de las conferencias matutinas del jefe de Gobierno. Adrian narró, en una espléndida crónica, cuando de un programa de televisión le llevaron mariachis para cantarle "Las Mañanitas" el día de su cumpleaños. Le tundieron y nunca se dobló.

Raymundo Sánchez le preguntó, con su estilo respetuoso y sin concesiones, por la propaganda que se realizaba con recursos públicos para promover su persona. AMLO lo negó. Raymundo se levantó, caminó hacia el jefe de Gobierno en la conferencia matutina y puso en su mano un preservativo masculino con su rostro impreso en el paquete y que era distribuido por la Secretaría de Salud. López Obrador lo vio y su respuesta fue: "Esto no existe". Igual que ahora: ante la evidencia, la negación de la realidad.

Tiempo después, el reportero Francisco Reséndiz se infiltró en grupos que formaban "células bolivarianas", como parte —o cercanas— del Frente Popular Francisco Villa (FPFV), al que el gobierno de AMLO dejaba operar taxis pirata —siempre

21

y cuando tuvieran un oficio de los líderes del FPFV—, en competencia desleal con los autorizados.

Cuando publicamos el reportaje de Reséndiz la reacción fue virulenta. Grupos bolivarianos y "panchos villas" pusieron sellos de clausura en el periódico en un acto violatorio de la libertad de expresión y atropello de la propiedad privada.

Los manifestantes llegaron a pie y en autobuses, escoltados por patrullas de la policía capitalina. La autoridad del lado de los agresores.

En el círculo político y propagandístico de López Obrador, incluida la embajada de Venezuela, el canciller de ese país y el propio Hugo Chávez, la víctima no fue *Crónica*, sino López Obrador.

Reséndiz debió ocultarse unos días debido al calibre de las amenazas que recibió y la autoridad, en simbiosis con los delincuentes, anunció el paso de la agresión verbal al castigo físico.

Recreo estos ejemplos para ilustrar que López Obrador siempre fue como es ahora; que muchos pudimos constatar lo que había tras la membrana.

Mentiroso lo fue siempre. Que nadie diga que no se sabía; que resultó ser un "vicio oculto". Pamplinas.

Al inicio del proceso de desafuero, López Obrador denunció reuniones entre el presidente Vicente Fox y el presidente de la Suprema Corte de Justicia de la Nación (SCJN), Mariano Azuela. Era su prueba de "la conjura". Él negó haberse reunido alguna vez con Azuela y cargó contra Fox y el presidente de la Corte.

Crónica publicó un espléndido trabajo de las reporteras Patricia Huesca y Leticia Cortés, que revelaron hasta el menú y copia de la cuenta de una de las dos veces que AMLO y Azuela comieron en el entonces restaurante La Cava, en Insurgentes Sur. *In fraganti*, pues.

Cuando López Obrador se vio exhibido en su mentira, recurrió a lo de siempre: echarse al piso como víctima. Dijo que la información publicada por nuestras reporteras nos la había dado el Centro de Investigación y Seguridad Nacional (Cisen). Él era objeto de persecución de parte del órgano de inteligencia del gobierno, y por tanto víctima política de la mafia de Los Pinos, etcétera, etcétera. Le dio la vuelta al hecho concreto: su mentira, en un tema de primera importancia, con otra mentira.

Han pasado dos décadas de aquellos hechos y ya se puede contar cómo surgió la nota. Un grupo de directivos y colaboradores de *Crónica* fuimos invitados a comer a la Suprema Corte, y ahí le pregunté al ministro presidente sobre su reunión con Fox, a la que aludía el jefe de Gobierno como sustento para la teoría de la conjura. Respondió que no tenía nada de extraño ni de ilegal, y que así como se había reunido con Fox también lo había hecho, en dos ocasiones, con López Obrador.

—¿Dónde se vieron, ministro? —pregunté.

—Comimos en La Cava, allá en el sur, ahí le gusta a él.

—Gracias, ministro.

El resto lo hicieron —espléndidamente— las reporteras Patricia Huesca y Leticia Cortés.

López Obrador siempre despreció a las instituciones democráticas.

Violó un amparo en El Encino, lo mandó al diablo. Sabía lo que hacía, como lo mostraron documentos exhibidos en la portada de *Crónica* (investigación de Adrian Castillo). Sabía, desde 2001, que su desacato a la Constitución lo podría llevar al desafuero. En 2002 le respondió al juez que era "prácticamente imposible" cumplir con la suspensión definitiva y más adelante, cuando inició el proceso para separarlo del cargo, lo negó todo: "No he violado ningún amparo".

Cuando los diputados del PRD, en una acción dirigida por Martí Batres desde la Jefatura de Gobierno, tomaron la Cámara de Diputados para evitar que se votara una ley sobre la responsabilidad del Distrito Federal en materia educativa, López

Obrador calificó de "hipócritas" a quienes condenaron el asalto. "Defendían al DF", dijo el jefe de Gobierno.

"No tenemos respeto a las instituciones", dijo en agosto de 2006, luego de perder las elecciones. Desde el Zócalo azuzó a decenas de miles contra sus "adversarios" (eufemismo que usa para no emplear el término enemigos).

Desde la Jefatura de Gobierno mostró su proclividad a las consultas tramposas, como la revocación de mandato en la capital. "El 92% del padrón no votó en la consulta de AMLO", tituló *Crónica* en septiembre de 2004.

Su ineptitud como gobernante la mostró desde entonces: puso al DF en el lugar número uno de incidencia delictiva, de desempleo y bajo crecimiento económico. Campeó el desabasto de medicinas en los hospitales del Gobierno del Distrito Federal, cuyos anaqueles estaban vacíos. Todo eso se publicó. Aquí lo reproduzco hasta con fotos.

Había dicho que respetaría el resultado que diera a conocer el IFE en las elecciones presidenciales y mintió. Descalificó al instituto, a los consejeros los trató de delincuentes.

Luego de que Felipe Calderón asumió la Presidencia, en lugar de castigar a López Obrador por su sabotaje a la Constitución, el PAN y el PRI descabezaron al IFE y cambiaron la legislación electoral para darle el gusto y contentarlo.

El resultado lo recordamos: los consejeros convertidos en delincuentes cada vez que AMLO perdía. Eso ocurre ahora, porque también lo hizo antes. Y no pasó nada. La sociedad, los partidos y muchos comunicadores fueron amnésicos. Y ahora se extrañan de su desempeño autoritario, demagógico e incompetente desde la Presidencia de la República.

Le creyeron a sus discursos del 1 de diciembre de 2018 y a los previos, como presidente electo:

"Habrá un auténtico Estado de derecho, tal como lo resume la frase de nuestros liberales del siglo XIX: al margen de la ley nada y por encima de la ley nadie".

"Mantendremos relaciones respetuosas con el Poder Legislativo y con el Poder Judicial, y el Poder Ejecutivo dejará de ser el poder de los poderes".

"A nadie le estará permitido violar la Constitución y las leyes, y no habrá impunidad".

"También transitaremos hacia una verdadera democracia, se acabará la vergonzosa tradición de los fraudes electorales. Las elecciones serán limpias y libres, y quien utilice recursos públicos o privados para comprar el voto y traficar con la pobreza de la gente, o el que utilice el presupuesto para favorecer a candidatos o partidos, irá a la cárcel sin derecho a fianza".

"Nuestro propósito es crecer en el sexenio, en promedio, 4%, el doble de lo que se creció en el periodo neoliberal".

"Me comprometo, y soy hombre de palabra, a que las inversiones de accionistas nacionales y extranjeros estarán seguras y se crearán condiciones hasta para obtener buenos rendimientos, porque en México habrá honestidad, Estado de derecho, reglas claras, crecimiento económico y habrá confianza".

"Impulsaremos el desarrollo de fuentes de energía alternativas renovables, como la eólica, la solar, la geotérmica y la mareomotriz".

"No se permitirá ningún proyecto económico, productivo, comercial o turístico que afecte el medio ambiente. Se evitará la contaminación del suelo, agua y aire, y se protegerá la flora y la fauna".

"No aumentará el precio de las gasolinas, el gas, el diésel y la luz, sólo se le aplicará el componente de inflación".

"En tres años quedará solucionado en definitiva el problema de la saturación del actual aeropuerto de la Ciudad de México; para entonces ya estarán funcionando las vialidades, dos pistas nuevas y la terminal de pasajeros en la base aérea de Santa Lucía".

"Vamos a poder garantizar la paz y tranquilidad porque ya no hay ese contubernio que existía, ya no se tolera la impunidad arriba ni en la Presidencia ni en el Estado".

"En seis meses ya van a estar operando todos los programas. Esto va a ir mejorando considerablemente en la medida que se vayan consolidando tres acciones: fortalecer los programas sociales, la Guardia Nacional y cero corrupción en los gobiernos".

"No debe seguir exponiéndose al Ejército, ni socavarlo; regresarlo (a los cuarteles) en la medida que se va profesionalizando la policía y eso nos llevará seis meses".

"El compromiso que estoy haciendo es que vamos a tener un sistema de salud como el que tienen en Dinamarca, como el que tienen en Canadá, porque no es un problema de presupuesto, es un problema de corrupción".

"El propósito es garantizar a los mexicanos atención médica y medicamentos gratuitos".

"[Haremos] que lleguen los medicamentos como llega la Coca Cola, a todos lados".

"El Estado se ocupará de disminuir las desigualdades sociales, no se seguirá desplazando a la justicia social de la agenda del gobierno".

"Se mantendrán las estancias infantiles".

La realidad de todo ese vergel de promesas la tenemos ahora, traspuesto el umbral de la mitad de su gobierno. En el capítulo final de este libro, especialistas de prestigio responden preguntas sobre los temas específicos del gobierno de López Obrador.

En los siguientes capítulos muestro que estábamos advertidos de su ineptitud. Como jefe de Gobierno falló en casi todas las políticas públicas. Sabía agitar, pero no sabía gobernar.

Una de sus banderas como candidato presidencial, en las tres elecciones que compitió, fue la falta de crecimiento económico "en el periodo neoliberal".

Pues bien, de acuerdo con las proyecciones del Banco de México, el crecimiento promedio sexenal durante el gobierno de López Obrador será de 0.4%. El peor desde Miguel de la Madrid, quien recibió un país quebrado luego de la "docena trágica".

López Obrador tomó un país en crecimiento, con recursos en las arcas, y tiró la economía a cero en el primer año del sexenio. Eso, sin pandemia. Derrochó el dinero público en inversiones petroleras para desplazar a la iniciativa privada de esa área y el gobierno se quedó sin recursos para cumplir con sus obligaciones básicas. Por falta de recursos, por ineptitud o por ambas cosas, no pudo ni comprar medicinas para los que, dijo, serían su prioridad: los pobres.

En la recta final de su mandato se observa, con cifras oficiales, que hay más pobres que en 2018, más pobres extremos que en 2018, y más carencias sociales que en 2018. En ese año, 20 millones 100 mil mexicanos carecían de acceso a la salud. Luego de tres años y medio de gobierno de López Obrador, 35 millones 700 mil mexicanos no lo tienen.

"No le ha salido nada a López Obrador", suele decirse. Error: no ha sabido hacer nada, porque no sabe gobernar.

Sus ataques hacia críticos, periodistas y hasta contra quienes piden un México sin odio, han subido de tono. Los que piensan diferente y votan en consecuencia cometen "traición a la patria". Está acusando de un delito que se paga con 40 años de cárcel.

La agresividad presidencial irá creciendo conforme se acerca el final constitucional de su mandato. Es proporcional a su desesperación.

Antes de elegirlo presidente, tal vez nos debieron recordar lo planteado por Sigmund Freud, en el sentido de que más importante que el programa sociológico de un político, es su perfil psicológico. Aunque también ya teníamos señales de alerta en ese delicado campo.

Cuando López Obrador era jefe de Gobierno del Distrito Federal, publiqué que su problema estaba en la cabeza.

Es un hombre enfermo. Tiene el síndrome de *hubris*.

Insistí en el tema cuando dio sus primeras muestras de extravío de la realidad, ya como presidente. Aquí reproduzco las columnas "Cuidado con el presidente" y "El presidente no está bien".

Tomé como base al prestigiado médico y político británico, lord David Owen, quien publicó el libro *En el poder y en la enfermedad*, que retrata a personajes como López Obrador: "En muchos jefes de Estado, la experiencia del poder les provoca cambios psicológicos que los conducen a la grandiosidad, al narcisismo y al comportamiento irresponsable. Líderes que sufren este síndrome de *hubris* 'político' creen que son capaces de grandes obras, que de ellos se esperan grandes hechos, y creen saberlo todo y en todas circunstancias", dice la reseña publicada en *Foreign Affairs*.

En el mismo sentido del doctor Owen, los psiquiatras Hervey Cleckley y Robert Hare señalan a esas conductas, desde un punto de vista clínico, como personalidad psicopática: "Gran capacidad verbal y un encanto superficial; autoestima exagerada; escasa habilidad; tendencia a mentir de forma compulsiva y patológica; comportamiento malicioso y manipulador; carencia de culpa; falta de remordimiento y vergüenza; crueldad e insensibilidad; narcisismo, egocentrismo patológico y carencia de empatía".

El intelectual español José Varela Ortega (cuya erudición honra la memoria de su ilustre abuelo, José Ortega y Gasset), apunta en su ensayo "Gobernados por psicópatas, embaucados por publicistas" (*Revista de Occidente*), que políticos como AMLO son: "Personajes muy elementales, de formación raquítica, ignorantes de cualquier saber ordenado, pero sobrados de una seguridad aplastante, al servicio de una temeridad ilimitada, gobernada con astucia, apoyada por una sagacidad desvergonzada y demagógica. Políticos adanistas, asesorados por un ejército de publicitarios y propagandistas, libres de ideas e ideologías, aunque expertos en las virtudes ofuscadoras del lenguaje, inventores de nuevos términos para nutrir una cartera de esperanzas y humo, envuelta en consignas simples y contundentes".

Lo dice el intelectual español, luego de citar a los psiquiatras Cleckley y Hare: "No hace falta insistir colocando nombres y apellidos en estos listados, en muchos países y a derecha e izquierda: desde Donald Trump y Boris Johnson, a Víctor Orbán y López Obrador, desde Alexander Lukashenco a Erdogan o Putin, de Bolsonaro a la estirpe de los Kirchner".

Llegan al poder porque conectan con las emociones de las personas. Varela Ortega escribe que "tienen éxito: están ahí, hipnotizando a una población adormecida, integrada por el *homo videns*, que ve, pero no entiende. Están ahí en el poder, que es lo único que les importa, porque al parecer", nos advierte Pascal de Sutter, "preferimos votar a los más enloquecidos, a los seductores, a los mentirosos, a los encantadores, que a los racionales y académicos".

La incógnita para México, quizá la mayor, es si López Obrador va a entregar la Presidencia de la República a quien gane las elecciones de 2024, si se trata de un opositor.

Por su trayectoria, su perfil psicológico y político, la respuesta es no.

Si alguien piensa que López Obrador, como Sócrates, preferirá beber la cicuta antes que transgredir la norma, aunque ésta sea injusta, se va a equivocar. Otra vez.

Ya nos ha dicho, de palabra y obra, que entre legitimidad y legalidad, él elige la primera. Con el agravante de que es él quien decide qué es legítimo y qué no. ("Ni con el voto por voto reconoceré a Calderón").

Previo a las próximas elecciones presidenciales, no tendrá empacho en decir que sí reconocerá al ganador, porque él es demócrata, maderista, etcétera. Dirá lo mismo que a Adela Micha y a Joaquín López Dóriga en 2006: que admitirá la derrota en caso de darse. La historia la conocemos.

Nunca ha aceptado que perdió una elección. Y en 2024, ¿le va a entregar la banda presidencial a un "traidor a la patria"?

Desde luego que no. Él, y su idea de justicia y legitimidad, están por encima de la norma. "No me salgan con que la ley es la ley".

Si lo oyeron o leyeron sabrán que ahí está: es él, véanlo. Es el huevo de la serpiente.

Para Juan Jacobo Rousseau, "cuando la ley está sometida a los hombres, no quedan más que esclavos y amos: la libertad siempre sigue la misma suerte que las leyes, reina y perece con ellas" (cita tomada del ensayo de Varela Ortega).

Esa travesía nos espera.

Hace algunos años (¿2008?) entrevisté al sociólogo francés Alain Touraine, en su cubículo del Institut des Hautes Études de l'Amérique Latine, en la rue Saint-Guillaume, en París. El viejo y laureado profesor me regaló varios libros suyos, y retomo aquí una idea pertinente al caso: "Las leyes son coerción, pero también tutelan un formidable freno porque se aplican incluso a quienes las hacen".

No es así en México en tiempos del presidente López Obrador. La legalidad de las elecciones estará sujeta a su versión personal de la legitimidad del proceso.

Y los fanáticos prefieren destruirlo todo antes que permitir el triunfo de eso que juzgan como "el mal".

CAPÍTULO II
PRIMERAS SEÑALES

Al día siguiente de conocerlo, en octubre de 1988, supe que con Andrés Manuel López Obrador sólo había dos formas de relacionarse: como su incondicional o como su adversario.

No sabe de matices ni formas de relación profesional, personal o política que superen el cartabón maniqueo de "estás conmigo o estás contra mí".

Por azares del periodismo, llevo casi 35 años siguiendo su desempeño y nunca ha cambiado. Esa primera impresión, en el poblado de Reyes Hernández, cerca de Comalcalco, resultó ser definitiva. Y a lo largo de años, lustros y décadas, he visto cómo fracasan todos los que han intentado llegar a acuerdos con él, desde una posición distinta a la incondicionalidad.

Su temperamento es esencialmente el de un dictador, que combina con una nebulosa vocación social. Cuando entran en oposición esas dos facetas que conviven en su personalidad, se impone una tercera, la más poderosa de todas: su narcisismo.

Llegué a Tabasco en la primera semana de octubre de 1988 con el encargo de mi director general de equilibrar la información, porque el corresponsal estaba totalmente cargado del lado del candidato del Frente Democrático Nacional (FDN) a la gubernatura del estado.

Así me lo dijo don Carlos Payán, con palabras amables y ademanes de honda preocupación, en su oficina en el primer piso del entrañable edificio de la calle Balderas, la primera sede de *La Jornada*.

Me indicó que para los asuntos operativos fuera a la oficina del subdirector, Miguel Ángel Granados Chapa, a la que me dirigí algo descontento por una misión que consideré menor, luego de haber hecho para el periódico la crónica de la campaña presidencial del PRI.

Después de un año recorriendo el país, pueblo por pueblo, casi ejido por ejido, una crónica diferente todos los días, otra vez estaría fuera de casa, con un hijo pequeño para el que a veces era un extraño y otro que venía en camino. No era grato partir de nuevo, y peor si se trataba de ir a enmendarle la plana a un colega en el trópico, acerca de un personaje de alcances municipales que no me interesaba en lo más mínimo.

Me equivoqué rotundamente, en lo personal y en lo profesional. Viví en uno de los lugares más impresionantes que he visto en cuatro continentes. Sí, Tabasco es un edén. Parafraseando a Neruda, se puede decir que quien no conoce el delta de los ríos Grijalva y Usumacinta, en los pantanos de Centla, no conoce este planeta.

Junto a unas palapas donde se comía al aire libre, a la entrada de Jalpa de Méndez, vi los árboles, arbustos, especias y frutas que asombraron a Hernán Cortés y llegaron a la mesa del emperador Carlos V. Ahí están el chocolate, el café, la pimienta, la canela, el momo, las toronjas del tamaño de un coco. Atrás del restaurante, patos nadan en un río angosto y abundante. La manigua es cerrada, hay jicoteas y pochitoques en el copal, que salen a estirar su cuello al sol. Con un poco de suerte, tal vez los volvamos a encontrar en los jardines del cielo.

Ahí en Tabasco encontré una gran nota. También lo sería para México. El personaje que incomodaba a mis jefes llegó a presidente de la República.

Miguel Ángel Granados Chapa fue más preciso en las instrucciones: Audelino Macario, el corresponsal, estaba inflando de manera desproporcionada a un candidato desconocido, Andrés Manuel López Obrador, en tanto que golpeaba al excompañero del señor Payán en la Facultad de Derecho, Salvador Neme Castillo, candidato del PRI.

"Vaya usted, su boleto es para el vuelo de Mexicana que sale poco antes de las siete de la mañana, y en el aeropuerto de Villahermosa lo recogerá Miguel López Azuara, quien lo va a instalar en el hotel y le dará todas las facilidades", me dijo en referencia a quien era secretario de Información y Propaganda del CEN del PRI, y su gran amigo desde la época en que ambos trabajaban en el *Excélsior* de Julio Scherer García.

Antes de hacer contacto con el equipo de Salvador Neme, quise conocer al candidato del FDN. Quedé de verme al día siguiente, muy temprano, con Alberto Pérez Mendoza, encargado de prensa y hombre de su confianza, en la casa de López Obrador para acompañarlo a su gira.

De ahí salimos los cuatro, del número 123 de la calle Júpiter, fraccionamiento Las Galaxias, en un viejo coche color *beige*. La persona que manejaba y cuyo nombre no recuerdo, Andrés Manuel, Pérez Mendoza y yo. Antes de subir al auto, López Obrador me preguntó con una afirmación:

—Así que tú eres Pablo Hiriart.

—Sí.

—A ti te mandaron en lugar del corresponsal.

—No, supongo que él enviará notas también —respondí sin saber, porque Audelino había montado en rebeldía y no me tomó la llamada para coordinarnos.

—Pues, a ver. Vámonos —y arrancó esa primera y reveladora gira de un día por el municipio de Comalcalco, zona cacaotera, rica en arqueología, la Atenas de la Chontalpa.

Al día siguiente se publicó mi nota-crónica en *La Jornada*:

López Obrador: hay una campaña contra el FDN

Villahermosa, Tab., 6 de octubre (1988). El candidato del Frente Democrático Nacional (FDN) a la gubernatura del estado, Andrés Manuel López Obrador, se comprometió a "actuar para las mayorías, cosa que ha olvidado el PRI".

Durante el primer acto de campaña en la gira de este día, con asistencia de 17 personas, López Obrador dijo que en caso de llegar a la gubernatura del estado cumplirá con la Constitución y las leyes, y agregó que se ha desatado una campaña contra el FDN producto del temor que siente el gobierno: "Nos andan desacreditando, dicen que somos comunistas y nosotros somos nacionalistas revolucionarios".

Entre los asistentes había algunos niños, dos de ellos totalmente desnudos: "Ahí está el Tabasco petrolero", y agregó que el presupuesto de la entidad es uno de los más altos del país, pero las mayorías viven en condiciones deplorables. Por otra parte, sostuvo que cada tres años salen nuevos ricos de las presidencias municipales, con ranchos y casas, merced a una corrupción a la que hay que poner punto final.

Posteriormente nos fuimos al siguiente punto de la campaña, en Reyes Hernández. Ahí no había nadie. El encargado del aparato de sonido le sugirió dar otra voceada por el pueblo, a lo que López Obrador se opuso y decidió suspender su campaña electoral por este día. Nos explicó que a la gente se le invitó con apenas una hora de anticipación, pues los encargados de hacerlo el día anterior tuvieron un problema con su carro. Estimó además que las condiciones meteorológicas, aunadas a la escasez de recursos económicos para facilitar la movilización, son trabas para que la gente pueda acudir a los actos de campaña.

Cuando el candidato del FDN se disponía a regresar a Villahermosa, llegaron dos personas al acto. Una de ellas, una maestra, le planteó el desconcierto que existe entre los simpatizantes de su candidatura por la negativa de la Comisión Estatal Electoral para registrar candidaturas comunes, y la asignación arbitraria que ha hecho ese organismo de nombres de partidos para la postulación de candidatos.

"A los candidatos que el pueblo identifica como miembros del PFCRN, la comisión los anota como postulados por el PPS o el PMS" de forma arbitraria, dice López Obrador y asegura: "Aquí en Tabasco no hay condiciones para la democracia, pues se prepara el fraude electoral a través de estas decisiones con ropaje jurídico. Están provocando al pueblo", dice con energía y establece que el FDN es mayoría en el estado.

Posteriormente agrega que en Tabasco existe "un ambiente cargado, no propio de un sistema democrático. La forma de proceder de las autoridades electorales y del PRI se puede calificar como de una mentalidad anterior a 1968. La prensa no nos da un solo espacio, ni siquiera pagando los anuncios. Pero se les va a revertir, se van a enlodar", nos dice el candidato del Frente y advierte: "Esto no es Chihuahua, aquí hay pasión política".

La nota no le gustó nada y me lo hizo sentir al día siguiente en la mañana cuando volví a su casa para acompañarlo a otra gira. "No llegó *La Jornada* hoy, ¿verdad, Alberto? No leímos tu nota", me dijo con aire socarrón.

Puse lo que vi y lo que él dijo. En un mitin hubo 17 personas y en el segundo nadie. Fue un involuntario raspón a su ego, cuyas dimensiones comenzaba a conocer. Esa primera gota de tinta sobre su ego abrió una animadversión de su parte hacia mi persona, que se ensanchó hasta llegar a la obsesión con el correr de los años.

Muchos años después, cuando otros colegas y medios de comunicación comenzaron a cuestionar su desempeño en la

Presidencia de la República, pusieron atención a sus mentiras cotidianas y lo confrontaron con sus palabras y promesas, esa animadversión se extendió a prácticamente todos los periodistas, incluso a quienes habían sido sus incondicionales.

Aquel 6 de octubre de 1988 dejé que hablara (porque público no había, sólo estaba yo). Y lo publiqué en el diario que él consideraba su altavoz en el Distrito Federal. Habló de fraude un mes antes de las elecciones, basado en la minucia de que registraron por un partido del Frente a una candidata municipal de la coalición que lo apoyaba, cuando "el pueblo la identifica" como integrante de otro partido del Frente.

Se quejó de una campaña contra su candidatura. Acusó a los medios de comunicación de excluir su voz, lo que era falso y me constaba. El señor Payán y Miguel Ángel Granados me mandaron a Tabasco precisamente por la razón contraria: López Obrador estaba recibiendo un trato desproporcionado con su importancia en aquel entonces.

Casi 15 años después explotó con la misma queja, como jefe de Gobierno del Distrito Federal, cuando los medios se volcaron a la cobertura de la agonía de Karol Wojtyla, Juan Pablo II, y "sólo hablan del Papa, el Papa y el Papa, y nada del desafuero", es decir, de él. También era falso. Sí hablaban de él, en elogioso coro, que siempre le ha parecido poco para el elevado concepto que tiene de sí mismo.

Por las razones que sea, el día uno de mi cobertura de casi dos meses en Tabasco, "el pueblo" que identifica y desconoce candidatos no llegó a los mítines que convocó López Obrador. La culpa fue del clima, de la poca difusión de sus eventos, de la prensa, de la falta de recursos y demás motivos que me expuso y recogí en mi nota.

Fue un mal día y nada más, pero algo se le indigestó de por vida: su ego recién puesto a prueba había sido manchado con tinta de periódico y no lo olvidaría jamás.

* * *

López Obrador eligió como jefe de campaña a Graco Ramírez, quien me buscó para una conversación. Quería un acercamiento. Hablarme de las virtudes de su jefe, el candidato, pues no era el que yo comenzaba a perfilar en mis despachos.

Nos reunimos en el bar del hotel Hyatt de Villahermosa, donde me contó que entre las virtudes de Andrés Manuel estaba su carácter incluyente. Entusiasmaba no sólo a la feligresía tradicional de la izquierda, sino a otros sectores de la sociedad, que incluían a empresarios y agricultores hartos del PRI.

Me dio una amplia explicación de lo que significaba su movimiento, que rompía los márgenes estrechos de los partidos y se abría como un frente de la sociedad. Puso ejemplos y nombres que apunté en mi libreta. Graco hablaba de López Obrador con un entusiasmo parecido al del cronista de Televisa que en ese momento narraba los *strikes* del *pitcher* Orel Hershiser al cuarto bat de Oakland, el cubano José Canseco, en la victoria de los Dodgers en la Serie Mundial que veíamos en la tele del bar.

Tal vez tuviera razón el jefe de campaña del candidato del FDN, así que utilicé esos datos en una nota desde Paraíso, donde López Obrador tuvo un mitin de campaña. Así lo publiqué en *La Jornada*:

Se apresta una nueva clase política a disputar el poder al PRI en Tabasco

Villahermosa, Tab., 10 de octubre [de 1988]. Lejos de la efervescencia del neopanismo norteño en los meses febriles de 1985-86, pero surgida también de la ruptura de las cúpulas del poder, aquí en Tabasco empieza a vislumbrarse la aparición de una clase política que, con un discurso civilista, intenta hacer suyo el reclamo democrático y se apresta a disputar la hegemonía absoluta del Partido Revolucionario Institucional.

Rubio, bigote recortado, feliz delante de sus padres, el acaudalado joven de la burguesía coprera tabasqueña se encontraba en la plaza principal de Paraíso para agradecer a los 2 500 simpatizantes que lo aclamaban como su candidato a la presidencia municipal por los partidos cardenistas. René Brondo decía en el micrófono que su causa era la legalidad, la democracia, el rechazo a la violencia.

Técnicos, clases medias emergentes con alguna preparación profesional, maestros, trabajadores de la industria petrolera, amas de casas que llevan en las manos las cuentas de la crisis, aplaudían también al líder indiscutible de este movimiento que carece de una expresión partidista propia: Andrés Manuel López Obrador, expresidente del PRI estatal, hoy candidato opositor a la gubernatura del estado.

Culminaba así otra etapa de la campaña en Paraíso, uno de los lugares con influencia de este movimiento que rebasó las débiles —cuando no inexistentes— estructuras de los partidos cardenistas, cuya precariedad quedó de manifiesto al no superar sus discrepancias y abstenerse de presentar un convenio de coalición para llevar candidatos únicos a las alcaldías y al congreso del estado.

A diferencia de los neopanistas norteños y de la burocracia partidista del FDN, el discurso de López Obrador es menos beligerante y más propositivo. En su discurso en Paraíso expresó: "Todo mi respeto y parte de mi admiración para aquellos priistas de convicción. Pero hay quienes nos enfrentan con calumnias y no con ideas". Rindió homenaje a hombres como Carlos A. Madrazo y censuró a "los actuales dirigentes del PRI, que no han hecho nada por su modernización".

Trazaba directrices de un programa de gobierno para "lograr la autosuficiencia en granos básicos; dar prioridad a cultivos de plantación, ampliar las superficies de la caña, coco, plátano; impulsar la pesca en el litoral y aguas interiores; con empleo y bienestar para los pescadores, establecer un programa de becas para los hijos de los campesinos; garantizar el derecho del pueblo a la salud, la alimentación y la vivienda".

Infatigable, López Obrador recorre las comunidades en busca del voto, y aunque la convocatoria en ocasiones no encuentra más respuesta que la de dos o tres personas, continúa su trabajo para "dejar sembrada la semilla" que, sin embargo, ningún partido se encarga de cultivar después de su paso.

Expriistas, jóvenes y con preparación académica, es el perfil de este movimiento incipiente que contiende en la lucha electoral, cobijado bajo alguno de los emblemas de los partidos cardenistas.

Entre sus candidatos destacan Gonzalo González Calzada, exdirector de la escuela de Medicina y exsecretario general de la Universidad Juárez Autónoma de Tabasco, vicepresidente de la sociedad de escritores tabasqueños, candidato a presidente municipal de la capital del estado. Rafael Gamas, 32 años, candidato a la alcaldía de Cárdenas, municipio que padece los fracasos del Plan Chontalpa. Laureano Naranjo Cobián contiende para la presidencia municipal de Cunduacán; abogado, próspero cacaotero, hermano del dirigente de la Unión de Productores de Cacao. René Brondo Bulnes, candidato a la alcaldía de Paraíso, ingeniero dedicado al negocio familiar de las plantaciones de coco. Horacio Heredia, candidato a diputado por la capital, exdirector de Desarrollo Económico.

Paralelamente al ingreso de esta corriente a las filas de la izquierda, las defecciones de viejos cuadros se suceden unas tras otras, y van desde activistas callejeros formadores de partido hasta planillas completas.

Así fue como renunció Lucía Santés, expresidenta del Partido Frente Cardenista de Reconstrucción Nacional (PFCRN), antigua activista del entonces Partido Socialista de los Trabajadores (PST). Igual cosa sucedió con otra expresidenta de ese partido en Macuspana, María Félix Chable. Y con el exlíder pesetista de las colonias populares de Villahermosa, Franklin Espinosa.

En cuanto a los candidatos, el primero en renunciar fue Boris Garrido, quien habría sido postulado por el PFCRN a la alcaldía de Jonuta, nominación a la que declinó porque en el FDN "sólo encontré autoritarismo y antidemocracia".

Luego declinó la plantilla completa de candidatos a la presidencia municipal de Jalpa de Méndez, donde habían llevado candidatos únicos bajo las siglas del PPS, encabezado por Marcos López López.

Y después renunciaron Lázaro García Piña y Jorge Ángel Alcocer, que iban en la planilla de Acción Nacional para el ayuntamiento de Balancán, no obstante que el FDN reclamaba como suyos esos candidatos.

La ira que provocó esa nota en López Obrador fue de insólita desproporción. Me sorprendió su enojo, porque al mandarla al periódico pensé que le iba a gustar, a él y a los articulistas del diario que ya empezaban a protestar por mi cobertura.

Su malestar lo dejó plasmado en el libro que escribió al finalizar la elección, con el título *Tabasco, víctima del fraude electoral*. Dedica las páginas 98, 99, 100 y 101 a vapulearme por publicar mi narración sobre ese evento de campaña.

Escribió: "En el mitin de Paraíso estuvo presente el señor Pablo Hiriart, recientemente había sido enviado por el periódico *La Jornada* para cubrir el proceso electoral de Tabasco. A diferencia de Audelino Macario, corresponsal de ese diario en Tabasco, Pablo Hiriart, desde su aparición en Tabasco, se vinculó estrechamente con los jerarcas del PRI. Vivía en el hotel Hyatt de Villahermosa, tenía a su disposición vehículos del gobierno con chofer y sus notas y crónicas las hacía prácticamente en las oficinas del PRI".

Arremetió contra mí y no contra los que me enviaron.

De los "jerarcas" priistas, acompañé en una gira al candidato a gobernador, Salvador Neme, una al presidente del PRI estatal, Roberto Madrazo, y una al oficial mayor del CEN del PRI, Luis Donaldo Colosio.

Luis Donaldo fue rudo y directo contra el candidato del FDN, como lo consigna López Obrador en el capítulo "El clima de violencia" de su libro: "Nos acusó de 'terroristas políticos', y denunció enérgico a 'quienes radicalizan grupos, provocan histeria social, destruyen valores y sustituyen la política con la violencia'".

Sí, eso dijo Colosio y lo puse en mi nota. Ya como presidente, López Obrador nos sorprende con que fue amigo de Luis Donaldo, con quien siempre hubo respeto, dice.

En casi dos meses no conocí a ningún funcionario del gobierno estatal, nunca tuve un chofer y al mitin en Paraíso viajé en el coche de Graco Ramírez, el coordinador de campaña de López Obrador.

Por el camino —en esa época del año, cuando no está lloviendo acaba de llover— empapamos a una familia de campesinos que caminaba a la orilla de la carretera. Graco paró la marcha, aunque no para disculparse: "¡Voten por Neme!", les gritó y seguimos.

López Obrador agrega en el libro: "Para el señor Hiriart nuestro movimiento era incipiente y nosotros unos pequeños burgueses que buscábamos con pocas posibilidades disputarle el poder al PRI. En su crónica sobre el acto de Paraíso, se ve claramente su vocación oficiosa. Textualmente escribió…". Y a cotinuación transcribió íntegra la nota que aparece arriba, como prueba de un agravio premeditado y un complot contra su candidatura y su persona.

Favorable para él y su candidatura fue el texto que se le indigestó porque, como vimos y luego seguimos viendo por décadas hasta nuestros días, López Obrador sólo acepta a un periodista cuando le es incondicional, un subordinado que está acríticamente a su servicio, todos los días y para siempre. Él no dialoga con un reportero: dicta. Nunca cambió. Me detestaba, pero seguí yendo a su casa en el fraccionamiento Las Galaxias.

La maldad que me atribuye López Obrador en esa parte del libro es el reflejo de lo que hay en su mente: un mundo de complots y de crónicas armadas para hacer carambolas de tres bandas que tienen por objetivo final, siempre, dañarlo a él. Con el tiempo pude confirmar, también, que reflejaba algo más grave: nunca ha estado bien de sus facultades mentales.

* * *

En la tarde del cierre de campaña de Andrés Manuel encontré en el camino a familiares suyos y caminamos juntos hacia la Plaza de Armas.

A una señora educada, ecuánime, que nunca me mostró hostilidad, le pregunté cuánta gente habría en el mitin y me dio una cifra (¿10 mil?), con el apunte de que no era buena para calcular multitudes. Otro familiar del candidato coincidió con el número, "más o menos", y esa fue la cifra que puse como estimada en mi nota.

De nuevo el enojo y la presión de López Obrador en Villahermosa y en Balderas. Para él, "llegaron unas 17 mil personas", como pone en el libro.

Arreció el reparto de octavillas calumniosas contra mí en la capital de Tabasco, y aumentaron las protestas de colaboradores de *La Jornada* y grupos cardenistas del Distrito Federal ante el director general del diario.

Previo a la elección, Andrés Manuel me encaró en la sala de prensa ubicada en el entonces hotel Cencalli, junto a la avenida Ruiz Cortines. En esa época hablaba de corrido, y en medio de una bolita de sus acompañantes y colegas comenzó su reclamo: "Ya me dijeron cómo hay que tratarte… Hay que decirte Pablo Hiriart, el gran periodista… lisonjearte…".

Subió el tono de su burla y fue hiriente, aunque nunca dijo una grosería.

La noche anterior, a unos cuantos metros de la casa de campaña de López Obrador, una camioneta negra intentó atropellarme. Al volante iba un colaborador cercano de Cuauhtémoc

Cárdenas, cuyo nombre no recuerdo. Ahí viajaban integrantes de la dirigencia nacional del FDN, entre ellos el entonces colaborador de *La Jornada*, Jorge Alcocer Villanueva, quien nada tuvo que ver en el incidente.

¿Qué había hecho yo para provocar esa ira? Contar lo que vi y lo que escuché. Consigné en mis notas la presencia de camiones del sindicato petrolero. Es decir, ahí estaba la mano de su líder, *la Quina*, para engrosar los mítines finales de López Obrador.

La cercanía con él me permitió conocer a un político engreído, mentiroso e intolerante, con vocación social y cercano a la gente marginada. Su narcisismo le impedía entender que no me impresionaba. Me había dedicado tiempo, habíamos ido juntos a la brecha, lo acompañé a tomar pozol que gente humilde le ofrecía en las rancherías, ¿y a pesar de eso yo no lo subía al altar que le empezaban a levantar en el Distrito Federal?

Concluyó que yo era parte de un gran complot en contra suya. Y lo sigue pensando hasta la fecha. Como presidente de la República, al poco tiempo de asumir el cargo, me acusó de ser parte de una conjura en su contra, a través de una inexistente organización a la que él llamó Bloque Opositor Amplio (BOA).

En su libro sobre el "fraude en Tabasco" apunta que el martes 1 de noviembre de 1988, a pocos días de los comicios tabasqueños, apareció en diarios nacionales una encuesta, como inserción pagada, que daba al candidato priista 74.9% de las preferencias y a él 11.5 por ciento.

"Ese mismo día, apareció en *La Jornada* una nota de Pablo Hiriart asegurando que 'la situación electoral podría no variar mucho de los resultados arrojados el pasado 6 de julio'. Es decir, de antemano todo estaba decidido", escribe en la página 110.

Para argumentar que hubo acción concertada en su contra, unió una encuesta publicada en el Distrito Federal que le daba 75% al candidato del PRI y 11.5% a él, con una estimación mía de que en la elección "podrían" darse resultados parecidos a la presidencial, donde el candidato del PRI tuvo 50% de los votos y el abanderado del FDN arriba de 30 por ciento.

¿Hay alguna relación entre una encuesta que le da 75% al PRI y la estimación de un reportero que calcula algo aproximado a 50% para ese partido?

¿Existe similitud entre el 11.5% que le daba esa encuesta con el 31% que llevaba implícito mi cálculo en una nota? En la mente de López Obrador, sí. Era la prueba de que todo estaba arreglado de antemano en un complot en el que yo jugaba un papel estelar. Y lo dejó por escrito. Para mí, fue la confirmación del concepto que ya me había formado de él.

Paralelamente a mi cobertura, días antes de las elecciones, llegaron dos compañeras enviadas de *La Jornada* y abiertamente simpatizantes del FDN, se rehabilitó al corresponsal Audelino Macario, y como analista del diario llegó Carlos Monsiváis, quien luego escribió el prólogo del libro de AMLO citado en estas páginas.

Harto del ambiente agresivo que me había creado López Obrador en Villahermosa, de la despectiva frialdad de mis compañeras enviadas del periódico, de las puyas de Monsiváis en la sala de prensa, del contradictorio juego de la dirección del periódico, empaqué mis cosas, tomé un avión a México y esa misma noche aventé mi bolso en la oficina del jefe de Información de *La Jornada*, Manuel Meneses. Fui directo con el director general.

El señor Payán me recibió de inmediato y me dijo que estaba muy presionado por amigos del periódico, e impactado porque un grupo de madres se había manifestado afuera del edificio para exigir mi salida de la cobertura de las elecciones tabasqueñas.

"Ya me regresé", le dije, "no quiero volver".

Conversó largo de distintos temas. Me dijo que le extrañaba esa reacción a mi cobertura, aunque "he estado pensando y tal vez fue por el hotel en el que usted se hospedó". Es decir, el Hyatt, donde me instaló Jorge Medina Viedas, quien me recogió en el aeropuerto de Villahermosa de parte de don Miguel López Azuara, como me había indicado el subdirector Granados Chapa un mes atrás.

Finalmente me dio la instrucción: "Vuelva mañana a Tabasco y siga haciendo su trabajo como lo ha venido haciendo. A eso lo mandamos", me dijo.

Por alguna razón esa noche el licenciado Granados no estaba en el periódico. Tampoco encontré a José Carreño Carlón, un jefe sabio y de trato cálido, cuya amistad conservo hasta hoy. Desde hacía tiempo había renunciado Héctor Aguilar Camín, quien me habría escuchado como otras veces lo hizo en la vieja y ruinosa cantina del Puerto de Cádiz.

La subdirectora de Información, Carmen Lira, había dejado el cargo y tampoco podía recurrir a ella (siempre defendía a sus reporteros). Ni Víctor Avilés, un jefe duro y conocedor del oficio, que con la salida de Aguilar Camín quedó a expensas del canibalismo interno (que acabó por dejar el diario en manos de un grupo contrario a la esencia fundadora de *La Jornada*) y lo despidieron. Sólo estaba Meneses.

Con dos apreciados camaradas de aquel entonces, Juan Angulo y Gerardo Arreola, me desahogué en una mesa del bar La Ópera. La ambigüedad del director. La hiperactividad del corresponsal, de pronto rehabilitado. El mal ambiente en Villahermosa. Qué está pasando en el diario. No pedí ir a Tabasco. Los amigos del director me echaron una camioneta encima en una noche de lluvia, que si me resbalo me aplasta.

Llegaron las elecciones y el resultado fue: 78% para Salvador Neme Castillo, 21% para López Obrador.

Contundente, pero no para López Obrador.

El día en que se dieron a conocer los cómputos finales anunció una gira "en defensa del voto", que arrancó la mañana siguiente en la zona indígena de Nacajuca. Iba a "informar del fraude electoral que cometieron las autoridades electorales el pasado 9 de noviembre".

Cierto, el PRI en esa época —la penúltima década del siglo pasado— tenía el control de todo el aparato electoral. Su candidato en Tabasco disponía de un autobús, Colosio se desplazaba en helicóptero y López Obrador andaba en un coche particular. Me consta: viajé con los tres.

Nunca culpó a la Secretaría de Gobernación por lo que consideró un fraude. Jamás apuntó contra el titular de esa dependencia, Manuel Bartlett, como lo hizo el PAN cuando se cometió el fraude electoral de 1986 en Chihuahua, para hacer perder a Francisco Barrio Terrazas.

El panismo apuntó a Bartlett, y con fuerza. Ese año de las elecciones chihuahuenses (1986), en audiencias públicas organizadas por la Secretaría de Gobernación y los partidos representados ante la Comisión Federal Electoral, le correspondió hablar a un joven de pelo chino que le dijo al secretario: "Me parece absurdo y una simulación estar hablando de democracia enfrente del asesino de la democracia en Chihuahua". Lo recuerdo palabra por palabra.

Recuerdo también el gesto de Bartlett, con la mano derecha en la barbilla y un movimiento de ceja al representante del PAN ante la Comisión Federal de Electricidad (CFE), Gonzalo Altamirano Dimas. Con otro ademán, Altamirano le hizo entender al joven que, ni modo, debía abandonar la mesa instalada en el Salón Verde de la Secretaría de Gobernación. Sin prisas, el dirigente de las juventudes panistas se levantó de la silla y se alejó con el mismo andar bamboleante que le veríamos 20 años después, con la banda presidencial terciada al pecho, Felipe Calderón Hinojosa.

Para López Obrador hubo dos culpables de su derrota, la cual no aceptó y calificó de fraude: Humberto Mayans Canabal, secretario de Gobierno del estado, y Manuel Camacho Solís, que era secretario general del PRI nacional. Ahí están, mencionados, multicitados y vapuleados con fiereza en el libro *Tabasco, víctima del fraude electoral*.

Pocos años le duró ese enojo a López Obrador. Mayans y Camacho se transformaron en sus incondicionales, los hizo senadores y nunca más los llamó "delincuentes electorales", como hizo en el libro. Pero ahí está, en letra impresa.

Audelino Macario, el corresponsal favorito de López Obrador, por el cual me armó una campaña en Tabasco con resonancia en la sede de *La Jornada* en la calle Balderas de la Ciudad de México, llegó a ser dirigente del PRI estatal y luego (en 2021) trabajó con Liébano Sáenz y Juan José Rendón, según me dijo el talentoso tabasqueño. El tiempo borró las rencillas y entablamos una relación lejana, pero amistosa. Sin rencores.

CAPÍTULO III

SE LOS DIJE

Catorce años antes de que lo eligieran presidente de la
República, todos los mexicanos interesados en el futuro del país tuvimos la posibilidad de saber cómo era el
destructor de México.

Todos supimos que quien no era su incondicional recibía
trato de enemigo.

Igual que lo sucedido en Tabasco en septiembre, octubre
y noviembre de 1988, López Obrador se encargó de hacernos evidente, desde la Jefatura de Gobierno del Distrito Federal (GDF), que no acepta la crítica ni nada que contravenga su
voluntad.

Como los iluminados que creen tener una misión divina
en la Tierra, porque ellos se hablan de tú con Dios, el gobernante capitalino estallaba en ira contra lo que cuestionara o se
interpusiera a su voluntad: periodistas, medios de comunicación, jueces y leyes.

Lo mismo que ha hecho como presidente lo hizo como jefe
de Gobierno y antes como candidato a gobernador de Tabasco. Nada cambió. Lo sabíamos. *Crónica* nos lo contó.

En letras de imprenta y en internet quedaron plasmados,
con señalamientos puntuales, las facetas de su carácter, su
acendrada intolerancia y la certeza de que no iba a cambiar.

A los medios de comunicación afines —es decir, incondicionales— desde la Presidencia los ha bañado en dinero. A los críticos se les vetó el acceso a la publicidad gubernamental, se les prodigan insultos, se les niega información que por mandato constitucional se debería proporcionar; ha calumniado a periodistas y a dueños de medios.

En 2004 estas características de López Obrador no eran una suposición, sino una certeza. Ya gobernaba y así era. Ahí está todo, publicado en *Crónica*.

Por mi insistencia en enfocar las luces del periódico hacia los rasgos autoritarios, mesiánicos, y la supina incompetencia como servidor público del que podría llegar a ser presidente de México, perdí la cercanía de algunos amigos y colegas. También perdí a colaboradores destacados, lo que lamenté mucho.

Un grupo de reporteras y reporteros formidables, subdirectores cultos e inteligentes, y columnistas y articulistas que teníamos algo que decir para dar elementos de análisis a los lectores, logramos, entre muchas otras cosas, explicarle al país quién era López Obrador: un farsante.

El 19 de enero de 2004, cuando las encuestas lo colocaban como puntero indiscutido para ganar las elecciones presidenciales de 2006, apunté en la columna de mi autoría,[1] varios de los rasgos del entonces jefe de GDF que, casi 20 años después, mantiene como presidente de la República:

Ante la crítica pierde la calma, se exalta y aflora su talante autoritario.

Si hace tres décadas hubieran existido medios de comunicación que cuestionaran al entonces secretario de Gobernación, el país habría conocido facetas desconocidas de ese funcionario que sólo se revelaron al asumir el mando del país.

---

[1] Pablo Hiriart, "Así es el puntero", columna "Semana Política", en *La Crónica de hoy*, 19 de enero de 2004.

Con medios críticos, tal vez habríamos tenido indicios de cómo era realmente Luis Echeverría y no hubiera llegado a ser presidente de México.

Ahora, por su sobrerreacción a la aislada crítica que enfrenta y por su manera de gobernar, podemos darnos una idea de cómo es el puntero en las encuestas.

Desprecia y ataca a los críticos. Tiene la inercia autoritaria de convertir a sus adversarios en enemigos.

Su versión de la historia y de la sociedad es maniquea: la divide en buenos y malos.

No cree en la legalidad.

Veta las leyes que no le gustan. Subordina al Poder Legislativo del DF para acelerar o frenar lo que él considera que debe frenarse o apresurarse.

Hoy, en el Distrito Federal, el Gran Legislador es él.

Si los fallos judiciales no se apegan a su voluntad, echa a andar la maquinaria de linchamiento en los medios contra jueces y magistrados [...]

Él nunca es responsable de nada, sólo de los éxitos. Los errores de su administración se los achaca a sus colaboradores, a sus adversarios o al neoliberalismo.

Si llega a presidente, ¿de quién va a ser la culpa del desempleo y del endeudamiento excesivo? También del neoliberalismo global, o el imperialismo norteamericano [...]

Ofrece el paraíso, la esperanza y la felicidad sin esfuerzos ni reformas.

Y quien lo critica es objeto de sus ataques verbales, ironías e insidias, mientras premia con dispendiosa publicidad a quienes lo halagan [...]

Así es López Obrador. Es un populista autoritario.

No había especulación en esa y otras columnas publicadas en ese entonces por *Crónica*. Fueron escritas con base en hechos que el propio periódico documentaba y difundía.

Patologías

Desde que era jefe de GDF, Andrés Manuel López Obrador ha mostrado un conjunto de patologías que, si bien pueden presentarse en cualquiera, en un gobernante, aunque sea local, conducen a actos de insensatez que dañan a la comunidad.

Lo apuntamos desde hace casi 20 años. Todos los sabíamos.

Como presidente de la República lo confirmó: no estaba bien.

A principios de 2005, el PRD capitalino puso la foto de López Obrador en una enorme cruz que sus simpatizantes llevaron a San Lázaro. Lo compararon con Jesucristo. Se pudo pensar que era una vulgaridad más de quienes lo adulaban. Pero luego el propio López Obrador se comparó con Martin Luther King, de quien dijo: "Fue a la cárcel por luchar por las garantías civiles de los ciudadanos".

Luther King luchó contra los atropellos del poder a los ciudadanos. Fue un agredido por el poder. López Obrador, en cambio, estaba en el poder, usaba el poder y, en el caso del predio El Encino, atropelló el amparo de un ciudadano en contra de una expropiación ejecutada por el poder.

A fines de marzo de ese año, en la agonía de Juan Pablo II, el jefe de Gobierno capitalino reprochó a los medios de comunicación que pasaran "horas y horas de reportajes y comentarios sobre el Papa" en lugar de pasarlo a él.

Nadie con un poco de sentido común o que simplemente esté en sus cabales podría reclamar tamaña tontería. Karol Wojtyla fue un personaje enorme de la Historia con mayúscula y por eso la atención masiva y mundial a su agonía y a sus exequias.

López Obrador, envuelto en una megalomanía delirante, se puso celoso de la atención que los medios le prestaban al Papa, que lo desplazó de la atención pública.

Tuvo el mal gusto de convocar a un mitin en el Zócalo para que la gente fuera a apoyarlo en el mismo día, 8 de abril, en que estaba prevista la ceremonia de sepultura de Juan Pablo II. Es decir, en la cabeza de la máxima autoridad de la capital del país ni siquiera hubo un poco de sensibilidad para guardar las formas ante el deceso de un personaje de una gran dimensión histórica.

Cierto fue que un día antes, el 7 de abril, la Cámara de Diputados votó el desafuero en contra del entonces jefe de GDF. Pero el mitin bien pudo hacerse uno o dos días después del entierro del Papa. ¿Qué perdía López Obrador con pasar su manifestación para el domingo 10 de abril? No perdía nada.

Abrumado por la ira o por los celos, insistió en disputarle el *rating* al Papa.

Por eso en la columna "Semana Política"[2] dijimos desde entonces que el problema de López Obrador "está en la cabeza".

El Encino

López Obrador mintió de principio a fin con el tema de El Encino. Primero negó haber tenido conocimiento de la existencia del amparo que impedía construir en el predio expropiado. En *Crónica* probamos que sí lo sabía y que violó la disposición legal, una pieza central del constitucionalismo mexicano, que ordenaba detener los trabajos. En *Crónica* publicamos igualmente las pruebas de que, a pesar del amparo otorgado por un juez, el GDF seguía realizando labores en el lugar.

La historia es conocida: culminó con el desafuero del jefe de Gobierno, la presión pública al Poder Ejecutivo para que dejara pasar ese atropello y la retractación del presidente Vicente Fox.

---

[2] Pablo Hiriart, "De insólita gravedad: el problema está en la cabeza", columna "Semana Política", en *La Crónica de Hoy*, 4 de enero de 2005.

El caso se remonta a 1993, cuando el entonces Departamento del Distrito Federal (DDF) vendió un predio en Santa Fe al Hospital ABC. El DDF ofreció construir vialidades y servicios públicos. Sin embargo, éste no cumplió con su compromiso y en el año 2000 el hospital interpuso una demanda en contra del GDF por 195 millones de pesos y 13 millones de dólares. Con el propósito de evitar el pago, el 10 de noviembre de 2000, el GDF, entonces encabezado por Rosario Robles, expropió dos fracciones del predio El Encino para construir vialidades de acceso al nosocomio.

El mismo día de la publicación del decreto expropiatorio llegaron al predio aproximadamente 300 granaderos, autoridades de Servicios Metropolitanos (Servimet), el director de jurídico de Cuajimalpa, Fidel Martínez, y el secretario de Gobierno, Leonel Godoy. También llegaron cuadrillas de obreros y maquinaria para tomar posesión de las arenas expropiadas e iniciar las obras.

De acuerdo con Fernando Espejel, apoderado legal de la empresa dueña de El Encino, Promotora Internacional Santa Fe, el GDF transgredió la Ley de Expropiación, pues no respetó los 15 días hábiles que concede en sus artículos quinto y séptimo para presentar un recurso de revocación al decreto.

El 4 de diciembre de ese año, Promotora Internacional Santa Fe, cuyo principal socio era Federico Escobedo, interpuso un amparo para impedir cualquier obra dentro del predio. Once días después, el juez noveno de distrito en materia administrativa concedió la suspensión definitiva, de acuerdo con el expediente 862/2000.

No obstante, a principios de 2001 las autoridades del GDF presentaron un recurso de revisión. El 5 de marzo siguiente lograron la revocación de la suspensión definitiva, pero no del amparo. Una semana después, el 14 de marzo, el juez otorgó a la empresa la suspensión definitiva "para el único efecto de que las autoridades responsables paralicen los trabajos de apertura de las vialidades sólo en la parte de las fracciones expropiadas que servirán de acceso al predio denominado El Encino [...], así como para que se abstengan de bloquear y cancelar los accesos al predio de la quejosa", según consta en la resolución del juicio 1-862/2000.

Los hechos fueron dados a conocer por la reportera Karina Soriano en una nota que *Crónica* publicó el 29 de octubre de 2001.[3]

El diario además acudió a El Encino y constató que continuaban las obras en las fracciones expropiadas, tanto por el lado de la avenida Carlos Graef Fernández como por el lado de la calle Vasco de Quiroga. "Incluso hay una máquina de excavaciones y una caseta de vigilancia con elementos de la policía auxiliar que impiden el acceso", consignó la nota.

En esa misma edición, el diario subrayó que López Obrador caía en los supuestos de la fracción segunda del artículo 66 del Estatuto de Gobierno, ya que contravenir un acto jurisdiccional de uno de los poderes de la Unión (el amparo definitivo) es una "causa grave" que amerita su remoción como jefe de GDF.

Un día después, López Obrador dijo no estar enterado de la violación del amparo. Incluso, preguntó en qué año se interpuso y dónde estaba ubicado el predio. Su rostro mostró extrañeza, como si no conociera del caso. Expresó que este hecho le correspondía resolverlo y explicarlo al director de Servimet, Carlos Heredia. Y cuando se le comentó que por violar el artículo 66 del Estatuto de Gobierno procedía su remoción, no quiso responder.[4]

[3] Karina Soriano, "GDF Viola amparo", en *La Crónica de Hoy*, 29 de octubre de 2001.

[4] Silvia Arellano, "'No estoy enterado del amparo': AMLO", en *La Crónica de Hoy*, 30 de octubre de 2001.

Sin embargo, AMLO sí supo que el gobierno que él encabezaba estaba violando un amparo: el 9 de mayo de 2002, cuando el juez noveno de distrito ya había determinado la existencia de dicha violación y dado vista de ello al Ministerio Público, López Obrador suscribió un oficio en el cual expresa que es "materialmente imposible el cumplimiento de la sentencia de amparo", según reveló el reportero Adrian Castillo en una nota pubicada por *Crónica* el 23 de febrero de 2005.[5]

La nota refiere que dicho oficio aparece en al menos dos de los cuatro fallos emitidos entre el 30 de agosto de 2001 y el 26 de febrero de 2003 por diferentes instancias del Poder Judicial de la Federación, que determinan que el jefe de GDF no respetó el amparo concedido a la empresa Promotora Internacional Santa Fe.

Dentro del expediente del desafuero figura también un oficio (DGSL/248/2001) del entonces director de Asuntos Legales del GDF, Carlos Paniagua, al director de Servimet, advirtiéndole que "de no acatarse lo dispuesto por el juez, se puede hacer incurrir al jefe de Gobierno en desacato, al continuarse los trabajos" de una vialidad en El Encino, pese a la protección judicial.

Más aún, AMLO ignoró hasta en cinco ocasiones la solicitud que hizo el juez noveno de distrito en materia administrativa para que entregara el expediente de expropiación de El Encino, en el cual el GDF justificaba la supuesta utilidad pública del predio.[6]

López Obrador tardó seis meses en responder a esa solicitud. Cuando lo hizo, entregó el expediente de manera incompleta,

[5] Adrian Castillo, "López sí sabía y aceptó que violaba el amparo", en *La Crónica de Hoy*, 23 de febrero de 2005.
[6] Francisco Sandoval, "AMLO ignoró cinco peticiones para justificar expropiación de El Encino", en *La Crónica de Hoy*, 19 de mayo de 2004.

pues no incluyó los peritajes técnicos que justificaban dicha utilidad pública.

Entonces, el 14 de marzo de 2001, el juez concedió la suspensión definitiva en favor de Promotora Internacional Santa Fe y ordenó al titular del GDF detener los trabajos de apertura de vialidades en las fracciones expropiadas del terreno, en tanto se resolvía el fondo del asunto: la devolución de la posesión. La suspensión fue confirmada por el séptimo tribunal colegiado en materia administrativa mediante ejecutoria fechada el 30 de mayo de 2001, en el incidente de revisión 1627/2001.

Sin embargo, el jefe de Gobierno capitalino incumplió con lo ordenado por el juez y continuaron los trabajos de excavación y remoción de tierra. Incluso en una de esas constancias, con fecha 28 de agosto de 2001, el delegado responsable del jefe de Gobierno, Vicente Lopantzi García, con cedula profesional 3261255, el representante de la empresa demandante, Fernando Espejel, y el actuario judicial, Sergio Gerardo Sarmiento, reconocieron que las obras continuaban. En ese escrito, el actuario señala "la existencia de (una) malla ciclónica, delimitante de las zonas expropiadas al interior del predio", la cual no permite el acceso ni por la avenida Carlos Graef Fernández ni por la calle Vasco de Quiroga. Incluso el representante judicial apunta que "no pasa desapercibida la existencia (dentro del terreno) de dos letreros en los que se hace mención a la empresa encargada de la ejecución de la obra (Servimet), así como al GDF".

En agosto, cinco meses después de dictar la suspensión definitiva, el juez declaró fundado el incidente de violación y citó como responsable al jefe de Gobierno, turnando el caso al Ministerio Público Federal.

Al respecto, el juez planteó en el juicio de garantías I-862/200-II que "el jefe de Gobierno del Distrito Federal ha controvertido la suspensión definitiva declarada en resolución el 14 de marzo de 2001 [...] lo procedente es declarar fundado el presente incidente, y por tanto, se otorga un plazo de 24 horas [...] para que acredite de manera fehaciente el cumplimiento de la suspensión definitiva".

Luego de su determinación, el juez noveno de Distrito solicitó que se girara un oficio para que el agente del Ministerio Publico de la Federación procediera en términos "de lo dispuesto en el artículo 206 de la Ley de Amparo respecto de los hechos materia de esta denuncia de violación a la suspensión, informando las gestiones realizadas al respecto".

En esa etapa el GDF suspendió las obras dentro del terreno. Las continuó sólo en las inmediaciones... Pero volvió a las andadas: el 9 noviembre de 2001 —241 días después de que el juez noveno dictó la suspensión definitiva—, *Crónica* constató que Servimet realizaba excavaciones para la construcción de las vialidades en las prolongaciones de Vasco de Quiroga y Carlos Graef Fernández.[7]

Presionada por la orden judicial, Jenny Saltiel, titular de la Secretaría de Transportes y Vialidades (Setravi), una semana antes ordenó suspender las obras. En el oficio ANP/2741/2011 —de fecha 30 de octubre de 2001 y cuyo contenido fue revelado por *Crónica*—,[8] la funcionaria solicitó al juez que los propietarios del terreno le informaran quiénes realizaban los trabajos para, en caso de que fueran de la Setravi, "emprender las medidas y sanciones correspondientes", pues aseguró que no era de su interés obstruir la acción de la justicia.

Era un juego de simulaciones, porque la funcionaria no podía desconocer que Servimet realizaba dichas obras. (Incluso, un par de letreros dentro del predio anunciaban que esta instancia era la encargada de construir las vialidades). Y de

[7] Karina Soriano, "Siguen obras en El Encino", en *La Crónica de Hoy*, 9 de noviembre de 2001.
[8] Karina Soriano, "La Setravi ordenó parar las obras en El Encino", en *La Crónica de Hoy*, 22 de noviembre de 2001.

ello tenía pleno conocimiento el jefe de Gobierno capitalino, como *Crónica* documentó en distintos momentos.

Comida en La Cava

En abril de 2004, el entonces presidente Vicente Fox se reunió con el presidente de la Suprema Corte de Justicia de la Nación, el ministro Mariano Azuela Güitrón. López Obrador calificó el encuentro como "anticonstitucional". Igualmente consideró ilegales las reuniones que el ministro Azuela sostuvo con Rafael Macedo de la Concha y Santiago Creel, titular de la Procuraduría General de la República (PGR) y secretario de Gobernación, respectivamente.

Cuando a AMLO se le recordó que él mismo se había reunido con el ministro Azuela, lo negó categóricamente.

Las reporteras Patricia Huesca y Leticia Cortés revelaron en *Crónica*[9] que en realidad López Obrador se había reunido en tres ocasiones con Azuela, la última de ellas en marzo de ese año en el restaurante La Cava.

"Su primer encuentro, en ese mismo restaurante, lo sostuvieron en junio de 2003", asienta la nota.

Después recuerda que el 20 de septiembre de 2004, el propio jefe de Gobierno del Distrito Federal informó que el 23 de octubre de 2003 se reunió en la sede de la Suprema con Azuela para "tratar el asunto del paraje San Juan". Aseguró que ésa fue la última vez que vio al ministro; sin embargo, "volvieron a encontrarse en La Cava, donde, a decir de meseros y un capitán del restaurante, ocuparon la mesa 21 y el jefe de Gobierno comió pato, uno de sus platillos favoritos, ensalada verde y bebió agua de melón".

[9] Patricia Huesca y Leticia Cortés, "Otra mentira de López: se reunió tres veces con Azuela", en *La Crónica de Hoy*, 4 de octubre de 2004.

La nota refiere que "meseros de La Cava, quienes pidieron omitir sus nombres por temor a represalias, aseguraron que López Obrador siempre se sienta a comer en el salón principal del restaurante y que apenas una semana atrás lo acompañó el destacado intelectual Carlos Monsiváis".

En el espacio editorial "La Esquina", *Crónica* fijó su posición: "Que el jefe de Gobierno se haya reunido tres veces con el presidente de la Suprema Corte no tiene nada de censurable ni de vergonzante ni de noticioso. No hay complot porque se reúnan. Qué bueno que lo hacen. Lo censurable y lo noticioso es que López Obrador mintió al decir que no se había reunido con Mariano Azuela. Ése es el punto: mintió".

Promesas

La mentira y la ineptitud siempre acompañaron a López Obrador. En agosto de 2005, cuando llevaba más de 20 puntos de ventaja en las preferencias electorales para las elecciones presidenciales de 2006, insistía en que cumpliría sus propuestas de campaña, recopiladas en los "50 puntos del Proyecto Alternativo de Nación". Como venía de ejercer el gobierno en la capital del país durante casi cinco años, esas propuestas de campaña no podían tomarse como las de un candidato que pide el beneficio de la duda. Su paso por el Gobierno del Distrito Federal permitía contrastar lo que prometía hacer como presidente de la República y lo que hizo como máxima autoridad en la capital del país; es decir, que sus promesas tenían que medirse con el rasero de lo que hizo como gobernante. Así lo hice notar en dos entregas de mi columna "Semana Política",[10] en las que advertí además que

[10] Pablo Hiriart, "El privilegio de mandar" (dos entregas), columna "Semana Política", en *La Crónica de Hoy*, 15 y 22 de agosto de 2005.

no sería ni la primera ni la última vez que López Obrador nos quisiera engañar con sus propuestas de gobierno. "Es su costumbre", escribí.

Y enumeré:

Promete mejorar la seguridad. ¿La mejoró?

Promete aumentar el empleo. ¿Lo aumentó?

Promete cobrar mejor los impuestos. ¿Fue más eficiente para cobrar?

Promete combatir a fondo la corrupción. ¿La combatió?

Promete reordenar la deuda pública. ¿La reordenó?

Promete respetar la autonomía del Legislativo. ¿La respetó?

Promete acatar las leyes y las resoluciones del Poder Judicial. ¿Las acató?

Promete bajarse el sueldo a la mitad él y sus secretarios. ¿Se lo bajó?

Promete mejorar la atención en el IMSS y en el ISSSTE. ¿La mejoró en los centros de salud del DF?

Promete elevar la calidad de educación. ¿La mejoró?

Promete no usar el cargo para ayudar amigos ni para destruir adversarios. ¿No lo usó?

Con base en datos y hechos mostré los resultados de su gobierno en dos rubros en los que prometía resolver problemas y rezagos a nivel nacional: seguridad pública y empleo.

Bajo su administración, en la capital del país los secuestros se duplicaron. Sólo en lo que se refiere a episodios denunciados, hubo 913 plagios de alto impacto y alrededor de 6 mil de tipo exprés, lo que da, según las cifras oficiales, unos 7 mil secuestros durante los cuatro años y ocho meses de su mandato; 39 plagiados fueron asesinados durante su cautiverio, de los cuales 14 eran menores de edad.

Para ese momento, 44% de los secuestros que se realizaban en el país sucedían en el Distrito Federal. Al inicio del gobierno de López Obrador, ese porcentaje era de 25%. De acuerdo con cifras del Consejo Ciudadano para la Seguridad Pública y la Justicia Penal, la capital del país se convirtió en la segunda ciudad del mundo con mayor cantidad de secuestros y ocupó el primer lugar mundial con más asesinatos de automovilistas y con más asaltos a transporte de carga.

Entre 2001 y 2004 el narcomenudeo creció 762% en el Distrito Federal, según el reporte de la Procuraduría General de la República titulado *Problemática social generada por el narcomenudeo*. Esa dependencia estimaba en 2 111 las "tienditas" que vendían droga en el Distrito Federal. Según este informe, la Subsecretaría de Servicios Educativos calculaba que 62 mil estudiantes de secundarias públicas de la capital eran consumidores de drogas. En total se comercializaban 18 mil kilos de estupefacientes al menudeo por año.

En diciembre de 2004 el Gobierno del Distrito Federal admitió que fue incapaz de reducir los delitos en 15%. Y cuando en junio de 2004 cientos de miles de capitalinos marcharon en demanda de seguridad pública, López Obrador dijo que eran "pirruris" movidos por una mano negra.

"¿Ése es el que va a garantizar la seguridad pública si llega a presidente?", pregunté.

Con respecto de la promesa de López Obrador de aumentar el empleo en México, las estadísticas del Inegi mostraban que durante su gobierno en el Distrito Federal el índice de desempleo en la ciudad fue el mayor del país.

De enero de 2001 a diciembre de 2004, la tasa de desempleo abierto estuvo por encima de la media nacional: 3% en 2001, contra 2.5% de la media nacional; 3% en 2002, contra 2.7% de la media nacional. Para 2003, la tasa de desempleo en el país subió y alcanzó 3.2%, pero el Distrito Federal aumentó más todavía: alcanzó el 3.6 por ciento.

Aún faltaba lo peor: 2004. En el país la media nacional del desempleo fue de 3.7%, mientras la tasa de desempleo abierto en la capital del país llegó a 4.7%. Es decir, el crecimiento del desempleo en el Distrito Federal arrastró el promedio nacional hacia la baja.

Y durante el primer bimestre de 2005 se crearon 103 399 empleos formales en el país, pero en el Distrito Federal la creación de empleos fue negativa, pues se perdieron 2 236 empleos formales, según cifras de la Unidad de Planeación de la Secretaría de Hacienda.

"¿López Obrador va a aumentar el empleo en el país? ¿El gobernante que tuvo los peores resultados en generación de empleos, va a abatir la cesantía cuando llegue a la Presidencia?", volví a preguntar.

Y advertí: "Quien se quiera dejar engañar, allá él. Pero que no diga que no se le informó a tiempo".

En esa misma columna abordé cómo López Obrador se asombraba de que precandidatos de otros partidos tuvieran *spots* en televisión al tiempo que afirmaba que él no tenía dinero para hacer su campaña electoral, lo cual era falso: desde el inicio hasta el último día de su gobierno, López Obrador abrumó con propaganda en televisión. No había en la historia de México un gobierno, local o federal, que hasta ese momento hubiera gastado más en la imagen de un gobernante: en *Big Brother*, en los juegos América-Chivas —tanto en la liguilla como en la final—, en los partidos de la selección, en los noticieros, en la mañana, en las telenovelas, en las películas, en la noche, en los canales nacionales, en los locales. "Hasta en la sopa aparecía López Obrador".

Fue tan ostentosa la campaña personal de López Obrador en televisión con dinero público, que su sucesor Alejandro Encinas determinó, como una de sus primeras medidas, que desapareciera de la propaganda oficial la imagen del jefe de Gobierno.

Nadie como López Obrador gastó tanto dinero en encuestas personales, con dinero tomado del cargo que ocupó, para medir la evolución de su popularidad y cómo mantenerla. El propio GDF informó que pagó 260 encuestas durante la administración de López Obrador, de las cuales 241 fueron para conocer los niveles de su popularidad y la aceptación ciudadana de su persona.

En el último tramo de su gobierno mandó a las "gacelas" a adiestrarse a Israel con dinero del erario, pero aseguró que no se las llevaría a la campaña porque no necesitaba guaruras. Luego estuvieron en su campaña y lo cuidaban a él y a su familia.

Abundé:

Dice que no tiene dinero, pero durante el proceso de desafuero había 23 *spots* diarios en televisión, pagados por la asociación civil No Nos Vamos a Dejar, que encabeza Alejandro Encinas y que nunca rindió cuentas.

Dice que no tiene dinero, pero a algún lado se van las cuotas de los 13 mil taxis piratas del grupo Panteras que pagan al Frente Popular Francisco Villa, del PRD. Dice que no tiene dinero, pero a algún lado van las cuotas que pagan los 100 mil ambulantes controlados por organizaciones lideradas por (su exsecretario particular) René Bejarano en nueve delegaciones.

Dice que no tiene dinero, pero a algún lado van las cuotas que semana a semana pagan los giros negros a las autoridades delegacionales del PRD para poder operar.

Dice que no tiene dinero, pero en algún lugar está lo que les descontó a los burócratas durante su desafuero, a razón de 10 mil pesos a directores; 6 400 pesos a subdirectores; 4 900 a jefes de Unidad Departamental; 4 100 a Coordinadores de Proyecto; y 3 200 a Enlaces Administrativos.

Dice que no tiene dinero, pero en algún lugar está lo que obtenía su secretario particular con las extorsiones a contratistas para agilizar los pagos de obras realizadas, como todos pudimos ver en televisión.

Dice que no tiene dinero, pero por alguna razón las obras más importantes de su gobierno se realizaron por la vía de la adjudicación directa.

Dice que no tiene dinero, pero cuando la mayoría perredista de la Asamblea aprueba en comisiones que se construyan edificios de seis a diez pisos en Coyoacán y Álvaro Obregón (San Ángel), más "corredores urbanos" con cantinas y centros nocturnos en esas delegaciones, suena precisamente a eso que López Obrador dice que no tiene: dinero.

Dice que no tiene dinero, pero entregó a dos constructoras privadas 38 hectáreas de Santa Fe a cambio de los puentes de la avenida de Los Poetas. La obra costó a esas empresas 850 millones de pesos, y dividieron el terreno en 600 lotes de a 2 millones de pesos cada uno, con lo que obtendrán 1 200 millones de pesos. Eso les dejará a los socios del GDF una ganancia neta mínima de 350 millones de pesos.

"¿No tiene dinero para la campaña?", pregunté una vez más.

Claudicación

Once meses duró el proceso de desafuero de Andrés Manuel López Obrador como jefe de Gobierno del Distrito Federal por incurrir en desacato de una orden judicial. Inició el 18 de mayo de 2004 con la solicitud del juicio de procedencia que la PGR envió a la Cámara de Diputados. Seis días después, la mesa directiva la turnó a la sección instructora y el 3 de junio se le notificó al jefe de Gobierno del Distrito Federal.

Del 7 de julio al 6 de agosto de 2004 se realizó el ofrecimiento de pruebas; y del 22 de septiembre de ese año al 1 febrero de 2005, el desahogo de las mismas. El 1 de abril legisladores del PRI y PAN aprobaron el inicio del proceso y la constitución del órgano legislativo como escenario del juicio de procedencia. Y el 7 de abril, con 360 votos a favor, 127 en contra y dos abstenciones, la mayoría en la Cámara de Diputados aprobó el desafuero y con base en ello el Ministerio Público Federal estuvo en condiciones de solicitar a un juez el inicio de un proceso penal en contra del jefe de Gobierno capitalino.

"El perdedor en la batalla fue Andrés Manuel López Obrador por abuso de autoridad, por haber desobedecido durante 11 meses un mandato judicial para detener una obra en el predio El Encino. Se fue en el Tsuru que Nico (su chofer) aceleró cual si fuese un bólido, luego de pronunciar un discurso basado en fragmentos arbitrariamente extraídos de la historia nacional y de criticar a los diputados de PRI y PAN y a los presidentes de la República y de la Corte", reseñó el reportero Adrian Castillo en *Crónica*.[11]

En esa misma edición,[12] el diario informó que horas antes de perder el fuero López Obrador anunció en el Zócalo que "esté donde esté" buscaría ser el candidato del PRD a la Presidencia de la República. Dijo que lo querían silenciar y dio a conocer un plan de resistencia civil, que incluyó recorridos por el país y una gran marcha en la capital.

En medio de movilizaciones y de presiones mediaticas, el 20 de abril la PGR consignó ante el juzgado 12 de distrito el expediente 34/2005 por el caso de El Encino y solicitó que se iniciara proceso penal a López Obrador como probable responsable del delito de abuso de autoridad.

Pero a partir de ese momento, el proceso judicial se detuvo: el 22 de abril el juez 12 de distrito, Juan José Olvera López, negó la orden de presentación solicitada por la PGR en contra del mandatario capitalino debido a que, dijo, "el Ministerio

---

[11] Adrian Castillo, "Desaforado por autoritario", en *La Crónica de Hoy*, 8 de abril de 2005.

[12] Alejandro Páez, "AMLO anuncia que peleará la candidatura del PRD", en *La Crónica de Hoy*, 8 de abril de 2005.

Público dispuso de la libertad personal del indiciado sin que estuviera a su disposición".

Dos días después, se efectuó la llamada "marcha del silencio" convocada por el jefe de Gobierno y un día después López Obrador regresó triunfante a sus oficinas. El 27 de abril el presidente Vicente Fox anunció la renuncia del procurador general de la República, el general Rafael Macedo de la Concha, uno de los principales ejecutores del proceso judicial contra el mandatario capitalino, y anunció que se revisaría "de manera exhaustiva" el expediente. Y, finalmente, el 4 de mayo, la PGR determinó no ejercer acción penal contra López Obrador, aunque lo siguió considerando presunto responsable de desacato.

El 2 de mayo advertí en mi columna "Semana Política"[13] el negro porvenir que le deparaba al país ante la claudicación del presidente Fox en aplicar la justicia. Escribí:

La historia se ha repetido

El Estado claudicó ante la provocación y otra vez sacrifica la ley para satisfacer el afán de poder del mismo personaje.

Se viene, pues, una negra y larga noche para la República.

Vicente Fox acaba de cambiar unas semanas de aplausos por décadas de oscuridad para el país. Paco Calderón dibujó el jueves al presidente de la República vestido como un lord inglés que en su mano traía la Ley AMLO, al tiempo que decía "paz para nuestro tiempo". Al pie del dibujo, junto a su firma con un moño negro, puso "esta película ya la vi".

Lo que el gran caricaturista de Reforma estaba recordando era el Pacto de Múnich. Chamberlain viajó a Alemania para decirle a Hitler que se frenara, que ya se había anexado Austria, y le preguntó qué necesitaba para detenerse. Hitler le dijo quiero

¹³ Pablo Hiriart, "Negro porvenir", columna "Semana Política", en *La Crónica de Hoy*, 2 de mayo de 2005.

Checoslovaquia, y se la dieron. Chamberlain regresó feliz a Inglaterra porque ya le habían dado a Hitler lo que quería para calmarlo. "Les traigo la paz", dijo a los ciudadanos. O como lo apunta Paco Calderón: "paz para nuestro tiempo".

Toda proporción histórica guardada, así de negro es el panorama que le espera a México después de la capitulación del presidente para contentar a López Obrador, apaciguarlo y frenar la campaña periodística en su contra.

Le regalaron la cabeza de Macedo de la Concha y le ofrecieron cambiar las leyes para no afectar sus propósitos personales.

El panorama es negro no sólo por lo que significan señales como el asedio de perredistas al padre del exsubprocurador Javier Vega Memije en Guerrero.

O por el acoso de simpatizantes de López Obrador a la mamá del presidente Fox en el Rancho San Cristóbal.

O por la golpiza que le dieron al fiscal del caso López Obrador y la forma en que el diario *La Jornada* ridiculizó la agresión.

Esas son sólo algunas muestras de lo que se viene encima a los que se opongan a su voluntad cuando López y los suyos tengan todo el poder en sus manos, la PGR y el Cisen incluidos.

Pero lo alarmante va más allá de esas anécdotas que sirven para abrir los ojos: López Obrador no sabe vivir con los contrapesos propios de un sistema democrático.

Él se asume como el intérprete único de la voluntad del pueblo.

Lo válido no es lo que dice la ley, sino lo que él dice escuchar de la gente. Él dictamina qué expresión ciudadana es válida y cuál no.

Derrotó a los tres poderes con marchas y amenazas de más movilizaciones. Cuando le estorban las instituciones, las agrede y las doblega.

Cuando le molesta la ley, la atropella.

Es la hora que no regresa el predio El Encino a sus propietarios.

A la oposición en la Asamblea del DF la aplasta con una mayoría ignorante, pero incondicional a él.

Cuando un medio de comunicación asume una postura crítica hacia su gobierno, exhorta a los trabajadores de ese diario (*Crónica*) a boicotear la línea editorial.

Cuando el empresario Carlos Ahumada exhibió la corrupción de los lugartenientes de López Obrador, lo metió a la cárcel y autorizó a que el diario *La Jornada* entrara a su celda a fotografiarlo y a hacer escarnio de su persona.

La Comisión para la Transparencia Informativa la inutilizó llenándola de funcionarios de su gobierno y arrinconando a la consejera ciudadana.

No permite que nadie conozca los gastos de su gobierno en la construcción de obras viales.

Ni siquiera admitió que la Asamblea del DF, controlada por él, auditara los ingresos de la asociación civil No Nos Vamos a Dejar, presidida por su secretario de Gobierno, Alejandro Encinas. En el PRD puso al presidente del partido en el Distrito Federal y en el Comité Nacional.

A Cuauhtémoc Cárdenas, su único contrapeso en el PRD, lo zarandeó el día de la marcha dejándolo atrás, a merced de los gritos de sus incondicionales, y subió al pódium en el Zócalo a Porfirio Muñoz Ledo, el adversario del ingeniero.

Estamos, pues, en la antesala de un periodo oscuro para la nación. La biografía de López Obrador no es la historia de un demócrata.

Es la de un violador sistemático no sólo de la ley, sino de reglas convenidas y pactadas de manera implícita por los actores políticos, los partidos y la sociedad.

En su historia personal, López Obrador nunca ha aceptado los mecanismos de control que son propios de una democracia.

El intocable

La complacencia hacia el desprecio por la ley que manifestaba el gobernador capitalino fue una de las causas por las que llegó, más de una década después, a la Presidencia de la República.

Demócratas como Carlos Fuentes y Enrique Krauze lo defendieron contra el desafuero. Lo mismo el exprocurador Diego Valadés y hasta su futuro contrincante Felipe Calderón.

A propósito del desafuero, el valeroso periodista Ciro Gómez Leyva escribió que habíamos convertido a López Obrador en nuestro Jean Valjean, el personaje de Víctor Hugo que fue perseguido con celo infatigable por robarse un pan, en *Los Miserables*.

López Obrador violó un amparo. *Crónica* lo dio a conocer con una nota de Karina Soriano, de la sección Ciudad.

En Ciudad brillaba el reportero Héctor Gutiérrez, que en paz descanse, hijo de un maestro: don Polito Gutiérrez, el encargado de poner título a los grandes reportajes de *Proceso*, cabecero de confianza de Vicente Leñero.

Guiado por Julián Andrade Jardí, su amigo y jefe inmediato en la estructura del periódico, Héctor Gutiérrez le dio grandes triunfos informativos a *Crónica*, entre ellos el caso de la leche Betty, que no era leche sino una mescolanza insalubre de suero y agua con heces fecales, que los dirigentes perredistas (hoy en Morena) vendían de madrugada en las zonas populares en bolsas de plástico con propaganda personalizada de sus líderes capitalinos.

Héctor Gutiérrez publicó la nota que señalaba al recién nombrado subsecretario de Seguridad Pública del Distrito Federal, por parte del jefe de Gobierno Cuauhtémoc Cárdenas, como miembro del Batallón Olimpia. Héctor Careaga Entrambasaguas había estado presente la noche de la matanza de Tlatelolco con un guante blanco en la mano, y llegaba a jefaturar la policía del primer gobierno electo en la capital del país.

Sensible a la información verificada, Cárdenas le aceptó la renuncia de inmediato.

Había sido más difícil unos meses atrás, cuando el día antes de tomar posesión de la Jefatura de Gobierno, Cuauhtémoc Cárdenas pudo ver en la nota principal de *Crónica* la historia criminal del personaje que había nombrado como jefe de la Policía Judicial del Distrito Federal, Jesús Ignacio Carrola.

Emilio Viale, que en paz descanse, el mejor reportero de policía de su época, me presentó la historia de Carrola en su paso como judicial en Baja California Sur, donde torturó hasta matar a un joven que llevaba mariguana en pequeña cantidad. Pusimos al corresponsal en La Paz a buscar los periódicos de la época y ahí estaba todo. Principal de *Crónica*. Un par de semanas después cayó Carrola.

Dejar la jefatura de la Judicial del Distrito Federal no apartó a Carrola de los contubernios con otros funcionarios de esa corporación capitalina. Emilio Viale le dio seguimiento y publicamos lo que tenía valor informativo.

Una mañana Tere Chávez, que entonces era mi secretaria, me informó que abajo estaba el señor Carrola porque quería hablar conmigo. "Dígale que suba, Tere, pero no cierre la puerta".

Entró con gesto amable, sin prepotencia, a pedir: "Ya suéltenme, ya no estoy en el gobierno, la traen conmigo, yo qué".

Observé su apariencia conciliadora, el bigote crecido, la vestimenta pobre, sin saco y una playera aguada que no le alcanzaba a disimular la pistola que traía entre el cinturón y la barriga.

Cuando se fue, el chofer César Chavarría entró a la dirección con una sonrisa y me dijo sin dudar: "Él fue, claro que fue él".

Se refería al incidente ocurrido tiempo atrás en la calzada de Las Águilas, cuando después de dejarme en mi casa se le interpuso una camioneta blanca tipo van, sin ventanas, que usaba la Policía Judicial. Bajaron dos tipos y uno se le acercó a mi coche (un Tsuru, por cierto) y con una pistola le apuntó en la frente: "Dile a tu jefe que deje de publicar pendejadas".

Fuimos a la Procuraduría a levantar la demanda, se publicó en el periódico y durante ese día recibí dos llamadas que muestran la diferencia con los tiempos actuales. La primera, del jefe de Gobierno Cuauhtémoc Cárdenas: "Pablo, lo lamento mucho, condeno el hecho y dígame cómo puedo ayudarle".

Cuauhtémoc Cárdenas, un gobernante tozudo al que *Crónica* le dio marcaje desde su toma de posesión, tuvo la decencia de hablar por teléfono para expresar su solidaridad al director del principal medio crítico de su gobierno.

La otra llamada fue del secretario de la Defensa Nacional, el general Enrique Cervantes Aguirre, que me invitó a presentarme en su oficina al día siguiente. Me esperaba otro general que fue directo al grano:

—Lo que sucedió con usted es algo grave, porque se trata del Cártel de los Arellano (de Baja California) que tiene infiltrada a la policía del DF. Compre un arma aquí en la Defensa, nosotros le damos la licencia de portación y cuídese. Le sugiero que por un tiempo traiga seguridad.

—¿El Cártel de los Arellano en el DF, general? Pensé que había sido la Secretaría de Seguridad Pública —le dije.

—Sí, es la mafia de los Arellano que están en la Procuraduría capitalina —contestó.

El titular de la Secretaría de la Defensa —a cuyo comandante supremo criticábamos de manera incesante por la depravación de la justicia con brujas, pagos a testigos para que cambiaran sus declaraciones, siembra de osamentas, multiplicación de secuestros y filtraciones para denostar a sus enemigos políticos—, se preocupaba por proteger la vida de un periodista amenazado, sin importar su posición editorial.

Cuánta diferencia con la actitud del general que es jefe de la Guardia Nacional (GN) en el actual gobierno. Demos un brinco de casi tres décadas en la narración.

Una mañana el presidente López Obrador atacó al periodista Carlos Loret de Mola, y recordó "una entrevista que me hizo hace ya varios años, quién sabe dónde está...". En ese momento se levantó el general Luis Rodríguez Bucio con una laptop en la mano y la entrevista de AMLO con Loret.

El general, jefe de la Guardia Nacional, al servicio de la fobia de López Obrador para atacar verbalmente a un periodista desagradable porque critica al "señor presidente".

Volvamos al incidente.

Había pensado que la amenaza, y encañonar a mi chofer con el mensaje: "Dile a tu jefe que deje de publicar pendejadas", venía de la Secretaría de Seguridad Pública del DF. En *Crónica* habíamos publicado varios reportajes de Francisco Gómez, Emilio Viale y Héctor Gutiérrez sobre el regreso de "La Hermandad" a la policía capitalina: qué puestos ocupaban, qué delitos promovían, cuánto dinero le exigían a cada mando inferior. Todo con nombre y apellidos en el área de motopatrullas.

Uno de esos días, al caer la tarde, una camioneta intentó interceptar el coche en que viajaba mi familia. El chofer logró esquivar el cerrón y se metió a un fraccionamiento. La mamá de mis hijos, Evamaría García, mujer solidaria y de carácter, alcanzó a tomar el número de las placas.

A través de las placas, Emilio Viale obtuvo la dirección de los dueños de la camioneta, y al cierre de la edición del diario, a la media noche, con sus más de 70 años, se fue solo en un viejo coche hasta las profundidades de Iztapalapa. La dirección correspondía a un callejón oscuro. Se bajó y tocó el timbre del edificio. No había nadie en el departamento de los dueños del vehículo. Una señora se asomó de una ventana de otro piso y le dijo que en efecto había visto la camioneta, pero "ellos casi no vienen por acá".

—Dígales a los muchachos que vine a visitarlos por lo que hicieron en Las Águilas esta tarde —le dijo, y regresó a su casa en el otro extremo de la ciudad.

Así era Emilio Viale.

Del comandante Carrola tuve noticias un par de años más tarde, por una nota de *La Prensa*. Fue encontrado muerto en el Estado de México, atado y amordazado con cinta canela en la cajuela de un coche.

Volvemos al punto de El Encino. La reportera Karina Soriano no sólo llevó la nota de que el gobierno capitalino violó el amparo que frenaba las obras, sino las fotografías con la maquinaria trabajando en el lugar. No había dudas. *Crónica* lo publicó al día siguiente.

El Gobierno Federal tardó más de dos o tres años en solicitar el desafuero. Se llevó hasta el límite de los tiempos electorales. Intelectuales y comunicadores se pusieron del lado de López Obrador. Él podía violar la ley. Era de izquierda. Movilizaba gente. Ya había doblado con marchas al gobierno de Zedillo para ser candidato a jefe de Gobierno sin ser del DF ni acreditar la residencia que exige la ley, con su credencial de elector.

Todos ellos hicieron de AMLO un intocable.

Lo engrandecieron hasta el mito que él se encargó de bautizar como "el indestructible".

Unos lo hicieron de buena fe, otros por miedo.

El 11 de abril de 2005 me referí en "Semana Política"[14] a los argumentos que los más ilustrados defensores de López Obrador esgrimieron para condenar su desafuero: consideraciones sobre la fragilidad de la democracia, el riesgo de inestabilidad, la popularidad del personaje… todos argumentos de carácter estrictamente político. Pero su caso era indefendible política y jurídicamente.

Escribí:

[14] Pablo Hiriart, "El intocable", columna "Semana Política", en *La Crónica de Hoy*, 11 de abril de 2005.

El día del desafuero (7 de abril de 2005), después de un razonable discurso en la Plaza de la Constitución, López Obrador se transformó en un patán de la política con su soflama en la Cámara de Diputados.

No resistió el papel de sensato que jugó en el Zócalo y en San Lázaro pintó un atropellado retrato de sí mismo.

Autoritario y de odios profundos no explicó, sino que insultó.

No fue a exponer su caso ni a convencer con argumentos de descargo, sino que fue a San Lázaro a agredir a todos los que no piensan como él.

Incluso a los indecisos los cubrió de epítetos.

Ahora que el presidente de la Suprema Corte no está de su lado como sí ha estado en otros casos, lo llamó cómplice y ejecutor de consignas políticas.

A los jueces que hace poco aduló porque en un caso le dieron la razón, ahora les dijo que "en su mayoría" son personas que actúan por consigna y se comportan como "empleados del Ejecutivo federal".

Al presidente de la República, que hasta hace poco le merecía todo su respeto, ahora lo acusó de "faccioso", "deshonroso" y de "degradar las instituciones de la República".

A los diputados que no piensan como él les dijo que "se hacen llamar representantes populares" sumisos a la línea y obedientes de dictados.

Pero a los diputados que votarían por él les dijo que eran personas con "dignidad y decoro".

Los empresarios fueron atacados por López Obrador como los grandes atracadores de México, cuya prosperidad, según él, es la causante de la pobreza de la mayoría.

En cambio, los que han hecho negocios con su gobierno merecen ser llamados "emprendedores que han hecho su fortuna gracias al trabajo".

Así de autoritario y ofensivo es López Obrador. Los que piensan como él son buenos y los demás están condenados a sus insultos. […]

Bueno, pues ahí está López Obrador.

Ése es el personaje al cual quieren defender con argumentos políticos.

Cuando las leyes le convienen, expresa de su puño y letra que nadie está por encima de ellas. Y cuando se las aplican a él, las desecha con el argumento de que "la justicia está por encima de la ley".

¿Y quién dice qué es lo justo y qué es lo injusto?

Él.

En la misma columna expresé mi sorpresa de que algunas de las mentes más lúcidas, como los ya mencionados Enrique Krauze y Carlos Fuentes, insistieran en defender a López Obrador para que no fuera tocado por el brazo de la ley por el hecho de que era popular en las encuestas y representaba una buena carta para que el PRD compitiera con cierto éxito en 2006.

Ése era todo el argumento.

Preguntaba si por ser popular se podía violar un amparo a un particular sin reclamo alguno. Recordé que "rechazó detener las obras y sacar su maquinaria de El Encino, porque quiso. Información tenía, y bastante". De hecho, *Crónica* publicó en primera plana la foto de la maquinaria del GDF en este predio, que era la violación a un amparo. ¿Cuál fue su respuesta? Que los jueces le harían lo que el viento a Juárez.

Y expresaba que parecía una herejía preguntarle a López Obrador por qué, entre otras cosas, permitía que su secretario de Finanzas, Gustavo Ponce, fuera a Las Vegas a jugar cantidades millonarias casi todos los fines de semana, así como pedirle que abriera las cuentas del distribuidor vial de San Antonio y las del segundo piso del Periférico.

"A él nadie se atreve a preguntarle por qué no revela qué otros empresarios, además del constructor Carlos Ahumada, le daban dinero a René Bejarano, su secretario particular. ¿No es López Obrador el responsable político y administrativo directo de sus dos principales colaboradores, Bejarano y Ponce?", cuestionaba.

Y ponía un símil: si hubiéramos visto a Gil Díaz jugando millonadas en Las Vegas con dólares transferidos ilegalmente y provenientes quien sabe de dónde, y al secretario particular del presidente Fox recibiendo maletines de dinero de empresarios, ¿qué habría pasado? Todos los que defendieron a López Obrador habrían exigido la renuncia de Fox.

Pero López Obrador era intocable.

Déjà vu

Todo el repertorio de su ineptitud, egolatría y enajenación que luego truncaría el camino de México, López Obrador lo exhibió como jefe de Gobierno o lo dejó como herencia a su interino, Alejandro Encinas, cuando se fue a hacer campaña para la Presidencia en 2006.

Por ejemplo: el desabasto de medicinas en el sistema de salud pública del país —cuya vertiente más dramática la enfrentaron los niños con cáncer—, tuvo como antecedente el desabasto de medicamentos que a mediados de 2006 padecieron los hospitales adscritos al gobierno del entonces Distrito Federal.

La noticia fue portada en *Crónica*[15] y objeto de seguimiento periodístico: pacientes y familiares de nosocomios del GDF confirmaron dicho desabasto en los pediátricos Moctezuma, San Juan de Aragón y Tacubaya, los generales de Iztapalapa, Balbuena y La Villa y el materno-infantil de Inguarán.

Esa situación obligó a los pacientes de esos hospitales, la mayoría de escasos recursos, a comprar sus propias medicinas

---

[15] Alejandro Sánchez y Miriam Castillo, "Confirmado: sí hay desabasto", en *La Crónica de Hoy*, 1 de junio de 2006.

y materiales de curación, algunos tan básicos como vendas, algodón, pañales para adulto, suero y agujas. En los hechos, las autoridades sanitarias incumplieron la Ley de Medicamentos y Servicios Médicos Gratuitos que recién había entrado en vigor a fines de mayo de ese año y que supuestamente garantizaba la entrega sin costo de diversos fármacos.

En ese mismo tenor de "situación que se repite" está la intensa campaña que López Obrador, los funcionarios de su gabinete y Morena impulsaron en torno a la Consulta de Revocación de Mandato que se llevó a cabo el 10 de abril de 2022. Como jefe de Gobierno, AMLO impulsó dos consultas de este tipo: en diciembre de 2002, en la que participaron 691 619 electores (10% del padrón) y en diciembre de 2004, en la que votaron 556 727 personas (7% del padrón). En ambos casos, más de 90% votó porque continuara en el cargo.

Para López Obrador los resultados de la consulta de 2004 significaron que la mayoría de los capitalinos lo apoyaban. Señaló que, en consecuencia, seguiría gobernando la ciudad "con responsabilidad". "No hay nada en el corto plazo que indique que yo abandone el gobierno de la ciudad, sólo lo abandonaría si la gente lo decide o injustamente me destituyen con el proceso de desafuero, sólo por esas razones (me iría)", añadió.

Y es que las "consultas populares", como instrumentos para estar en campaña permanente, le han redituado.

Sin embargo, un análisis acusioso de los resultados de la consulta de 2004 realizado por *Crónica*[16] mostró que, en realidad, casi 92% de los ciudadanos del padrón electoral del Distrito Federal (6.7 millones) no votó. En esa ocasión sufragaron 134 892 personas menos que en la consulta previa de 2002. Incluso, del voto duro de AMLO, conformado por un millón de

---

[16] Alejandra Sánchez y Raymundo Sánchez, "92% del padrón no votó en la consulta de AMLO", en *La Crónica de Hoy*, 20 de diciembre de 2004.

beneficiarios de los programas sociales, como el de los adultos mayores, apenas la mitad (505 mil) levantó el teléfono para opinar que López siguiera al frente del gobierno capitalino.

Negación

Mucha propaganda, promover el culto a su persona y negar la realidad aún con las evidencias ante sus ojos, han sido una constante en su carrera.

En noviembre de 2004 —un mes antes de la consulta de Revocación de Mandato de AMLO como jefe de Gobierno del Distrito Federal—, el PRD repartió de manera gratuita 50 mil condones con la imagen de López Obrador y leyendas en su apoyo y en contra del desafuero, que en esas fechas se encontraba en la etapa de desahogo de pruebas para definir su eventual inicio de procedencia.

Durante la conferencia de prensa del 15 de noviembre de ese año, el reportero de *Crónica* Raymundo Sánchez le mostró al jefe de Gobierno uno de esos condones que repartía el PRD, pero que traía las siglas de la Secretaría de Salud Pública (SSP) del DF.

"Con mano trémula, riendo nerviosamente, Andrés Manuel López Obrador sostuvo uno de los condones", narró Raymundo Sánchez.[17] Y siguió:

> Al verlo con detenimiento y desconfianza, sólo atinó a decir: "¡No existe esto, no existe esto!", como queriendo exorcizar el objeto y sin ofrecer explicación alguna de por qué su partido promueve su campaña con recursos que son del gobierno local.

---

[17] Raymundo Sánchez, "'No existe esto', dice López al sostener uno de los condones con su imagen que regala el PRD-DF", en *La Crónica de Hoy*, 16 de noviembre de 2004.

En la conferencia matutina, López Obrador quiso demeritar la nota publicada ayer por Crónica: "¿Cómo van a sacar esto, hoy es lunes?, ¿cómo vamos a empezar con esto? ¡Levanten el nivel!". Pero las luces de los flashes de las cámaras le pegaban directo mientras seguía observando el preservativo. Le daba vuelta y optó por eludir el tema.

—Así como salió el simicondón, también ya salió éste, mírelo —dijo el reportero al jefe de Gobierno cuando le entregó el objeto, luego de que el tabasqueño habló durante 10 minutos sin interrupción.

—El problema es que son de la SSP y los está repartiendo el PRD para promocionar su imagen —añadió el periodista.

—Miren, ahí está, estamos hablando de esto y vienen con esto —respondió López, tratando de que el asunto se viera, según él, como falta de profesionalismo de los medios.

—Hay desvíos de recursos, ¿qué tiene que decir? Es de SSP y lo reparte el PRD.

—¡No existe eso!

—¡Pero lo tiene en la mano! ¿Entonces qué es? —replicaron en coro los reporteros.

—Es Seguretec (la marca del condón), no, pero ¿cómo vamos a empezar con esto? Levanten el nivel, porque acuérdense que estamos en una sala de prensa que lleva el nombre de Francisco Zarco.

López Obrador buscó con la mirada a alguien que le lanzara una pregunta más cómoda, lo que le dio resultado, pues del fondo de la sala se escuchó una voz que pedía detalles sobre la consulta que en diciembre realizará el GDF para someter a revocación el mandato del tabasqueño.

Cuando ya daba por sentado que había librado el asunto y que nadie le preguntaría más sobre los condones, el jefe de Gobierno dio por terminada la conferencia. No obstante, cuando se disponía a salir de la sala de prensa otra voz se escuchó:

—¿Le va a preguntar a Marcelo Ebrard por qué le dio condones al PRD?

—Ahorita lo vemos, es más, me lo llevo —dijo, y regresó por el preservativo que había colocado sobre el atril, se lo echó a la bolsa y se fue sin decir más.

Más de 12 horas después, el GDF aceptó que los preservativos existían y a través de un comunicado informó que "se trata de una irregularidad la utilización del preservativo para fines propagandísticos".

También reprobó que "se añada información que desvirtúe los objetivos del programa de prevención de transmisión del VIH/Sida de la Ciudad de México".

Explicó que "si algunas organizaciones que distribuyen los condones añaden información al empaque, lo hacen bajo su exclusiva responsabilidad".

Diputados locales del PAN y del PRI criticaron la distribución de condones que hizo el PRD y señalaron la posibilidad de presentar una denuncia penal por el delito de peculado.

El entonces coordinador de la fracción panista, José Espina, comentó que posiblemente se hubieran desviado los recursos de la SSP al utilizar el presupuesto para "fines distintos a su función". Su compañero de bancada, José María Rivera Cabello, expresó que se trata de "una distracción de recursos públicos, como lo hizo por muchos años el PRI, pero el PRD aprendió rápido y hace exactamente lo mismo", tras indicar que en este caso "estamos frente al delito de peculado por el uso de recursos del erario para un fin particular como es promover la figura del jefe de Gobierno".

Por su parte, el procurador capitalino, Bernardo Bátiz, sostuvo que el reparto de condones propiedad de la SPP con propaganda en favor de Andrés Manuel López Obrador "no tiene una significación de carácter penal", por lo que la dependencia a su cargo no indagaría el presunto desvío de recursos. Incluso dijo al reportero que le preguntó: "Si quiere hacer usted la denuncia, preséntela ante el Ministerio Público".

Entrevistado al término de la reunión de gabinete local de Seguridad Pública, Bátiz apuntó que "si alguien hace la denuncia, por supuesto que investigaremos. Si alguien, usted u otra gente, tiene sospecha de que esté es un desvío de recursos, con mucho gusto investigamos".

—¿No se persigue de oficio? —se le preguntó.

—No conozco ese hecho, ustedes me lo están diciendo, luego ustedes dicen afirmaciones. Yo no puedo dar una opinión de un hecho que ustedes me dicen que está sucediendo.

—Son condones de SSP que reparte el PRD con propaganda de López Obrador.

—No conozco esa información, no sabía yo que reparten condones.

El culto a la personalidad galopaba en las dependencias del gobierno capitalino.

Populismo vil

No había duda sobre la forma en que López Obrador gobernaba y ejercía el poder. Dos palabras lo sintetizan: populismo vil. Así titulé mi columna "Semana Política" del 30 de agosto de 2004.[18] Después de casi 20 años, esas líneas mantienen su vigencia:

> Aquí, el mariachi de la policía controlada por López Obrador canta que la palabra de su jefe es la ley.
>
> Y el jefe viola amparos, reta al Poder Judicial y para resolver una controversia jurídica saca a gente a la calle mediante el acarreo y la coerción.

---

[18] Pablo Hiriart, "Populismo vil", columna "Semana Política", en *La Crónica de Hoy*, 30 de agosto de 2004.

Eso es el populismo. El populismo autoritario de López Obrador.

Es el populismo que no propone nada, porque sus ofertas están determinadas por el oportunismo. Que critica las privatizaciones y la apertura comercial, sin ofrecer ninguna propuesta alternativa.

Que vocifera contra las privatizaciones mientras se deshace en atenciones hacia el beneficiario de ellas, para tenerlo como aliado.

Que hace de la crítica al neoliberalismo el eje de su discurso, pero no ofrece nada concreto a cambio.

Que protesta porque compramos gas y gasolina a alto precio en el extranjero, pero que impide las reformas para remontar es desventaja grave que tenemos como país.

Que exige castigo a los empresarios involucrados en el Fobaproa, pero premia con la asignación de contratos, sin concurso, a los empresarios que mayores beneficios sacaron del rescate bancario, porque eso le conviene a López Obrador.

Que ofrece medicamentos gratis, becas a discapacitados, detonar la industria de la construcción, pensión universal para viejitos, pero se opone a una reforma fiscal para que el Estado tenga recursos.

Que propone crear empleos como una forma de abatir la delincuencia, pero en el DF, entidad que gobierna, el desempleo tiene el índice más elevado de todos los estados del país.

Que para atacar a la delincuencia planteen abatir la corrupción, cuando los policías de élite del Distrito Federal brindan protección a bandas de secuestradores.

Que minimiza el asesinato de un anciano a garrotazos en Oaxaca, porque ese silencio fortalece los acuerdos de López Obrador con José Murat.

Que hace de la honestidad un lema de campaña, pero al llegar al gobierno se despachan con extorsiones en dólares y transferencias a Las Vegas para pagar vicios privados, y nadie está detenido porque los inculpados son cercanos a López Obrador.

Que critica el elevado monto de la deuda externa, cuando ésta se disparó en la época en que gobernaban quienes hoy apoyan a López Obrador; él estaba en el PRI, y la deuda bajó cuando llegaron a la Presidencia los que aborrece y atacan López Obrador.

Que se presenta como defensor de los derechos humanos, pero meten a la cárcel a un joven indígena de 15 años que luego fue asesinado en el penal, y rechazaron la amonestación de la Comisión de Derechos Humanos del DF porque eso empaña la imagen de López Obrador.

Que ofrece para el país pulcritud y austeridad con los recursos públicos, pero se sirven con la cuchara grande a la hora de promover la imagen personal del jefe de Gobierno con recursos del erario.

Que sus aliados en los medios ocultan el secuestro y asesinato de una eminencia médica, porque eso empaña la figura de López Obrador. Y publican a toda plana cuando la policía capitalina detiene a dos de los plagiarios, porque eso levanta la imagen de López Obrador.

Que se proclama juarista, pero que le regala a la Iglesia terrenos por más de 150 millones de pesos para que haga negocios con las criptas.

Que coarta la libertad de un preso enemigo suyo.

La justicia del pueblo

La empatía del presidente López Obrador con los criminales y delincuentes, y no con las víctimas, tiene larga data. Cuando gobernó el Distrito Federal, los giros negros, los taxistas ilegales y el comercio ambulante fueron fuentes de ingresos para su movimiento y parte de su músculo electoral.

Así como en la Presidencia ordenó soltar al cabecilla del Cártel de Sinaloa, Ovidio Guzmán, detenido por fuerzas especiales del Ejército en Culiacán, en la Jefatura de Gobierno hubo casos emblemáticos de su connivencia con criminales, como ocurrió en San Juan Ixtayopan, delegación Tláhuac, donde el 24 de noviembre de 2004 tres agentes federales fueron brutalmente golpeados y dos de ellos quemados vivos cuando investigaban actividades de narcotráfico en esa delegación.

Al día siguiente de los linchamientos, López Obrador no tuvo un gesto de solidaridad con los tres agentes. En cambio, apareció sonriente en un anuncio pagado en la página 11 de *La Jornada*, en el que presumía las "razones para sentir orgullo por la capital". La primera de ellas: que "la seguridad en las calles de la Ciudad de México se percibe".

"Ése es su mundo y en él se siente a gusto. Está completamente ajeno a la angustia que se vive entre la población por la ausencia de Estado de derecho en la capital del país. Sus energías y su entusiasmo los consume casi exclusivamente en promover su candidatura presidencial", escribí en mi columna el 29 de noviembre de 2004.[19]

Al día siguiente de la tragedia, en seis ocasiones López Obrador rechazó hablar sobre ella. Su reacción ante los linchamientos fue pedir que "no se politice" el tema para no enfrentar su responsabilidad en las muertes de ciudadanos valiosos, las cuales podrían haberse evitado.

El linchamiento de los agentes de la Policía Federal Preventiva (PFP) en Tláhuac no fue el primero en el DF. Pero en los linchamientos anteriores el jefe de Gobierno se lavó las manos. Su displicencia alentó el método: "Es una expresión del México profundo. Con las tradiciones del pueblo, con sus creencias, más vale no meterse", declaró en julio de 2001 cuando una multitud en Tlalpan mató a golpes a un joven que supuestamente robó en una iglesia.

Se la pasó diciendo que la justicia está por encima de la ley, que las leyes están subordinadas a la voz del pueblo. Y en

<hr>

[19] Pablo Hiriart, "Si hay responsables", columna "Semana Política", en *La Crónica de Hoy*, 29 de noviembre de 2004.

Tláhuac le tomaron la palabra y decidieron hacer justicia por encima de las leyes. Si así lo decía la máxima autoridad de la capital, ¿por qué no lo iban a poner en práctica sus gobernados?

"Andrés Manuel López Obrador tiene responsabilidad por partida doble. Primero, porque la policía a su cargo —igual que la Federal Preventiva— dejó morir solos a dos agentes que hacían un trabajo delicado y absolutamente necesario para la sociedad. La policía capitalina no quiso o no se atrevió a llegar al sitio donde reporteros y unidades móviles de televisión sí pudieron hacerlo. Tampoco se atrevió a actuar la Federal Preventiva. El nuevo jefe de esa agrupación (José Luis Figueroa) tuvo miedo de que se le fuera a estropear uno de sus helicópteros", apunté.

Y subrayé la omisión de las autoridades capitalinas y la cobardía de la Federal Preventiva para intervenir. "Los dejaron morir solos", insistí.

La Federal admitió su error y el jefe de Gobierno respaldó al entonces secretario de Segridad Pública, Marcelo Ebrard Casaubón, "que se quedó cruzado de brazos mientras los mataban".

¿Por qué no actuó la policía? Hasta ahora no hay explicaciones convincentes. Todos se lavaron las manos.

Recordé que "en un hecho de conmovedor significado humano, los reporteros trataron de salvar a los agentes federales de la muerte inminente. En medio de la turba enardecida, los ayudaron a identificarse y les abrieron los micrófonos para que pidieran ayuda. Así lo hicieron. Pidieron auxilio y no hubo un solo cuerpo de policía que acudiera a rescatarlos. Los dejaron morir solos en su tarea. Esa omisión confirmó que no estaban en lo suyo; o que lo suyo era otra cosa".

Y apunté: "La responsabilidad de López Obrador es por omisión. Y la omisión es por frivolidad. Pero el jefe de Gobierno también tiene responsabilidad en la tragedia por incitar a que la población se haga justicia por su propia mano. Él ha insistido en todos los foros en que la justicia está por encima de la ley. ¿Y quién decide que es justo y que es injusto? La voz del pueblo, dice López Obrador. Entonces, ¿por qué el pueblo de Tláhuac le iba a entregar a esos 'delincuentes' a los jueces para que apliquen la ley? Claro que no, si los jueces están del lado de los que tienen abogados de renombre y las leyes se hicieron para proteger a los poderosos, según dice la máxima autoridad de la capital".

"El pueblo manda", dice a diario. Y a su manera el pueblo mandó en San Juan Ixtayopan.

Desprecio

A comienzo de los años noventa, el subsecretario de Gobernación Miguel Limón Rojas comentó algo que se me grabó por el peso de verdad que contenía. Era una cita de Montesquieu: "Las leyes hay que cambiarlas con mano temblorosa".

Históricamente, las leyes en México se respetan menos que en los países desarrollados y hemos tenido gobiernos que torcieron la procuración de justicia hasta la infamia.

Sin embargo, a pesar del enorme poder de los presidentes y de los fiscales generales, tentados a imponer su voluntad absoluta, las instituciones y las leyes han evitado el empoderamiento de potenciales dictadores.

A partir de 1982, el absolutismo presidencial estuvo limitado por las instituciones de manera gradual, pero nada despreciable.

En el año 2000 López Obrador doblegó las leyes a fuerza de marchas y amenazas para defender su "derecho a competir" en la elección para jefe de Gobierno, y sin tener los requisitos legales para ser candidato se inscribió en medio de un escándalo que le favoreció y ganó. A pesar de que no tenía la residencia para ser candidato —como lo afirmaron no sólo el PRI y el PAN, sino también los perredistas Pablo Gómez y Demetrio Sodi, entre otros—, el gobierno del presidente Ernesto Zedillo se echó para atrás y torció la ley para apaciguar el griterío de los manifestantes y calmar a los comunicadores afines a López Obrador.

Esa permisividad ante el violador de las reglas democráticas, el miedo a confrontarlo con las herramientas de la ley y la razón fue una de las alfombras rojas que le pusieron para llegar a Palacio Nacional.

Desprecio a las instituciones y a las reglas del juego, y la victimización bajo cualquier pretexto siempre han estado en su actuación política.

El 28 de agosto de 2006 escribí esta esquina en la parte superior derecha de *Crónica*:

"Los venados de Carlos Ahumada amanecieron muertos. Envenenados. Y la esposa del constructor encarcelado recibió un mensaje claro de amenazas si su marido sigue con la idea de ser entrevistado. ¿Qué es eso? De seguro los venados se suicidaron para dejar mal parado a López Obrador. Otro complot, pues".

De su enemistad con las instituciones, él mismo ha hablado: el 27 de agosto de 2006 —casi dos meses después de su derrota en las urnas y en plena campaña para movilizar a sus bases—, dijo ante sus simpatizantes congregados en el Zócalo: "¡Ya no nos importa lo que hagan! ¡No tenemos ningún respeto por sus instituciones, porque no son las instituciones del pueblo!".[20]

Y anticipándose al Tribunal Electoral del Poder Judicial de la Federación —que iba a emitir su dictamen sobre el cómputo final de la elección presidencial hasta el 6 de septiembre— planteó las alternativas por las que optaría una convención

---

[20] Alejandro Velázquez Cervantes, "No tenemos respeto a las instituciones: AMLO", en *La Crónica de Hoy*, 28 de agosto de 2006.

nacional convocada para el 16 de septiembre: formar "un legítimo gobierno o una Coordinación Nacional de la Resistencia Civil Pacífica [...] o si se elige a un jefe de Gobierno en Resistencia, a un encargado del Poder Ejecutivo o a un Coordinador Nacional de la Resistencia Civil Pacífica. Todo ello mientras dure la usurpación".

"Van a decir que estamos locos", admitió.

El 14 de julio de 2006 —apenas unos días después de perder las elecciones ante Felipe Calderón— exhibió su incapacidad para aceptar las reglas del juego democrático: durante una entrevista que le realizó la periodista Carmen Aristegui en W Radio mencionó que si un eventual recuento voto por voto ordenado por el Tribunal Electoral le diera el triunfo a Caderón, "acaso detendría las movilizaciones, pero nunca reconocería que la elección fue limpia y libre".[21]

Sostuvo que el panista sería un presidente "espurio", afirmó que la elección estuvo signada por la inequidad y calificó de "infamia" el computo electoral que derivó en su derrota.

Dos años antes, en marzo de 2004, ese desprecio a las instituciones había aflorado tras los "videoescándalos": el día primero de ese mes, el noticiario nocturno de la televisión mostró a su secretario de Finanzas, Gustavo Ponce, apostando en un casino de Las Vegas; dos días después, durante el programa *El Mañanero*, conducido por *Brozo*, éste exhibió el video en el que René Bejarano, colaborador cercano de AMLO, recibía grandes sumas de dinero en efectivo del empresario argentino Carlos Ahumada.

El escándalo le pegó de lleno al jefe de Gobierno capitalino, quien maniobró para deslindarse de sus dos colaboradores y posicionar una narrativa que le es usual: todo se trató de una embestida política en su contra, orquestada por el expresidente

---

[21] "AMLO: ni con el voto por voto aceptare a Calderón", en *La Crónica de Hoy*, 15 de julio de 2006.

Carlos Salinas de Gortari, el senador panista Diego Fernández de Ceballos y el propio presidente en funciones Vicente Fox, con un propósito avieso: restarle popularidad, minar sus posibilidades de ser candidato presidencial.

Así lo manifestó el 13 de marzo de ese año en el Zócalo ante miles de sus seguidores, a quienes pidió correr la voz de que detrás de los videos existía un "complot" urdido por sus adversarios.

"Quienes arreglaron este escándalo, los autores intelectuales, no tienen la menor intención de combatir la corrupción, sino el propósito deliberado de dañarme políticamente", dijo AMLO a las miles de personas "que, enardecidas, insultaron a reporteros y fotógrafos: '¡Prensa vendida, prensa vendida!', 'Digan la verdad. Hijos de su put...!', '¡Culeeeeeros, culeros!'", señaló la nota de Raymundo Sánchez y Adrian Castillo en *Crónica*.[22]

"Cuando López Obrador acabó su arenga, atravesó la explanada del Zócalo y llegó a su oficina. Salió entonces al balcón nueve veces, entre las 12:06 y 12:55 horas, para hacer señas de abrazos y besos y para poner el puño en alto", consignó la nota.

Siete meses después, el 6 de octubre de 2004, López Obrador justificó el asalto al recinto de la Cámara de Diputados que unos días antes realizaron diputados locales berajanistas: "No nos estemos rasgando las vestiduras cuando los diputados de la ciudad están defendiendo los intereses de la ciudad", dijo.[23]

En conferencia de prensa, calificó de "hipócritas" a los que condenaron la toma violenta de la máxima tribuna del país. Advirtió que no emitiría "un juicio condenatorio" por el asalto al recinto, llamó a "ver las cosas en su justa dimensión" y

[22] Raymundo Sánchez y Adrian Castillo, "En el Zócalo, López azuza a miles contra sus adversarios", en *La Crónica de Hoy*, 13 de marzo de 2004.

[23] Raymundo Sánchez, "López justifica a diputados golpistas: defendían al DF", en *La Crónica de Hoy*, 7 de octubre de 2004.

defendió a los legisladores locales del PRD porque "creo que tienen el derecho a ser escuchados".

Perdió Goliat

Se hizo pasar por un contendiente en inferioridad de condiciones, pero contó con recursos inagotables para su campaña presidencial en 2006. Perdió y nunca lo aceptó. Se dedicó a recorrer el país para sembrar el odio contra el gobierno, los empresarios y las autoridades electorales, entre otros.

La contienda fue desigual, pero a su favor, aunque luego se hizo pasar por víctima de una lucha en la que supuesamente compitió en desventaja.

Nada de eso. Todo el aparato del gobierno capitalino se volcó durante años y sin recato a promover su candidatura. Desde el DF doblegó a las autoridades federales cuantas veces quiso. El gobierno de Fox no tuvo cohesión para frenarlo. Iba solo. Estaba arriba de las preferencias electorales con más de 50% de la intención de voto. Dio a conocer nombres de los que estarían en su gabinete porque tomaba las elecciones como un trámite para mudarse a Palacio Nacional. Se daba como ganador indicutible. No sólo él. La mayoría de la opinión pública lo veía como inevitable.

Cuando se le puso enfrente un contendiente, lo miró para abajo. Rehusó ir al primer debate con Felipe Calderón. Según explicó su coordinador de redes ciudadanas, Federico Arreola, no tenía caso debatir cuando la diferencia en las encuestas era tan grande. "Me da flojera", respondió AMLO con lacónica arrogancia. La prensa casi entera hizo campaña para López Obrador. Pintaban a Calderón como un niño chaparrito y lento. Pero ese contendiente al que ningunearon, les ganó. Perdió Goliat. Ni López Obrador ni sus seguidores cercanos terminaron por digerirlo. Lanzaron un gobierno paralelo que fue tan funcional como la Carabina de Ambrosio.

De ello reflexioné en mi columna del 11 de septiembre de 2006,[24] subrayando cómo AMLO, quien se dijo "avasallado" por "los de arriba", contó con el apoyo de grandes empresarios beneficiados con contratos millonarios de obra pública sin licitación de por medio, como en su momento documentó *Crónica*.

Expuse: "¿El que dice que los medios de comunicación no le han brindado espacios, que lo han cercado y jugaron a favor de Calderón, es el mismo que salía todas las mañanas en televisión, con entrevistas de una hora en el medio electrónico que él quisiera? Sí, es el mismo".

Y referí cómo recibió un trato privilegiado en la televisión y en la prensa. Apareció durante cinco años en *spots* para promover su imagen: se mostraba con el pulgar hacia arriba, sonriente, con frases de campaña. A medios electrónicos les pagó con dinero público, incluso por anuncios que nunca salieron al aire y una legión apabullante de conductores de radio y televisión estuvieron con él —no todos por afinidad ideológica— y le realizaron entrevistas de alfombra roja y caravana.

"¿El que se dice atropellado en sus derechos, no es el mismo que usó su posición de gobernante para atropellar el derecho de amparo de los ciudadanos? Sí, es el mismo", apunté en esa columna.

Señalé cómo empresarios que no se alinearon con él los persiguió y en algunos casos los metió a la cárcel. Puse como ejemplos al dueño del Paraje San Juan, a quien encarceló por reclamar indemnización por sus terrenos expropiados; a los directivos del Grupo Eumex, que no entraron a los juegos de "arreglarse" con las autoridades capitalinas; al propio empresario argentino Carlos Ahumada, a quien encarceló

---

[24] Pablo Hiriart, "Perdió Goliat", columna "Semana Política", en *La Crónica de Hoy*, 11 de septiembre de 2006.

cuando rompió el pacto y delató públicamente a sus extorsionadores.

"¿El que dice que los grandes empresarios apoyaron a Calderón para seguir teniendo la riqueza pública como botín, es el mismo que usó los bienes del Distrito Federal para granjearse el apoyo de fraccionadores y empresarios del sector inmobiliario? Sí, es el mismo", seguí preguntando en referencia a que el entonces jefe del Gobierno del DF cambió terrenos de alta plusvalía en Santa Fe por puentes mal hechos y que terminan en un embudo, que autorizó la construcción de torres en Polanco, que cambió bienes por cemento a la trasnacional número uno del ramo y entregó el Centro Histórico al mayor empresario del país. Intentó incluso congraciarse con la alta jerarquía de la Iglesia católica cuando les regaló miles de metros propiedad de la ciudad para que hicieran negocios con criptas en las inmediaciones de la Basílica de Guadalupe.

"¿El que dice que la elección fue injusta porque 'al pueblo lo quisieron comprar con migajas', es el mismo que a los adultos mayores, que reciben los 700 pesos de pensión del GDF, su gobierno los coaccionaba para asistir a sus mítines en el Zócalo? Sí, es el mismo [...] ¿El que dice que los ricos se confabularon en su contra para impedir un gobierno que atienda primero a los pobres, es el mismo que abandonó al sector salud durante su gobierno?".

Ahí están las fotos publicadas en *Crónica* con el pase de lista a los viejitos y el desabasto de medicamentos e intrumental en los hospitales porque el dinero se fue para otro lado: a financiar obras por adjudicación directa a posibles financieros de su campaña.

"¿El que dice que su adversario gastó a raudales durante la contienda, no es el mismo que más gastó en campaña? Sí, es el mismo".

En efecto, López Obrador fue el que más gastó. Avasalló durante la campaña. El entonces Instituto Federal Electoral

(IFE) le contabilizó 10 500 *spots* en televisión. ¿Quién podía competir contra eso? Según él, nadie.

La victoria parecía segura, pero... perdió Goliat.

Marcha sobre México

La marcha de López Obrador para someter a México por la vía del miedo tiene antecedentes. Luego de que el IFE declaró ganador a Felipe Calderón, López Obrador convocó a acciones de "resistencia civil pacífica" para protestar por "el fraude electoral" y pedir un recuento total "voto por voto, casilla por casilla". Tres marchas multitudinarias organizó el PRD en la capital del país durante el mes de julio de 2006. En la última, realizada el 30 de ese mes, López Obrador anunció la instalación de 47 campamentos de resistencia civil permanentes en el primer cuadro de la capital "hasta que se cuenten los votos".

"Propongo que nos quedemos aquí en asamblea permanente, hasta que resuelva el Tribunal (Electoral), que permanezcamos día y noche hasta que se cuenten los votos y tengamos un presidente electo, con la legalidad mínima que nos merecemos los mexicanos", dijo López Obrador en el Zócalo.

Fue a todas luces una medida de presión para el Tribunal Electoral que tenía pevisto emitir cinco días después su dictamen respecto del cómputo final de la elección presidencial.

El 10 de julio —en medio del conflicto postelectoral— escribí[25] que López Obrador quería hacernos creer que ganó las elecciones presidenciales; que los números eran "cuentos de mapaches cibernéticos"; que "los 800 mil ciudadanos que participaron en el conteo de votos el domingo 2 de julio se confabularon en un complot" y que en ese complot estuvieron

---

[25] Pablo Hiriart, "La marcha sobre México", columna "Semana Política", en *La Crónica de Hoy*, 10 de julio de 2006.

involucrados los consejeros del IFE y los científicos que diseñaron y vigilaron el Programa de Resultados Electorales Preliminares (PREP).

"Ya es demasiado", apunté.

Y recordé lo que en septiembre de 2005 había escrito en mi columna: "La marcha de Mussolini sobre Roma fue suficiente para que el atemorizado rey Víctor Manuel III lo nombrara jefe de Gobierno el 30 de octubre de 1922. En la Italia de instituciones debilitadas y con agitación social y política en sus calles, el rey no aguantó la presión de los camisas negras. Atemorizado por lo que podría pasar, se doblegó ante la presión de esa marcha y escogió el 'mal menor', que fue entregarle el poder al Duce quien instauró el régimen fascista...".

Y pregunté: "¿Abandonará López Obrador su lucha por el control de la República en caso de que no gane por las buenas? ¿Y el gobierno resistirá la 'marcha sobre México' de López Obrador y le entregará la banda al que ganó por las buenas?".

Advertí: "La marcha sobre México ya empezó. El que perdió por las buenas se niega a reconocerlo y ha comenzado el chantaje y la presión sobre las autoridades y las instituciones para tomar el poder por las malas. Lo que está de por medio no es una elección más. De por medio está la suerte de la República. La marcha sobre México de López Obrador, como la de Mussolini, está cimentada sobre la mentira".

Recordé que unos días antes de las elecciones la periodista Adela Micha le preguntó a López Obrador en una entrevista transmitida por el canal 4 de televisión:

—¿Va a respetar los resultados de las elecciones si es que pierde?

—Sí, claro. Vamos a respetar.

—¿Aunque sea por un voto?

—Sí, desde luego. En la democracia se gana y se pierde.

Luego mencioné que también lo entrevistó Joaquín López Dóriga:

—¿Va a respetar los resultados electorales?

—Sí, vamos a respetar. Yo soy un demócrata, siempre lo he dicho.

—¿Va a respetar el resultado que dé el IFE?

—Vamos a respetar el resultado que dé el IFE.

Seguí: "Bueno, pues el IFE dio el resultado, ¿y qué dijo López Obrador? El jueves 6 de julio la respuesta fue la siguiente: 'Vamos a impugnar. No podemos aceptar los resultados del IFE. Y convocó a una manifestación en el Zócalo".

Señalé que "esta prueba palmaria de su falsedad puede sorprender a los que quisieron ver a López Obrador como un político que habla con la verdad. Pero la actitud de López Obrador era perfectamente previsible. Aquí lo dijimos hasta el cansancio: mentira tras mentira".

Dos meses después, cuando los legisladores del PRD tomaron la tribuna de la Cámara de Diputados para impedir a Vicente Fox presentar su informe presidencial, señalé en mi columna[26] que la actitud de López Obrador y sus seguidores respondía a una lógica antidemocrática: "Si no ganó él, que no gane nadie".

"A juzgar por lo que dicen los editoriales de los medios más representativos de Occidente, a López Obrador no se le ve como un populista de izquierda, como es percibido en México. En realidad, se le observa y se le describe como un populista de derecha. Antidemocrático y milenarista. Excluyente contra los que no piensan como él. Defensor de 'lo nuestro', frente a 'los otros'. Demoledor de instituciones democráticas, creadas con el concurso y en buena medida por la exigencia del PRD, como son el IFE y el TRIFE".

Recordé que apenas unos días antes había lanzado la frase "al diablo las instituciones" y cómo se había mostrado indiferente ante la pérdida de su capital político, que le hubiera

---

[26] Pablo Hiriart, "La rabieta del PRD", columna "Semana Política", en *La Crónica de Hoy*, 4 de septiembre de 2006.

servido para pactar cambios estructurales con el que sería próximo presidente.

"Nada de eso le preocupa a López Obrador. Confirma, pues, que sólo le interesaba el poder por el poder. Ahora lo que quiere es que Calderón no pueda gobernar [...] Va a promover la 'revolución'. Impedir que gobierne el ganador de las elecciones", anoté.

Bolivarianos

En el primer trimestre de 2006 el reportero Francisco Reséndiz se acercó a una célula bolivariana que operaba en la UNAM. Hizo un reportaje que cimbró al equipo de campaña del candidato López Obrador, quien siempre había negado que existieran. Nunca asumió el respaldo de Hugo Chávez en sus aspiraciones presidenciales. Los bolivarianos, acompañados de integrantes del Frente Popular Francisco Villa, marcharon hacia *Crónica* escoltados por patrullas de la policía capitalina y cerraron el acceso al diario.

El reportaje de Reséndiz[27] reveló que en la Ciudad de México existían diez centros logísticos operados por grupos bolivarianos pro López Obrador; esos grupos recibían dinero del gobierno de Hugo Chávez. El reportero se infiltró durante tres meses en uno de los círculos bolivarianos. Constató que estos grupos operaban en los campus que la UNAM tiene en Aragón, Acatlán y Cuautitlán, así como en varias facultades de Ciudad Universitaria. También se encontraban en las universidades de Chapingo (UACH), la Autónoma Metropolitana-Iztapalapa (UAM-I), la Autónoma de la Ciudad de México (UACM) y la Benito Juárez de Oaxaca (UABJO).

---

[27] Francisco Rezéndiz, "Operan grupos bolivarianos 10 centros logísticos en el DF", en *La Crónica de Hoy*, 8 de marzo de 2006.

Miembros de estos grupos le dijeron al reportero que varios de los dirigentes tenían vínculos con las organizaciones guerrilleras Ejército Popular Revolucionario (EPR) y Ejército Revolucionario del Pueblo Insurgente (ERPI). En febrero de ese año, en las facultades de Economía, Filosofía y Ciencias Políticas de la UNAM grupos de estudiantes, apoyados por agentes venezolanos, se apresuraban a imprimir propaganda bolivariana en favor de López Obrador para repartirla en Morelos, Guerrero y Oaxaca.

Rezéndiz acompañó a "Fernando", un estudiante de Medicina, a recibir un paquete con 25 mil pesos que le entregó un hombre con acento sudamericano que era "agente de toda la confianza" del exembajador de Venezuela en México, Vladimir Villegas.

El canciller venezolano Alí Rodríguez reaccionó de manera airada al reportaje publicado por *Crónica*: acusó que desde la prensa mexicana existía una campaña para desacreditar a Venezuela y aseguró que debido a ello la relación bilateral entre México y su país se había deteriorado.[28]

Por su parte, el diputado del PRD Manuel Camacho Solís dijo en un artículo publicado en *El Universal* que la información de *Crónica* era una operación planeada para generar temor en la sociedad y en la extrema derecha de Estados Unidos.

Días después, unos 300 miembros de las células bolivarianas y de la organización Francisco Villa, así como simpatizantes de las Fuerzas Armadas Revolucionarias de Colombia (FARC), se manifestaron frente al edificio de *Crónica* y, entre gritos e insultos al diario, "clausuraron" sus intalaciones y advirtieron que "está en la lista".

La nota publicada por *Crónica*,[29] describió:

[28] Fran Ruíz, "Camacho y el canciller de Chávez atacan a Crónica", en *La Crónica de Hoy*, 14 de marzo de 2006.

[29] Alejandro Velázquez. "Villistas y bolivarianos agreden a Crónica", en *La Crónica de Hoy*, 16 de marzo de 2006.

Algunos con camisetas de "Movimiento Bolivariano y de los Pueblos en México" y otros con folletos de "Voz Bolivariana" en la mano, a las cuatro de la tarde en punto, como habían anunciado desde el día anterior, bajaron de tres grandes camiones con aire acondicionado, y empezaron a gritar:

"Ya vamos llegando, la *Crónica* está temblando..."; "La *Crónica* está vendida, por eso está jodida" [...]

Y la amenaza clara:

"*Crónica* salinista, por eso está en la lista".

Pedían:

"No somos uno, no somos cien, pinche Crónica, cuéntanos bien".

Los hombres se acercaron amenazantes a la reja del diario, que había sido bajada para evitar un asalto; las mujeres tomaban su lugar en la banqueta del frente, con los niños en brazos.

Y la integración, dudosa, del EZLN: "Ahora... mañana, la otra campaña"; "De norte a sur, de este a oeste, cobraremos esta afrenta, cueste lo que cueste".

El griterío siguió mientras algunos terminaban de instalar un altavoz y un gordo vestido de negro trepa por la reja de protección del diario para colocar hasta lo alto los sellos de clausura.

Enfocaron los gritos al reportero autor de los reportajes que venían a reclamar otra vez al periódico:

"Reséndiz... ulerooooo".

"Crónica... Uleraaaaa" [...]

Un hombre de estatura mediana, moreno, cabello recogido en una cola y lentes gruesos tomo el micrófono y leyó un texto.

Se presentó:

"No pertenecemos al PRD... y estamos unidos a la causa bolivariana... por eso estamos en contra de este diario salinista... Estamos en contra de lo que publicó el pseudoperiodista Reséndiz".

Hizo una pausa para los aplausos y para el grito de "ni un voto al PRI ni un voto al PAN y ni un voto al PRD, el pueblo al poder", programando para reiterar su antipartidismo.

Pero demandó silencio para dejar el mensaje de su pieza oratoria:

"Pedimos el restablecimiento de las relaciones diplomáticas con Venezuela".

La frase fue muy aplaudida [...]

La nota consignó que durante el mitin uno de los manifestantes se dedicó a tomar fotos a los reporteros de *Crónica,* que estaban protegidos por la reja del edificio y que habían llegado al diario para escribir sus notas.

Explicó que se había avisado a la policía capitalina, la cual prometió "apoyo", pero "nunca llegó otra patrulla. Sólo estaba la que fue utilizada para cerrar la calle y dejar a los manifestantes hacer lo que venían a hacer".

De hecho, el gobierno de Hugo Chávez nunca ocultó su apoyo hacia López Obrador. Su embajador en México, Lino Martínez, dijo en una entrevista con *Crónica*[30] realizada en mayo de 2004 que López Obrador representaba para los mexicanos lo mismo que Chávez para los venezolanos cuando éste llegó a la Presidencia de su país: "Un rayo de luz para que las masas se organicen. Sean dotadas de un ideal de lucha y se preparen para las grandes peleas por venir".

Consideró que en México las condiciones sociales estaban dadas "para que un líder de la talla de López Obrador llegue al poder" pues son similares a las que en 1998 llevaron a la Presidencia al entonces mandatario venezolano.

—¿Qué piensa que es para los mexicanos Andrés Manuel?

—Es un rayo de luz con la capacidad de organizar al pueblo que no está organizado y dotarlo de un ideal de lucha.

—¿Cómo se visualiza a México?

—Después de 72 años de dominio priista, el presidente

[30] José Alejandro Sánchez, "Venezuela: AMLO es como Hugo Chávez, un rayo de luz", en *La Crónica de Hoy,* 21 de mayo de 2004.

Vicente Fox venía con muchas promesas, pero no se han cumplido. Todo está en veremos. La mayoría del pueblo de México vive en pobreza. Calamidades, problemas de salud, educación, falta de trabajo: es un pueblo que puede reaccionar —dijo.

Desde Caracas el propio Hugo Chávez salió en defensa de AMLO y acusó a la "derecha mexicana" de querer frenar el ascenso de López Obrador como candidato del PRD a la Presidencia de México.[31] Lo hizo en un mensaje difundido en una cadena venezolana de radio y televisión, donde dijo: "La derecha mexicana está utilizando a través de la televisión una cuña (*spot*) para tratar de frenar el acceso de la izquierda mexicano y de su candidato a la Presidencia, Andrés Manuel López Obrador".

Chávez se refirió de esa manera a un *spot* del PAN donde él aparece diciéndole al presidente Fox: "No se meta conmigo, caballero, porque sale espinado". El anuncio se completa con otros dos cortes: uno en el que López Obrador llama chachalaca a Fox y otro en el que aparece sobre una pantalla negra la frase "No a la intolerancia".

"Sí es un peligro"

Se acercaba la elección presidencial de 2006 y el riesgo de un triunfo suyo estaba latente. Había que decirlo: "Sí es un peligro".

Así titulé la entrega de "Semana Política"[32] del 24 de abril de ese año, en la que —con base en hechos— mostraba cómo López Obrador la emprendió contra tres pilares del Estado

[31] Agencias, "Desde Caracas, Chávez sale en defensa de AMLO", en *La Crónica de Hoy*, 22 de marzo de 2006.
[32] Pablo Hiriart, "Sí es un peligro", columna "Semana Política", en *La Crónica de Hoy*, 24 de abril de 2006.

democrático moderno: el Estado de derecho, las instituciones sólidas y la rendición de cuentas.

A los tres los había zarandeado. Y eso que hasta ese momento su poder era acotado; "desde la Presidencia será imparable", advertí.

Expliqué:

Ahí está buena parte del peligro: con gritos y amenazas, López Obrador y su estado mayor intimidan a las instituciones.

Bastó con que el presidente del PRD, Leonel Cota, acusara al presidente del IFE de estar en un complot contra López Obrador y asegurar que ante ello convocaría a movilizaciones, para que la Junta Ejecutiva de ese instituto se pusiera a temblar.

Sus integrantes acordaron que debía ser retirada la publicidad de Felipe Calderón que se refería de manera directa a López Obrador, por implicar "calumnia, infamia, injuria y difamación".

Afortunadamente el pleno del IFE dio marcha atrás en la decisión de la Junta. Pero ahí queda ese botón que evidencia el pánico que tienen en instituciones clave a los enojos de López Obrador y al escarnio de su prensa.

En el *spot* de Calderón aparece el candidato del PRD con su célebre sentencia de "cállate chachalaca" al presidente de la República.

¿De quién es la injuria? ¿De López Obrador que la profirió, o de Felipe Calderón que la exhibió?

Dos periodistas bastaron para que los integrantes de la Junta Ejecutiva del IFE propusieran hacer callar al denunciante y no al agresor.

El hecho confirma que eso nos espera si gana López Obrador. Las instituciones dobladas ante el autoritario que las pone contra la pared.

"Endeudó al Distrito Federal", dice el *spot* de Calderón. ¿Dónde está la infamia, la calumnia, la difamación?

López Obrador recibió el Gobierno del DF con una deuda de 28 mil 649 millones de pesos, y entregó su administración con 43 mil 527 millones de deuda.

Sólo por intereses de esa deuda los capitalinos pagamos 7 mil millones de pesos anuales.

El pago por los servicios de la deuda supera ligeramente a lo que el Gobierno del DF destina a sus programas sociales, lo que quiere decir que sin el manejo desastroso de la economía capitalina, habría el doble de recursos para programas sociales.

¿Dónde está la calumnia? ¿Dónde la injuria?

La Junta Ejecutiva del IFE quiso castigar a quien dio a conocer que, efectivamente, López Obrador tuvo un pésimo manejo de las finanzas públicas en el Distrito Federal. Claro que es un peligro.

Ahí están, en sus cifras, en sus palabras, en sus reacciones, las evidencias de su nocividad.

Por ese peligro, Calderón convoca en sus *spots* a ahuyentarlo con votos. Eso es todo.

Su peligrosidad la conocemos, porque él ya gobernó.

Y los que son como él, también ya gobernaron.

López Obrador ya ha dado muestras una y otra vez que atropella el Estado de derecho.

Que es un destructor de instituciones.

Y que no rinde cuentas.

Esos tres elementos, Estado de derecho, instituciones sólidas y rendición de cuentas, son tres pilares de los Estados democráticos modernos.

A los tres los zarandeó.

Violó amparos de ciudadanos y de empresas, como en el caso de El Encino.

Se negó a pagar por predios expropiados, como el Paraje San Juan. "No pago y háganle como quieran", dijo.

Al dueño del Paraje lo metió a la cárcel por reclamar sus derechos.

Ahora Alejandro Encinas ha tenido que enmendarle la plana: liberar al propietario y empezar a pagar la indemnización de ley. A la empresa Eumex le violó cuanto amparo presentó.

Persiguieron a sus directivos, allanaron propiedades y detuvieron a trabajadores.

Todo porque Eumex quiere hacer valer un contrato legal firmado con el Gobierno del Distrito Federal.

¿No es un peligro?

Con las instituciones no ha tenido consideración alguna.

A la Comisión de Derechos Humanos del DF la nulificó poniendo oídos sordos a sus quejas.

A la institución presidencial, en un ámbito democrático como el que vivimos, la ha tratado con la punta del pie.

El Poder Judicial, especialmente la Suprema Corte y el presidente de ella, fueron acusados por López Obrador de bribones, complotadores y vividores, y los tiene amenazados con una reforma a modo en caso de ganar la Presidencia.

Manejó a la Asamblea Legislativa del DF como si fuera un apéndice de su gobierno. Al legislativo lo intimidó y sus colaboradores orquestaron la toma de San Lázaro cuando quisieron reventar las sesiones. Al IFE lo tiene sentenciado y contra la pared.

"Desde Los Pinos y el IFE existe una tentativa común de no reconocer el eventual triunfo del candidato de la coalición Por el Bien de Todos", dijo Leonel Cota en entrevista con *La Jornada*.

Por eso el PRD anunció que "convocará a movilizaciones en los cierres de campaña, que espera sean tan contundentes como para detener a Fox y a Ugalde", agrega la nota. Él ha repetido que no confía en el árbitro (el IFE). Ejerce una intimidación pura contra las instituciones para doblegarlas a su voluntad y conveniencia.

A los medios de comunicación también los intimida.

Contra Crónica su partido lanzó a los Panchos Villa a "clausurar" el diario porque no le gusta su crítica.

López Obrador mismo, desde el Gobierno del DF, llamó a los periodistas de este diario a "rebelarse" contra la postura editorial de *Crónica*.

Hace unos días buscó intimidar a los comediantes de "El Privilegio de Mandar".

El programa, que suele ser ácido con personas como Elba Esther Gordillo, Fox, Palacios Alcocer o Felipe Calderón, entre otros, en una emisión reciente satirizó a López Obrador y éste se enojó y amenazó.

En lugar de tomarlo como ejercicio de libertad de expresión en una parodia, López Obrador no soportó la crítica y advirtió al presidente de Televisa, Emilio Azcárraga Jean, que de ahora en adelante vigilaría con detención "los contenidos" de sus programas.

¿No es un peligro?

En su gobierno, rendición de cuentas simplemente no hubo. Es la hora que no se integra el Instituto de Información Pública en el Distrito Federal. Y no lo integran porque ocultan chapuzas financieras que lo perjudicarían como candidato.

La Contaduría Mayor de Hacienda de la Asamblea [Legislativa del Distrito Federal] ha detectado irregularidades millonarias en la construcción del distribuidor de San Antonio y del segundo piso del Periférico. ¿Qué explicación ha dado a eso? Ninguna. Su mayoría en la asamblea le tapa todo.

Sin licitación de por medio, la administración de López Obrador entregó durante cinco años al menos ocho contratos por más de 62 millones de pesos a la empresa Tere Struck y Asociados.

¿Y qué hay con esa empresa?

Es la que ahora le elabora la publicidad al candidato López Obrador.

La Contaduría Mayor de Hacienda detectó esa irregularidad y apuntó que tales contratos debieron darse mediante licitación.

¿Y? No pasa nada. Porque la rendición de cuentas no es lo suyo.

Con las licencias de conducir se acaba de detectar un fraude por más de 20 millones de pesos cometido por funcionarios que nunca ingresaron a las arcas del GDF el monto recaudado en la expedición de 58 mil licencias.

¿Cuántos detenidos hay? Ninguno.

¿Dónde está el dinero? Quién sabe.

Ahí están tres pilares del Estado democrático moderno: Estado de derecho, instituciones sólidas y rendición de cuentas.

Contra los tres la ha emprendido López Obrador.

Y eso que su poder es acotado. Desde la Presidencia será imparable.

Si a todo lo anterior le sumamos su carácter intolerante.

Más su ignorancia del mundo en plena época de globalización, pues...

Claro que es un peligro para la República.

Un peligro al que los ciudadanos deberían vencer con votos.

CAPÍTULO IV
EL PRESIDENTE MUESTRA
SUS INTENCIONES

Haber llegado a la Presidencia de la República con el baúl interior lleno de resentimientos y una megalomanía desenfrenada, sin procesar con madurez el histórico respaldo popular obtenido en las urnas, fue una desgracia para López Obrador y para México.

Truncó la vida de cientos de miles de mexicanos que murieron aplastados por el peso de sus rencores contra médicos, científicos y laboratorios. También afectó la de millones que perdieron el acceso a la salud debido a su incapacidad para reconocer que sus antecesores hicieron algo en favor de las personas de escasos recursos.

Por su obsesión de destruir, una generación completa, por lo menos, se quedó sin la formación académica básica para abrirse paso en el mundo laboral que, nos guste o no nos guste, es cada vez más exigente y competitivo.

Mandó a millones de hombres, mujeres y niños a la pobreza extrema, por aversión ideológica hacia el sector privado de la economía. Frenó la llegada de inversiones. Embistió contra los que generan riqueza y traen tecnología. Declaró la guerra a los innovadores. Erosionó los pilares del Estado de derecho que con lentitud y tropiezos se habían levantado.

Desnaturalizó las Fuerzas Armadas para destruir su esencia. Entabló una relación problemática con grupos criminales, con grandes y medianos capos de la droga y de la extorsión. Atacó a periodistas y medios de comunicación como nunca antes había sucedido en este siglo. Difamó a representantes de organismos autónomos para desprestigiarlos, doblegarlos y así tratar de ponerlos bajo su control. Tiró a matar al andamiaje institucional creado para dar certeza a las elecciones.

Un artista de la manipulación y la mentira que ha logrado transferir a otros las culpas de sus errores y las consecuencias de su ineptitud, y que ha envenenado la convivencia entre mexicanos. La polarización exacerbada por el presidente López Obrador nos dañará por décadas, si es que alcanzamos a ver el inicio de la reconstrucción del país y la reconciliación entre nosotros. Siempre se puede estar peor, y hacia allá vamos.

El hígado manda

Desde su condición de presidente electo comenzó a destruir a México.

No había tomado posesión como mandatario cuando impulsó una consulta manipulada e ilegal para decidir sobre la ubicación del nuevo aeropuerto, pero con la advertencia de que en caso de que Texcoco la ganara, su gobierno no desembolsaría un centavo y que el sector privado lo construiría con su dinero: que lo haría el ingeniero Carlos Slim al frente de un grupo de constructores e inversionistas y se quedarían con la concesión del aeropuerto.

Sin embargo, a finales de agosto de 2018 el anteproyecto de la ampliación de la base aérea de Santa Lucía, que ya hasta traía logo y estaba firmado por el Grupo Riobóo, se subió a la página electrónica del entonces presidente electo.

"Con un poco de sinceridad, entonces, la consulta sobre el nuevo aeropuerto debería preguntar a quién quiere usted que se lo entreguemos, a Slim o a Riobóo", escribí en octubre de ese año.[1]

"El problema mayor", añadí, "es que se trata de una consulta manipulada hasta el tuétano".

Y describí cómo el gobierno entrante armó esta consulta ilegal que, en los hechos, no era más que un acto de simulación donde ya estaba definido el ganador: el aeropuerto militar de Santa Lucía. Su propósito entonces era otro: "Dar un barniz democrático para que se lave las manos el presidente electo. Lo dijo el pueblo sabio". Argumenté: "Si fueran serios, verían los dictámenes de los organismos de aeronáutica civil más respetados en el mundo, y aceptarían que deben continuarse los trabajos en Texcoco; aceptarían el dictamen del Colegio de Ingenieros de México que concluyó que Santa Lucía no es viable y debe hacerse donde ya se está construyendo. Pero como no son serios y sí populistas afines a manipular los hechos, decidieron ir a una 'consulta popular' para que decida el pueblo sabio. Si quisieran conocer la opinión de la población, bastaría con ver las encuestas nacionales que se han publicado (como la de *El Financiero* del 10 de octubre de 2018), en las que 62% se inclina por Texcoco y sólo 25% por Santa Lucía".

Señalé que la votación no la coordinaría el Instituto Nacional Electoral (INE), sino la Fundación Arturo Rosenblueth, la cual "sólo ha hecho consultas para el EZLN a petición del subcomandante Marcos". Comenté que el voto de los ciudadanos que acudirían a sufragar, que resultó ser 1.6% de los electores, iba a tener "más valor que los dictámenes de los organismos especializados internacionales que fueron consultados sobre la

---

[1] Pablo Hiriart, "Consulta manipulada e ilegal", columna "Uso de Razón", en *El Financiero*, 11 de octubre de 2018.

materia", así como de "la opinión de la abrumadora mayoría de los mexicanos".

"Se trata de una locura por donde se le quiera ver", anoté.

Y en efecto, así fue: la consulta se llevó a cabo del 25 al 28 de octubre, a unos días de que López Obrador tomara posesión.

Dos días después, el 30 de octubre, escribí:[2] "Sólo una encuesta amañada, de partido, sin sustento jurídico y carente de la más mínima validez estadística, pudo tirar una obra imprescindible para México: el gran aeropuerto internacional en Texcoco. El presidente electo se escudó en una votación sin legitimidad alguna para satisfacer un capricho y su profunda animadversión hacia la modernización del país y sus instituciones".

Advertí: "Pero ésa no es la peor noticia, sino lo que viene. Va a tirar la reforma educativa por un pacto con la CNTE. También va a tirar la reforma energética una vez que encuentre el momento oportuno para ello. La sentenció, como el aeropuerto, desde que se aprobó en el Congreso [...] Prometió demoler las 'mal llamadas reformas estructurales'. En eso está y estará. Las instituciones autónomas no se van a escapar, salvo que abdiquen de su papel y se doblequen ante el nuevo poder".

Lamenté que "los ingenuos que decían que López Obrador había cambiado y se iba a moderar con la nueva responsabilidad que tomaba, habrán entendido la magnitud de su equivocación".

Y concluí: "Antes de tomar posesión, López Obrador inició con un manotazo autoritario la demolición del México moderno que ha costado tres décadas perfilar. Lo peor está por venir [...]: lo que nos espera es la polarización social en el país".

---

[2] Pablo Hiriart, "Comienza la demolición del México moderno", columna "Uso de Razón", en *El Financiero*, 30 de octubre de 2018.

Recordé que la idea de acabar con Texcoco fue del contratista privado José María Riobóo, que concursó en la licitación para ese aeropuerto y perdió. Señalé que el presidente electo manipuló un supuesto aval del gobierno de Emmanuel Macrón a la viabilidad de Santa Lucía, que fue desmentido por la propia embajada de Francia; y cómo su gobierno tiró, junto con ese gran aeropuerto, su credibilidad al adulterar un peritaje de la Organización de Aviación Civil Internacional (OACI): dijo que aprobaba Santa Lucía cuando, por el contrario, expresaba que Texcoco era la mejor opción. Anoté que en esto último coincidía la máxima autoridad técnica en materia de aeronáutica en el mundo: la MITRE Corporation, además de la International Air Transport Association (IATA), el Colegio de Ingenieros de México, el Colegio de Pilotos Aviadores, el Colegio de Controladores de Tráfico Aéreo, la Asociación Sindical de Pilotos Aviadores, la Cámara Nacional de Autotransportes...

"Nada de eso pesó más que el capricho del próximo presidente por demoler la modernización del país expresada en el nuevo aeropuerto y en las reformas estructurales. Así va a pasar con lo que su voluntad le diga. Se va a hacer. Para ello inauguró, lo dijo él, el sistema de consultas en que decidirá el pueblo sabio; es decir, el conglomerado social que está con Morena se va a imponer sobre los corruptos, fifís y camajanes que somos todos los que pensamos diferente a López Obrador. Son ellos los que van a hacer la consultas, los que van a elaborar las preguntas, los que van recibir los votos y van a contarlos. Y se hará la voluntad del presidente, con una máscara de democracia, tantas veces lo quiera López Obrador para demoler la modernización del país y las instituciones que lo sustentan", concluí.

Dos semanas después, el 14 de noviembre de 2018, le puse números a la ineficacia del populismo:[3] con la decisión de can-

---

[3] Pablo Hiriart, "El costo de la ineptitud: 830 000 000 000.00", columna "Uso de Razón", en *El Financiero*, 14 de noviembre de 2018.

celar el Nuevo Aeropuerto Internacional de México (NAIM), el gobierno electo de AMLO había provocado daños severos a las finanzas del país: BBVA perdió en la Bolsa 200 mil millones de pesos y las Afore 131 mil millones de pesos; debido a los finiquitos para pagar a las empresas contratistas, más lo que ya estaba invertido y lo que era irrecuperable, otros 350 mil millones de pesos; por el impacto en la bolsa que provocó la iniciativa de Morena para quitar "de golpe y porrazo" las comisiones que cobra la banca: 125 mil millones de pesos en tres días; por la devaluación que provocó la decisión técnica y económica de la cancelación se elevó el dólar y en consecuencia el costo del servicio de la deuda externa se incrementó en 24 mil millones de pesos... En suma, en las dos semanas previas a asumir el poder, el equipo del mandatario electo provocó, debido a malas decisiones, pérdidas por 830 mil millones de pesos.

"Es el costo de la ineptitud. Más lo que falta", apunté.

Siete meses después[4] precisé que por la cancelación del AICM se perdieron entre 120 mil y 160 mil millones de pesos, aparte de lo que se dejó de ingresar por su operación.

Pero había un dato adicional: costaría 1 600 millones de pesos inundar el aeropuerto de Texcoco, sólo en su fase inicial, de acuerdo con expertos consultados por el colega Ricardo Raphael.

Es decir, con tal de que no quedase huella alguna de la que sería la mayor obra de infraestructura de México, el gobierno de AMLO iba a gastar ingentes recursos que decía no disponer para atender otras necesidades del país.

Para inundar el NAIM "hay dinero. Para becas a investigadores no, para material médico no, para tratamientos en neurología no, para seguridad pública no, para estancias infantiles no,

---

[4] Pablo Hiriart, "Aeropuerto, el hígado manda", columna "Uso de Razón", en *El Financiero*, 14 de junio de 2019.

comedores populares no, pago de estímulo a científicos no...", escribí en mi columna.

Iba a gastar una millonada para que no se vieran "los otros miles de millones de pesos que el gobierno tiró a la basura por un capricho".

Cuando se frenó la obra, que iba en 37% de avance, se tiró a la basura 74% de los contratos ya licitados y se desecharon los 70 mil empleos directos que se iban a crear ese año, que incluían a los 40 mil trabajadores que ya estaban laborando.

El 70% de la inversión en el aeropuerto de Texcoco era privada. Los usuarios pagarían el resto de la obra a través de la Tarifa de Uso de Aeropuerto y su funcionamiento sería un gran negocio para el gobierno y para desarrollar esa región del área metropolitana con empleos, vialidades, hoteles, servicios...

"No, el hígado manda", anoté. "A inundarlo porque 'no nos merecemos un aeropuerto así de moderno pues en el país hay muchos pobres'. Perdemos dinero y desarrollo futuro al cancelar un gran aeropuerto, y gastaremos dinero en hacer uno pequeñito, disfuncional, inseguro y que daña el medio ambiente. Puro hígado. Cero racionalidad económica ni visión de desarrollo".

Comenté que además se iban a invertir 200 mil millones de pesos (cuando menos) en Dos Bocas, "una refinería sin viabilidad financiera para producir gasolinas, cuando lo que requiere Pemex son recursos para aumentar la producción de crudo, que es su negocio principal".

Apunté que "encima de todas estas decisiones tomadas con el hígado y pasadas por el tamiz de ideologías ya fracasadas, queremos que los inversionistas tengan confianza. Queremos que las calificadoras nos vean bien. Y nos enojamos porque aconsejan tener cuidado con lo que está pasando en México".

Expuse que, al mismo tiempo, "comenzaron, también, las ilegalidades, las farsas, y los espectáculos de empresarios que buscaron cobijarse bajo el alero de la gracia" del presidente. "Hasta el ridículo llegaron", escribí. "Pero nada los salvó de ser utilizados un día y, al siguiente, ser tratados de 'delincuentes de cuello blanco".

"Peor aún, arrancó el despilfarro en caprichos ideológicos: antes de la pandemia, comenzó el desabasto de medicinas en el país. Igual que en la capital cuando AMLO fue jefe de Gobierno. Ahora el dinero no se fue en propaganda personal, directa, sino al pozo sin fondo de Petróleos Mexicanos".

El *show* del avión

El 12 de febrero de 2020, el presidente Andrés Manuel López Obrador invitó a los empresarios más importantes del país a cenar en Palacio Nacional. Les repartió chocolate y tamales... y les pidió dinero. Acudieron 75 hombres de negocios, entre ellos Carlos Slim, Emilio Azcárraga, María Aramburuzabala, Antonio del Valle, Olegario Vázquez, Miguel Alemán, Carlos Peralta y Carlos Salazar, entonces presidente del Consejo Coordinador Empresarial (CCE). Ahí les arrancó el compromiso de aportar unos 1 500 millones de pesos, que equivalían a más de 3 millones de boletos de la rifa del avión presidencial, y cuyas ganancias se destinarían a la compra de equipo médico.

De hecho, en la cena los empresarios firmaron "cartas compromisos" que, según algunos de los comensales, se depositaron en urnas. En dichos documentos anotaron sus datos para que a finales de ese mes les entregaran las series de la rifa.

Al día siguiente, durante su conferencia matutina, López Obrador informó, orondo, del compromiso empresarial para "la compra de boletos por la mitad de los 3 mil millones que estamos pensando obtener".

"Ellos decidirán qué hacer, unos van a a distribuirlos con otras empresas, otros los van a vender en sus comercios, en sus bancos, otros los entregarán a sus trabajadores o promoverán sus productos", añadió.

"Tamaña reunión entre empresarios y gobierno ameritaba una mejor causa que la 'rifa' de un avión. El país cruje y a los inversionistas se les junta para jugar a la lotería", escribí en la columna "Uso de Razón" el 14 de febrero de ese año.[5] Argumenté: "Con esa concurrencia de empresarios en Palacio Nacional, uno pensaría, con un poco de sensatez, que el presidente les pediría invertir en proyectos concretos y consensuados de infraestructura para sacar a la economía del estancamiento en que se encuentra. Ahí estaban los obligados a crear las condiciones para que el país crezca (el gobierno) y los que deben invertir para que haya desarrollo, empleo y recursos para el sector público vía impuestos (los empresarios). Qué desperdicio de ocasión".

La pregunta era: ¿qué hacían los empresarios de comparsa en un *show* que perjudicaba al país y a ellos en particular? El cuento del avión presidencial sirvió de propaganda al gobierno para presumir su rechazo a los lujos y su preocupación por la falta de medicinas y equipo en los hospitales públicos, pues supuestamente lo que se obtuviera por la rifa se iba a destinar a comprar 2 mil millones de pesos en medicinas y material para hospitales.

Pero, como lo apunté en esas fechas,[6] no trataba de atender necesidades, sino de hacer propaganda… y propaganda a costa de la salud de la gente.

"Si hay urgencia de medicinas y equipo en los hospitales públicos, ¿por qué les recortaron el presupuesto a los hospitales de especialidades? ¿Por qué los padres de niños con cáncer y leucemia deben andar mendigando ayuda del gobierno, que

---

[5] Pablo Hiriart, "El cheque es de hule", columna "Uso de Razón", en *El Financiero*, 14 de febrero de 2020.

[6] Pablo Hiriart, "Los empresarios, al *show* del avión", columna "Uso de Razón", en *El Financiero*, 12 de febrero de 2020.

tiene el dinero y la obligación de atenderlos? ¿Por qué los subejercicios en el sector salud en 2019?", pregunté.

"Nada importa, vengan los empresarios a Palacio, compren 4 millones de boletos de una rifa que recaudará 3 mil millones de pesos, que deberá pagar 2 mil millones en premios y quedarían mil millones para medicinas. Los otros datos del presidente lo hacen pensar que va a poder usar de ahí 2 mil 500 millones de pesos en medicamentos y equipo. Y de algún lado saldrán los 1 700 millones de pesos que se deben a Banobras del avión que 'se va a rifar'".

"No cuadra, pero tampoco importa. ¿Otro tamal de chipilín, ingeniero? ¿Más agua de chía, Mariasun? Y no dejen de probar, señores empresarios, este delicioso atole de chocolate traído desde Comalcalco. Con el dedo, si me hace usted el favor", ironicé.

Y es que, "detrás de esa pantomima se ocultan los graves problemas del país"; "detrás de ese *show* está la crisis", añadí.

Un día antes de esa cena, el 11 de febrero de ese año, se presentó a "la mañanera" el fiscal general de la República, Alejandro Gertz Manero, para entregar un cheque por 2 millones de pesos destinados al Instituto para Devolverle al Pueblo lo Robado (Indep). Explicó que ese dinero provenía de un desvío de recursos al Infonavit por parte de una empresa inmobiliaria. En el acto, López Obrador informó que esos 2 mil millones de pesos servirían para financiar los premios de la rifa del avión presidencial.

Pero, como expuse en la citada columna del 14 de febrero de 2020, esos 2 mil millones de pesos no podían ingresar a la Lotería debido a que el Indep no tiene facultades para disponer de dinero que proviene de una estafa al Infonavit, y por lo tanto le pertenece a los trabajadores y a los empresarios, es decir, a los particulares que fueron defraudados. Con fórceps, el gobierno sólo podría utilizar 33% de esa cantidad, ya que el Infonavit es una institución tripartita.

"Se trata de un engaño que ha tenido la 'virtud' de que empresarios, gobierno, instituciones y sindicatos han tragado y degustado como si fuera verdad, aunque todos saben que es mentira [...] Para efectos prácticos, esos 2 mil millones de pesos que el presidente dice que dispone la Lotería para el pago de premios, gracias a lo recuperado del fraude al Infonavit, no existen. Es una patraña".

Apunté que si realmente tuvieran el dinero que presumieron en un cheque, lo responsable y lógico sería que lo utilizaran en comprar medicinas, que no había, y material de curación, que tampoco había. De ninguna manera se lo jugarían en la Lotería, donde la recuperación de esos recursos se daría hasta mediados de septiembre.

Pero "no hay tal dinero. El cheque que enseñaron es de hule".

Dos años después, el 24 de febrero de 2022, el propio presidente se vio obligado a reconocer que el procedimiento legal para disponer de ese dinero "fue incorrecto", por lo que se le devolvió al Infonavit para presuntamente financiar viviendas de trabajadores de escasos recursos.

Sin embargo, ya no hubo dinero para el sector salud ni de ese ni de otras partidas presupuestales.

"El dinero que no se destinó al sector salud se fue a Pemex, a construir el aeropuerto de Santa Lucía y a programas clientelares", escribí el 25 de febrero de 2020.[7]

Señalé que si no había medicinas en los hospitales públicos es porque no las compraron y usaron el dinero en otra cosa; si faltan medicinas caras es porque cancelaron los contratos con los laboratorios; y si la Fundación de Cáncer de Mama iba a deja de atender a 8 500 mujeres de escasos recursos es porque el gobierno le quitó el dinero para gastarlo en otra cosa.

---

[7] Pablo Hiriart, "El dinero que no se usó en salud", columna "Uso de Razón", en *El Financiero*, 25 de febrero de 2020.

"Así de sencillo. Así de cruel resultó la 'economía moral' de la 4T", previne.

Y entonces, ¿a dónde se fue ese dinero que debió gastarse en medicamentos, equipo médico, atención a pacientes?

El dinero se fue a Pemex, a construir el aeropuerto de Santa Lucía y a programas clientelares.

De acuerdo con el *Informe sobre la situación económica, las finanzas públicas y la deuda pública*, de la Secretaría de Hacienda, al cierre del cuarto trimestre del año la Secretaría de Salud tuvo un subejercicio de 1 600 millones de pesos y el IMSS un subejercicio de 328 millones, lo cual suma 1 928 millones de pesos no ejercidos que se mandaron a otro lado.

Es imposible afirmar con precisión que el dinero que se le quitó a una dependencia en particular se haya ido exactamente a otra, pero en el ejercicio del gasto en 2019 se vio dónde estaba el interés presidencial: de acuerdo con Transparencia Presupuestaria —de la Secretaría de Hacienda—, a la Defensa Nacional, encargada de construir el aeropuerto de Santa Lucía, se le aprobó para 2019 un gasto de 93 mil 670 millones de pesos. Y se le pagaron 104 mil 370 millones de pesos, casi 12% más de lo aprobado.

Pero no sólo se le escamoteó el dinero a Salud, también a Educación y a otros rubros del Presupuesto y "se abrió la chequera para la Defensa, que construye a marchas forzadas un aeropuerto que es cuestionado por todos los organismos de aeronáutica, que se inclinaban por Texcoco como mejor opción", escribí.

Además, según la Secretaría de Comunicaciones y Transportes (SCT), para destruir Texcoco hubo que pagar 75 mil 223 millones de pesos en recompra de bonos de Fibra E y liquidación de contratos; faltaban por pagar 4 mil 200 millones de dólares a extranjeros tenedores de bonos, más el costo de destruir físicamente lo que hay, más lo que ya se había pagado por una obra que estaba construida en una tercera parte, más lo que se perdió en empleos y en el aprovechamiento de terrenos del actual aeropuerto, más…

Y todo eso se pagó, entre otras cosas, con dinero que debió ir a salud y a educación.

"¿Se entiende ahora por qué faltan medicinas —fundamentalmente en los estados—, material de curación, de quimioterapias, de tomografías, enfermeras despedidas, no hay dinero para atender a mujeres con cáncer de mama…?", pregunté.

"No son los conservadores, no son los médicos, no son los laboratorios. Es el gobierno que tiene prioridades equivocadas", afirmé.

En esa misma columna señalé "otro capricho, o mejor dicho, obsesión ideológica": cerrar el paso al sector privado en la exploración y extracción de hidrocarburos, que autorizaba la Constitución, por lo que el gobierno gasta miles de millones de dólares en ese objetivo y en construir la refinería de Dos Bocas.

A Pemex se le invirtieron, como recursos adicionales, 5 mil millones de dólares en 2019. Se tomaron de algún lado: fueron aportaciones del fisco y gracias a los "ahorros logrados en la lucha contra el huachicol", explicó el gobierno.

Pero lo del huachicol es cuento: sólo entre junio y octubre de 2019, los robos de combustibles a ductos de Pemex ascendieron a 13.9 millones de barriles, equivalentes a 44 mil millones de pesos, según publicó *El Universal* con base en datos de Pemex obtenidos vía Transparencia.

"¿Cuáles ahorros, por favor? El dinero inyectado a la empresa estatal vino de quitárselos a otras áreas del Presupuesto", insistí.

Así, la Secretaría de Energía (Sener), según el presupuesto original *versus* el presupuesto modificado, tuvo una variación de 480%: el original era de 26 mil 585 millones de pesos y el modificado fue de 127 mil 675 millones de pesos, como se reportó al Congreso. Le entregaron a la Sener 100 mil millones de pesos más en el curso de ese año, mientras ahorraban en medicinas y equipo médico.

Expuse que las prioridades de un gobierno se reflejan en su presupuesto y en cómo gasta el dinero. Y, en efecto, gasto social hay muchísimo, pero sin reglas de operación, lo que es oro molido para el clientelismo electoral.

"Abrieron la cartera para cumplir las prioridades presidenciales. ¿Prioridades? Caprichos, obsesiones ideológicas y control político", concluí.

Impunidad presidencial

Luis Estrada, director general de spin-Taller de Comunicación Política, quien da seguimiento puntual a las declaraciones del presidente, dio a conocer en una entrevista con Adriana Pérez-Cañedo que al final de su tercer año de gobierno el mandatario había completado un total de 60 mil afirmaciones falsas o engañosas. A esa fecha había dicho 45 veces que ya habíamos salido de la pandemia y en 22 ocasiones anunció que la corrupción se había acabado en México. En su discurso en el Zócalo para festejar que llegó a tres años al frente del gobierno dijo 190 frases falsas o engañosas. El discurso duró 76 minutos.

La mentira no apareció de la noche a la mañana en su discurso político, como un recurso para ocultar algún error o la negligencia de sus colaboradores: es la piedra angular de su ascenso político, de su conquista del poder y de su alta popularidad en medio de la destrucción del país a causa de su mal gobierno.

Siempre mintió, porque es un hombre enfermo. Mitomanía es el nombre de uno de sus males. Se le dejó pasar todo, a pesar de las evidencias de sus falsedades, y una amplia franja de la población enfermó junto con él.

Ya como presidente pudo caminar desnudo sobre un país enfermo, sin enfrentar ninguna consecuencia. Un par de datos ilustrativos en el tema recurrente de su discurso, ante México y en los foros mundiales en que ha participado: el combate a la corrupción.

Un par de párrafos de ejemplos que muestran a México adormecido e indiferente a la impunidad presidencial. Fernando García Ramírez, en su colaboración del 6 de diciembre de 2021 en *El Financiero:* [8]

El primero en aparecer fue su hermano Pío recibiendo dinero sucio. Le siguió su prima Felipa obteniendo millonarios contratos de Pemex. Posteriormente supimos de su cuñada, que tomó para sí dinero del presupuesto municipal.

Más tarde pudimos ver a Martín, el hermano menor del presidente, aceptando fajos de dinero ilegal. José Ramiro, el tercero de los hermanos López Obrador, ha recibido jugosos créditos de la Financiera Nacional de Desarrollo Agropecuario.

Sergio Sarmiento escribió el 6 de diciembre,[9] con base en una investigación hecha por Latinus:

El 28 de diciembre de 2017, Alejandro Esquer Verdugo, secretario de Finanzas de Morena, participó en un carrusel de depósitos en efectivo en una sucursal bancaria de la Ciudad de México.

Tanto él como Denis Zaharula Vasto Dobarganes, "apoyo administrativo" del partido, se formaron una y otra vez frente a un cajero de la sucursal de Banco Afirme en San Ángel para hacer depósitos en efectivo de 50 mil pesos.

[8] Fernando García Remírez, "La herencia envenenada", columna "Leer es Poder", en *El Financiero*, 6 de diciembre de 2021.
[9] Sergio Sarmiento, "Carrusel de efectivo", columna "Jaque Mate", en *Reforma*, 6 de diciembre de 2021.

En tan sólo 21 minutos, de las 16:26 a las 16:47, depositaron 1.4 millones de pesos para el fideicomiso Por los Demás, cuyo supuesto objetivo era apoyar a damnificados de los sismos de 2017. No fueron los únicos depósitos en efectivo para ese fideicomiso: en total se registraron 44 millones de pesos en distintas sucursales.

Los depósitos violaban la legislación de lavado de dinero, la ley electoral que impide a los partidos recibir aportaciones en efectivo y las normas financieras, ya que el fideicomiso debía usarse sólo para ayudar a los damnificados. Este, sin embargo, repartió cuando menos 22.7 millones de pesos a operadores políticos, entre ellos Rodrigo Abdala DArtigues, sobrino de la 'no concubina' de Manuel Bartlett, Julia Abdala. Los videos originales los divulgó *Reforma* en julio de 2018; este 1 de diciembre (2021) Mexicanos Contra la Corrupción y la Impunidad identificó a Esquer y Vasto Dobarganes. Los responsables no sólo permanecen impunes, sino que han sido premiados con cargos públicos.

En efecto, Alejandro Esquer fue nombrado secretario particular del presidente, y Denis Zaharula Vasto, jefa de la Unidad de Administración de la Presidencia.

Carlos Loret de Mola dio a conocer en Latinus y en *El Universal*[10] que los participantes en el carrusel de depósitos a una cuenta de Morena para, supuestamente, ayudar a damnificados, fueron para lavar dinero en efectivo y todos ellos entraron a altos puestos en el Gobierno Federal cuando ganó López Obrador. Lo publicó, sin recibir un solo desmentido, el 13 de noviembre de 2021:

Mujeres y hombres que participaron en el Carrusel de *Cash* para mover más de 40 millones de pesos en efectivo, formándose una y otra vez en una misma sucursal bancaria y hacer las operaciones

---

[10] Carlos Loret de Mola, "El papá del Carrusel de *Cash*", columna "Historia de Reportero", en *El Universal*, 13 de diciembre de 2021.

hormiga en cuestión de minutos, tienen un jefe en común: Gabriel García Hernández, operador electoral y financiero de López Obrador, senador de Morena, y quien arrancó el sexenio con oficina en Palacio Nacional como encargado de repartir todos los programas sociales.

En la operación Carrusel de *Cash*, el dinero que supuestamente sería para los damnificados del sismo terminó en las campañas de Morena. Participaron más de 30 personas que se volvieron funcionarios del gobierno, entre ellos el secretario particular del presidente y su oficial mayor. Así lo reveló una investigación de Latinus y Mexicanos Contra la Corrupción y la Impunidad, que recogió *El Universal*.

Los caminos de todos los involucrados conducen a Gabriel García. Su chofer es León Felipe Vidauri Alfaro, el que más dinero en efectivo movió: 3.7 millones de pesos. Su otro chofer, Santiago de la Huerta Cotero, sacó 2 millones en *cash*. A Guillermo Genaro Polanco lo tenían para repartir a los estados del país el periódico oficial de Morena, *Regeneración*, y luego se ocupó de organizar la logística. Él fue por 3.1 millones. Su amigo Camilo Oviedo Bautista, vinculado a movimientos por 2.6 millones de pesos, estaba de jefe de Unidad y actualmente es el número dos de Conafor. Francisco Javier de la Huerta es su secretario particular, y se desempeñó como jefe de los superdelegados y "servidores de la nación". Su nombre aparece en el manejo de otros 2.6 millones de pesos.

Sólo cito algunos de los nombres más relevantes, pues prácticamente los 34 que participaron en la operación Carrusel de *Cash* a favor de Morena y que obtuvieron de premio cargos en el Gobierno Federal, están vinculados a Gabriel García. Lo aquí expuesto es una combinación de documentos y revelaciones de fuentes oficiales con acceso de primer nivel a Palacio Nacional.

Y no pasa nada.
El país está enfermo.

Una mayoría no quiere ver lo que ocurre.

Fernando García Ramírez lo sintetizó así, en *El Financiero*:[11]

Hay quienes niegan que el país se esté militarizando, a pesar de la multiplicación de la presencia de las Fuerza Armadas en tareas reservadas a civiles. Hay quienes no se dan cuenta del tremendo error de haber entregado la educación al sindicato del magisterio. A pesar de la muerte de más de 600 mil mexicanos por covid, hay quienes sostienen que el gobierno actuó responsablemente ante la pandemia.

Suman decenas de millones de mexicanos que se niegan a enfrentar la realidad. Decenas de millones que defienden a un gobierno corrupto de corte autoritario. Se niegan a admitir evidencias. ¿Cuánto tiempo puede durar esta ceguera voluntaria? En Cuba, luego de décadas de dictadura y miseria, hay millones que defienden la "Revolución".

Si mañana estos millones de mexicanos crédulos vieran en un video al mismísimo presidente embolsándose dinero, creerían sin chistar la mentira que el presidente diría al día siguiente para justificar el atraco. Si mañana el presidente luciera casaca militar, lo verían como un civil. Esto no se explica sólo por el reparto clientelar de dinero o por el envío de remesas. Se trata de un asunto de fe. De la necesidad de creer a pesar de las evidencias. Si cientos de miles de muertos por la inseguridad o la violencia no bastan para abrirles los ojos, la oposición está en un terrible aprieto.

Mentira ha sido su oferta de "primero los pobres" y su presentación como un político de izquierda. Al cumplirse el tercer año de asumir el poder dijo ante un Zócalo lleno de seguidores que genuinamente le creen: "Ser de izquierda es anclarnos en nuestros ideales y principios, no desdibujarnos, no zigzaguear. Si somos auténticos, si hablamos con la verdad y nos

[11] Fernando García Ramírez, *Op. cit.*

pronunciamos por los pobres y por la justicia, mantendremos identidad y ello puede significar simpatía, no sólo de los de abajo, sino también de la gente lúcida y humana de clase media y alta, y con eso basta para enfrentar a las fuerzas conservadoras, a los reaccionarios".

Su gobierno ha sido una fábrica de pobres y destructor de sectores medios, a los que ha quitado apoyos que tenían desde sexenios anteriores. La pobreza en México venía en declive, y el presidente López Obrador dio media vuelta para empobrecer a los que dice apoyar. Su discurso es una enorme mentira, según muestran los datos duros.

Raymundo Riva Palacio expuso el tema con precisión en las páginas de *El Financiero*,[12] dos días después de ese discurso tan triunfalista como carente de verdad:

El presidente dice trabajar por y para el pueblo, porque "por el bien de todos, primero los pobres". Sin embargo, los más sacrificados en la primera mitad del sexenio fueron ellos. Entre 2018 y 2021, de acuerdo con el Consejo Nacional de Evaluación de la Política de Desarrollo Social, el número de mexicanos en situación de pobreza subió de 51.9 millones en el último año de Enrique Peña Nieto, a 55.7 millones.

Sus programas sociales, evidentemente, no tuvieron el efecto esperado. Se puede argumentar que se debió a que cambió la política social que focalizaba las transferencias de recursos, para hacerlas universales. El resultado es una tragedia para los pobres.

Según la Encuesta Nacional de Ingreso y Gasto en los Hogares 2018 y 2020, el número de hogares beneficiarios de un programa social en el decil 1, que es el más pobre, fue de 1.9 millones en el último año de Peña Nieto, mientras que el año pasado alcanzó a 1.3 millones, 600 mil hogares menos. En el siguiente decil,

[12] Raymundo Riva Palacio, "El presidente no es de izquierda", columna "Estrictamente Personal", en *El Financiero*, 3 de diciembre de 2021.

llegaron programas a 1.5 millones de hogares en 2018, pero sólo a 1.2 en 2020. Si nos vamos al decil 10, quienes más ingreso tienen, el número de hogares beneficiarios en 2018 fueron 300 mil, mientras que en 2020, 800 mil. En el decil 9, los hogares que recibieron beneficios en 2018 fueron 500 mil, contra 800 mil que los tuvieron en 2020.

Lo que ocurre con el empobrecimiento generalizado en el país, que golpea con mayor crudeza a los sectores de bajos ingresos, es un verdadero "terremoto social", como explicó José Woldenberg en *El Universal* el 23 de noviembre de 2021,[13] basado en las cifras oficiales:

sin mayores problemas ingresé a las páginas del Inegi. Y, caray, sus resultados deberían estar en el centro de nuestra conversación pública. Resulta que de 2010 a 2018 la clase media había aumentado porcentualmente de 39.2% de la población a 42.7. Eso en números absolutos quería decir que pasamos de 43.9 millones a 53.4. (Imagino que los conocedores pueden llevar a cabo una discusión informada sobre cómo se construyen esos porcentajes, pero el Instituto Nacional de Información Estadística y Geografía, como organismo público autónomo del Estado, es sin duda una institución confiable y profesional). El incremento parecía lento, pero sostenido (38.8% en 2012, 41.6 en 2014 y 42.7 en 2018). No obstante, de 2018 a 2020 el número de personas consideradas de clase media descendió a 37.2%; de 53.5 millones a 47.2. Más de 6 millones empeoraron su situación social.

La pandemia explica mucho de lo ocurrido y quizá sea el principal factor, pero la política para enfrentarla y la inacción gubernamental que no desplegó esfuerzo alguno para apuntalar a las micro

---

[13] José Woldenberg, "Todos para abajo", en *El Universal*, 23 de noviembre de 2021.

y pequeñas empresas y careció de iniciativas para mantener los empleos, constituyen la otra cara de la explicación.

El trabajo del Inegi además ilustra cómo la llamada clase alta también descendió de 2018 a 2020, y lo único que aumentó fue la denominada clase baja. La alta pasó de 1.5% de personas a casi la mitad, 0.8%. En términos absolutos de 1.8 millones a 1.0. La baja por su parte aumentó de 55.8% a 62%. Es decir, de 69.8 millones a 78.5 millones. Un grave terremoto social que, para muchos, pasa escondido en una nube de retórica.

Al finalizar noviembre de 2021, es decir, al concluir tres años del gobierno lopezobradorista, tanto el presidente como los medios de comunicación celebraron la cifra "histórica" en la cantidad de personas con empleo formal, tomando como base el número de trabajadores afiliados al IMSS.

Si bien se mira, se trata del peor resultado en décadas:

El presidente López Obrador recibió el país, el primer minuto del 1 de diciembre de 2018, con 20 millones 458 mil trabajadores formales (afiliados al IMSS).

Tres años después, el primer minuto del 1 de diciembre de 2021, en el IMSS había 20 millones 933 mil afiliados.

Es decir, en tres años sólo se crearon 475 mil empleos formales. Cada año del gobierno de López Obrador se abrieron 148 mil empleos formales.

México venía de alcanzar la creación de más de 4 millones de nuevos empleos formales en el sexenio anterior. Una cifra superior a los 2 millones por trienio, y con AMLO se consiguió sólo la cuarta parte de esa cifra.

Esas cantidades van mucho más allá de la frialdad de las estadísticas: son personas. Cada año poco más de un millón de jóvenes alcanza la edad de trabajar y busca empleo en el sector formal. Con López Obrador se les frustró la vida: no hubo empleo, se cerraron las puertas.

Cierto, en el segundo trimestre de 2020 llegó a México la pandemia del covid-19 que obligó al cierre de empresas o a la disminución de personal para poder subsistir. Sin embargo, en marzo de 2020 el empleo formal sólo había sumado 25 mil nuevos puestos de trabajo con respecto a los que había el 30 de noviembre de 2018.

Sin covid-19, sin crisis externa ni fenómenos naturales adversos, en un año y cuatro meses el gobierno el gobierno de López Obrador únicamente pudo crear 25 mil nuevos empleos formales.

Luego vino la pandemia y no hubo apoyos para mantener con vida a las empresas. "Que cierren", dijo el presidente en una conferencia matutina. Pues sí, cerraron o redujeron al mínimo su personal.

Ni Donald Trump cometió un crimen social de la envergadura del cometido por López Obrador.

Ese promedio de 158 mil empleos creados anualmente (contra el millón alcanzado por el gobierno de Peña en su segunda etapa) proviene de la ley contra el *outsorcing* que, afortunadamente, obligó a algunos empleadores a formalizar el empleo de su personal.

Y el narco votó

López Obrador no se hizo mentiroso de la noche a la mañana. Así empezó su carrera y así fue como candidato en Tabasco, como candidato a la Jefatura de Gobierno del Distrito Federal, a la que llegó luego de mentir sobre su residencia.

La sociedad pudo constatar las mentiras de López Obrador en la jefatura del gobierno capitalino y prefirió no verlas.

Llegar a la Presidencia de México no lo moderó, sino que destapó con mayor crudeza la vocación autoritaria y destructiva con la que pasará a la historia.

Todo el que se proponga destruir, ya sea en el mundo, en las instituciones nacionales o en los bajos fondos del hampa, tiene un lugar en sus afectos. Y con pacto expreso o implícito, los ha servido y se ha servido de ellos.

Veamos.

¿Para qué le sirve a López Obrador la buena relación con grupos criminales, ahora que es presidente?

En las elecciones de gobernador en algunos estados, concurrentes con los comicios de mitad de sexenio, tuvimos casos que sirven para encontrar respuestas a esa pregunta.

Muy por encima del candidato a gobernador de Morena en Baja California Sur, estaba el abanderado de la coalición PAN-PRI-PRD. Todas las encuestas le daban una holgada delantera. Hasta que llegó la elección y ganó el candidato del partido del presidente. ¿Qué pasó? No se ha podido probar la operación de grupos criminales, porque investigar y publicar entraña riesgos de perder la vida.

Sí hubo, en cambio, una investigación periodística clara y valiente en el estado de Sinaloa, donde participó el narco en la elección, con métodos propios de su organización criminal.

En el estado donde se liberó al capo del Cártel de Sinaloa por orden del presidente, donde el mandatario acudió al ejido en que nació el Chapo Guzmán —ahí viven sus parientes y está la casa familiar del exjefe del cártel— para inaugurar un camino y participar en una taquiza con los amigos y familiares de Guzmán Loera y su hijo Ovidio en el día de su cumpleaños, el crimen organizado llevó a cabo un amplio operativo de intimidación y violencia para inclinar la elección del 6 de junio de 2021 en favor de los candidatos de Morena en la entidad. El periodista Héctor de Mauleón lo describió magistralmente en *El Universal*:[14]

---

[14] Héctor de Mauleón, "El día en que el Cártel de Sinaloa se robó la elección", columna "En Tercera Persona", en *El Universal*, 17 de agosto de 2021.

Se le cerraron varias camionetas con hombres armados. Era el 5 de junio de 2021, un día antes de las elecciones intermedias para renovar gobernador, diputados y ayuntamientos.

Ella, candidata a diputada local por un distrito de Culiacán, Sinaloa, acababa de salir de una supuesta reunión con otros miembros de su partido. Supuesta, porque ninguno, o casi ninguno, llegó a la cita.

La candidata abordó su auto con una mala sensación. Al llegar a la junta había visto camionetas, hombres de negro, caras largas. Había percibido un clima de inquietud que se acentuó cuando alguien le ordenó a un comandante estatal que la escoltara hasta su casa.

Corrían rumores de que el Cártel de Sinaloa estaba "levantando" a los operadores políticos del PRI, a fin de impedir que movilizaran a sus bases. Muchos habían decidido quedarse "guardados" en sus domicilios, pero al final estas precauciones resultaron inútiles.

A unas calles de distancia, en un semáforo, se le adelantaron dos camionetas que no le permitieron avanzar más. Pronto aparecieron otras dos a los lados, y una más atrás.

Hubo luces, gritos, portazos. A ella le apuntaron con un arma de alto poder, la obligaron a abrir la portezuela. Lo primero que hicieron fue quitarle el celular.

El comandante que la seguía bajó de su coche con una granada en la mano. "¡Aquí vamos a valer madre!", gritó. Se oyó que cortaban cartucho: eran como 20 hombres. El comandante fue sometido. A la candidata la metieron a una de las camionetas con la cabeza abajo. Le dieron un golpe para que se estuviera quieta.

"¡Vámonos, vámonos!".

Llevaban a alguien más dentro del vehículo. Venía amarrado y con el rostro encintado. La candidata notó que en la cajuela había otras tres personas.

"Nombre —le preguntaron—. ¿A qué te dedicas?".

Hablaron por radio. Alguien ordenó que la llevaran a algún sitio. "Diputada, vas a estar bien", le dijeron. A ella también le encintaron la cara.

"El jefe viene nomás a hablar contigo", avisó alguien. Era el mismo sujeto que en la camioneta le había comentado: "Hueles bien rico".

El jefe era agresivo. Le dijo que el operativo era "para evitar la compra de votos y que no se hagan delitos electorales".

La interrogó:

"¿Quién es tu jefe? ¿Con quién estabas? ¿A dónde ibas? ¿Quién te estaba esperando? Dime nombres o no la cuentas".

La crónica de De Mauleón refiere que esa noche el Cártel de Sinaloa recorrió Culiacán para desactivar a los operadores del PRI. Sus hombres preguntaban dónde estaba el dinero para movilizar y darle de comer a la gente al día siguiente; preguntaban quiénes más formaban parte de la estructura priista y dónde se encontraban en aquel momento.

Señala que se calculó inicialmente que 20 operadores fueron "levantados" por ese cártel, "pero", añade el periodista, "dada la magnitud de la movilización de aquella noche, los secuestrados podrían ser hasta cien".

Sigue la crónica de De Mauléon:

Llegó un segundo jefe. Se disculpó, la desamarró.

—Se puede poner feo si no nos ayudas. Tienes mucho futuro, coopera para que estés con nosotros.

Llegó un jefe más. Parecía estar más arriba que todos. Era amable, cálido, educado. Tenía la voz joven.

—Diputada, estoy muy apenado. ¿Estás bien? ¿Se portaron bien? ¿Te hicieron algo?

Añadió:

—Te vamos a dejar ir, te vamos a devolver tus cosas [le habían quitado la bolsa, la computadora, el teléfono, sus identificaciones:

finalmente no le devolvieron nada]. Siento lo de tu candidatura, pero lamentablemente esto ya está decidido.

La dejaron al amanecer en las inmediaciones de un centro comercial. A los otros los retuvieron hasta poco antes del cierre de casillas. Los soltaron finalmente en una carretera y les dieron cien pesos a cada uno para que tomaran un taxi.

Ninguno de los "levantados" quiso denunciar. No hubo un solo abogado dispuesto a llevar los hechos ante el tribunal competente. El PRI local decidió que lo mejor, "por seguridad", era dar vuelta a la página. Se les pidió a los involucrados callar. Algunos de ellos creen, sin embargo, que el sol no se puede tapar con un dedo y que lo ocurrido esa noche tendrá consecuencias en la vida de Sinaloa.

El candidato de Morena-PAS a la gubernatura, Rubén Rocha Moya, arrasó con 56.60% de los votos. Jesús Estrada Ferreiro, candidato a la alcaldía por la misma coalición, obtuvo una ventaja de más de 10 300 votos sobre su más cercano competidor.

Ese día, el narco votó. El cártel se robó la elección.

Al valiente y documentado texto de Héctor de Mauleón hay que añadir la insistencia presidencial en que la candidatura al gobierno de Guerrero recayera en Félix Salgado Macedonio.

Con Félix Salgado como alcalde de Acapulco, el narcotráfico tomó el puerto e hizo de él un bastión. No llegó la paz a una de las bahías más hermosas del mundo, sino la guerra entre grupos criminales y el consecuente cierre de vuelos internacionales y la descomposición de esa fuente de recreación, empleo e ingresos.

El Tribunal Electoral del Poder Judicial de la Federación anuló la candidatura de Félix Salgado Macedonio y el presidente López Obrador permitió que en la boleta electoral fuera sustituido por su hija Evelyn.

La imposición de Félix Salgado Macedonio y luego de su hija se hizo a un alto costo: López Obrador le pidió la renuncia a la secretaria federal de la Función Pública, Irma Eréndira Sandoval, y no por su manifiesta ineptitud, sino porque había estado del lado de su hermano Amílcar para ser candidato a gobernador de Morena.

¿Por qué la obstinación de López Obrador en hacer a Salgado Macedonio gobernador de Guerrero, por sí o por medio de su hija?

Un político guerrerense me dio la siguiente explicación: "Para levantar Guerrero en armas en caso de necesidad durante su Presidencia, o si pierde Morena la elección presidencial en 2024". Y agregó: "Las veces que López Obrador ha hablado de amnistía para los dedicados al comercio de drogas, los narcotraficantes, lo ha hecho en Guerrero". Cierto.

La permisividad presidencial hacia la delincuencia en ese estado abarca todo, hasta la venta de niñas adolescentes.

En octubre de 2021 se publicaron reportajes sobre la venta de niñas en Guerrero y el presidente desdeñó el tema porque, dijo, la prostitución no sólo se da entre los pobres.

Pero el tema no era la prostitución de mayores de edad, sino de venta de niñas. Cito a Infobae:[15] "Desde 30 mil pesos (unos 1 500 USD) hasta los cerca de 400 mil (8 mil USD) es el precio que se llega a pagar en algunas comunidades indígenas de La Montaña de Guerrero en una transacción que, aunque sea manejada como uso y costumbre, no deja de ser indignante: la venta de niñas".

La nota recuerda que el domingo 24 de octubre de 2021, durante su visita por el estado de Guerrero, el presidente López Obrador dijo que ésa era una realidad desde siempre en las comunidades de esa entidad. Ante la pregunta de un periodista, respondió que él no se encontraba ahí para tratar ese tema:

---

[15] *Venta de niñas en Guerrero: el precio de la indignante costumbre de las comunidades indígenas*, Infobae, 25 de octubre de 2021, <https://www.infobae.com/america/mexico/2021/10/25/venta-de-ninas-en-guerrero-el-precio-de-la-indignante-costumbre-de-las-comunidades-indigenas/>.

"Lo de la venta de las niñas, lo de la prostitución de niñas, no, no vengo a ver eso porque eso no es la regla, en las comunidades hay muchos valores culturales, morales, espirituales, eso puede ser la excepción, pero no es la regla. ¿Qué acaso la prostitución está nomás con los pobres?", dijo visiblemente molesto.

Más de 3 mil niñas de entre 9 y 17 años dan a luz cada año en Guerrero, y no es un problema de prostitución, sino de venta de menores de edad que no quieren ser vendidas.

Agrega la nota de Infobae:

"No quiero que me vendas", recordó para la AFP Eloina Feliciano que le pidió a su madre. Pese a sus súplicas fue otra de las niñas entregadas en matrimonio bajo un acuerdo ancestral de compra y venta en Guerrero.

"No somos animales [...] Los animales son los que se venden", dijo la mujer indígena mixteca de 23 años —vendida a los 14— de la comunidad Juquila Yuvinani, en el municipio de Metlatónoc, entre los más pobres de México.

El estado de Guerrero es el lugar con más venta de niñas, según la Asociación Española de Mujeres Profesionales de los Medios de Comunicación: en cuanto las niñas cumplen alrededor de 12 años, son compradas por personas que las pueden convertir en esposas, utilizarlas como esclavas para la casa o para el campo. A la fecha no se sabe cuántas infantes han sido vendidas, esto debido a la discrecionalidad de la práctica, sin embargo, se estima que son alrededor de 300 mil niñas.

El síndrome de *hubris*

Cuando el entonces presidente Enrique Peña Nieto fue operado de la garganta, Andrés Manuel López Obrador demandó una explicación detallada de la salud del mandatario y solicitó su renuncia al cargo. Ahora que él ocupa la titularidad del Poder Ejecutivo se ha negado a hacer públicos los reportes médicos acerca de su estado de salud. Se informó de manera confusa e incompleta de una intervención quirúrgica que le fue practicada. Su comportamiento, y el de todos los que de ahora en adelante ocupen la Presidencia de la República, amerita una explicación más profunda y profesional, dado que el destino del país y de todos nosotros se encuentra, en buena medida, en sus manos. Hagamos caso a Freud: importa más el perfil psicológico del gobernante, que el perfil sociológico de su programa.

Haber llegado a la Presidencia con trastornos visibles —la enfermedad del poder, o de otra índole, como "señales de demencia vascular"—, el baúl interior repleto de resentimientos, presión arterial alta y el estrés inherente al cargo que se empeñó en ocupar, decantó en nuevas patologías cuyas consecuencias trasladó a sus gobernados.

Su conducta trajo daños irreversibles para cientos de miles de mexicanos que murieron aplastados por el peso de su insensatez.

Para marzo de 2020, "cumplido 20% de su mandato, había pocas dudas de que padecía una enfermedad que se ha ido agudizando con el ejercicio del poder. Las decisiones equivocadas, que han costado cientos de miles de millones de pesos al país y, peor aún, la ausencia de autocrítica y correctivos, lo confirman", escribí el 4 de ese mes en "Uso de Razón".[16]

Y enumeré:

El tema del avión con su traslado a California, estacionarlo allá, el afán de venderlo y no poder, más su rifa fraudulenta, la ocurrencia de usarlo para dar conferencias de prensa matutinas o emplearlo como distractor de la protesta de mujeres del próximo lunes (8 de marzo), nos subrayan que el presidente no está bien.

[16] Pablo Hiriart, "El presidente no está bien", columna "Uso de Razón", en *El Financiero*, 4 de marzo de 2020.

Tirar a la basura 346 mil millones de pesos en pérdidas de Pemex en 2019 es grave, pero insistir en gastar más ahí (para frenar el acceso de la iniciativa privada al sector energético) lo es más.

Pagar por destruir un aeropuerto ya fondeado, al tiempo que se ahorra en medicinas o se compran y distribuyen algunas sin registro sanitario, son señales preocupantes.

Decir en el día del Ejército que se fraguaba un golpe de Estado y que las Fuerzas Armadas no atendieron el canto de las sirenas, o anunciar, ante la baja de su aceptación en las encuestas, que el día que el pueblo no lo quiera se va a poner a llorar y se va a ir, son signos de inestabilidad emocional.

Que todos los días se ponga, metafóricamente, yelmo y armadura para empezar de madrugada a combatir conservadores del siglo antepasado que "me quieren tumbar", no es ninguna gracia, sino una expresión del extravío.

Pregunté qué había detrás de esas conductas: "¿Paranoia? ¿Narcisismo? ¿Arrogancia? ¿Hubris?".

Advertía que de ser esto último había que tener cuidado porque, según los griegos, el *hubris* siempre precede a la caída.

En su mitología los antiguos griegos tenían a la diosa Némesis. Era la encargada de castigar a las personas que sufrían *hubris*. Pero el presidente López Obrador carece de esa Némesis porque no tiene contrapesos a su poder. No hay consejeros ni secretarios que jueguen ese papel: decirle que no y ubicarlo. Aduladores y oportunistas desplazaron de su entorno a quienes tenían la confianza de señalarle sus fallas.

El médico y político británico Lord David Owen publicó en 2008 el libro *En el poder y en la enfermedad* (editado en español por Siruela) en el que describe el perfil físico y psicológico de algunos mandatarios en los últimos cien años. La revista

Foreign Affairs[17] reseñó el libro con gran claridad: "En muchos jefes de Estado la experiencia del poder les provoca cambios psicológicos que los conducen a la grandiosidad, al narcisismo y al comportamiento irresponsable. Líderes que sufren este síndrome de *hubris* 'político' creen que son capaces de grandes obras, que de ellos se esperan grandes hechos, y creen saberlo todo y en todas circunstancias".

En el libro *The Hubris Syndrome: Bush, Blair and the Intoxication of Power* (2007), Owen puntualiza los elementos psiquiátricos de ese síntoma: la soberbia, es el central.

Owen señala que el *hubris* en los políticos y otras personas en posiciones de poder se expresa en un conjunto de comportamientos que "tienen el tufillo de la inestabilidad mental".

Cita al filósofo británico Bertrand Russell, quien menciona que cuando la humildad no está presente en una persona poderosa, ésta se encamina hacia una especie de locura llamada "la embriaguez del poder".

Explica David Owen que quienes padecen el síndrome de *hubris* pierden contacto con la realidad. Son propensos a estar inquietos y a cometer actos impulsivos. Permiten que sus consideraciones morales guíen sus decisiones políticas, pese a ser poco prácticas. Desafían la ley, cambiando constituciones o manipulando los poderes del Estado.

Sobre el tratamiento del *hubris*, Owen dice que muchas veces basta con que la persona pierda el poder "para que se cure". Pero, advierte, en otros casos el hubrístico trata de mantener el poder de forma indefinida para alimentar su trastorno.

"En el caso que nos ocupa —nuestro presidente López Obrador—, la cura para el *hubris* sólo se encuentra en la humildad. Y en que asesores, secretarios, dirigentes de partidos,

[17] Sherwin B. Nuland, "Political Disorder. Does Executive Authority Corrupt the Mind?", en *Foreign Affairs*, noviembre–diciembre de 2008.

empresarios y periodistas le digan que está equivocado, como es evidente que lo está", apunté en la citada columna.

Al mes siguiente, abril de 2020, lo expresé[18] de esta manera: "Es inútil tratar de entender las decisiones y razonamientos del presidente con los instrumentos del análisis político, pues su conducta como jefe de Estado sólo es comprensible desde otra disciplina: la psiquiatría".

Recordé lo que planteó en esas fechas durante su conferencia en Palacio Nacional: que la pandemia y la crisis de salud que enfrenta México "nos vino como anillo al dedo para afianzar el propósito de la Cuarta Transformación".

Expuse que nunca habíamos oído a un jefe de Estado decir —y pensar— que una desgracia de esa magnitud que trae muertos, enfermos, desempleados y quiebre de empresas le venía bien a un proyecto político.

"Sólo Dios, en la Biblia, pudo justificar un cataclismo así", apunté. "Pero López Obrador no es Dios y no tiene derecho a ver a sus gobernados como los habitantes de Sodoma y Gomorra".

Comenté lo que me explicó una eminencia de la psiquiatría mexicana: la conducta presidencial manda señales de un problema de demencia vascular, que es la segunda causa de demencia del país, después del alzhéimer.

Se trata de un padecimiento que tiene sus orígenes en la presión arterial alta y se agudiza cuando se viven situaciones de estrés. Ambos, presión alta y estrés, pueden impactar los vasos del cuerpo humano y provocar infartos a nivel cerebral sin que sean percibidos por quien los padece. No hay pérdida de memoria, sino que se refleja en dificultades para comprender, discernir, pensar bien y tomar decisiones lógicas.

[18] Pablo Hiriart, "Cuidado con el presidente", columna "Uso de Razón", en *El Financiero*, 3 de abril de 2020.

"Ése es el proceso que se estaría iniciando en el presidente de la República, y que afecta su buen juicio para tomar decisiones", expuse.

Ejemplifiqué con la visita que hizo al ejido que es cuna del Chapo Guzmán y lugar de residencia de su familia, en el municipio de Badiraguato. Dicha visita "no tiene explicación política, pues nadie ganaba nada con eso. Y lo hizo en un momento en que la ciudadanía esperaba a un presidente concentrado en la crisis de salud, la económica y los efectos de ambas", escribí.

Rememoré luego que ante la inminente llegada del coronavirus a México, el presidente minimizó el tema, a pesar de que en otros países las personas morían por miles.

"Hacía bromas, recomendaba abrazos, salía a las calles, repartía besos, encabezaba mítines multitudinarios, mientras el equipo de Salud federal advertía de los riesgos de la epidemia y de las providencias que era necesario tomar para no contagiarse ni contagiar. Pasaron casi dos meses para que tuviéramos una recomendación cuerda de su parte: sana distancia. Y la violó al día siguiente".

Para esas fechas había comenzado a morir personal médico del IMSS y de otras instituciones publicas de salud por el contacto con gente contagiada a la que atendían... Pero el presidente no se condolía.

Advertí que iba a morir gente pobre en México porque el presidente no ordenó una campaña amplia de información que llegara a los sectores populares, por lo que no se siguieron los lineamientos correctos para evitar contagios.

"Salió con eso de los genes especiales de los mexicanos que los hacen más resistentes, y sus bufones lo alabaron como un 'científico', y que el coronavirus sólo le daba a los ricos", expuse.

"Eso en un jefe de Estado nos dice, tristemente, que no está en sus cabales", afirmé.

Incluso, consideré que era algo más complejo que la enfermedad del poder (*hubris*), pues apenas un día antes (2 de abril de 2020) contradijo a su secretario de Hacienda, Arturo Herrera, quien al informar sobre los precriterios de la política económica dijo que la dependencia a su cargo había recortado la expectativa de crecimiento del país para ese año entre -3.9 y 0.1 por ciento.

"Ahora tampoco coincido (con Hacienda). Para empezar, no existe normalidad económica. Por razones obvias, todo está alterado. Yo, por ejemplo, sostengo que el precio del petroleo va a aumentar", declaró el presidente con tono de experto.

"Luego de desmentir a Arturo Herrera, el presidente dijo a los medios de comunicación que no conoce lo planteado por Hacienda en los precriterios y sus previsiones para este año. *¿Entonces?*", pregunté.

"Como si no hubiera la urgencia de una crisis sanitaria que atender, desempleo que evitar y mortandad de empresas que impedir, el presidente anunció que 'vamos a iniciar un plan para reforzar la capacidad de refinación de las refinerías'", lamenté, pues "Pemex Refinación pierde al año más de 60 mil millones de pesos, y nuestro presidente anuncia que vamos a gastar dinero en perder dinero".

Subrayé cómo "los médicos, enfermeras y personal hospitalario trabajan en plena pandemia sin guantes ni cubrebocas especiales ni batas impermeables ni gafas de seguridad, no hay respiradores ni camas. El presidente ya solucionó ese problema… en su imaginación. 'Estamos preparados', ha repetido desde que la epidemia empezó a recorrer el mundo".

Y reiteré: "No hay instrumentos para hacer un análisis político de su conducta. Los sociópatas y perversos tienen una finalidad y una estrategia, y éste no es el caso, me explicaba el psiquiatra".

"El problema está en otro lado, aunque las consecuencias nos afectan a todos. Cuidado con el presidente. Sobre todo cuando los estragos en la economía lo agobien y quiera tomar decisiones 'históricas'", concluí.

Los pasos de López

Su perfil intolerante tiene larga data y no lo vio quien no lo quiso ver, porque estuvimos advertidos. En la Presidencia de la República sólo ha confirmado el talante autoritario y antidemocrático que exhibió durante décadas. Para él, lo dijo de manera explícita cuando ya se había instalado en Palacio Nacional, los derechos humanos, el feminismo, la defensa del medioambiente, los organismos autónomos son inventos de los neoliberales "para robar".

También es alérgico a las garantías individuales, al pluralismo, a la transparencia, a la libertad de expresión, a la separación de poderes, a la diversidad cultural, a la democracia.

Sus pasos hacia la tiranía han sido constantes desde que asumió la Presidencia. Lo han frenado, en primer lugar, periodistas e intelectuales con claridad y valor para señalar sus embates dictatoriales. Una y otra vez ataca López Obrador. La prensa, con todos los defectos que le quieran señalar o inventar, lo ha frenado. Y con ella han tomado valor jueces, magistrados, legisladores, ministros, funcionarios de órganos autónomos, médicos, científicos. Utilizó contra ellos la calumnia, la denigración pública para minar su autoridad moral o intelectual, para golpear su ánimo. No ha podido. Su marcha sobre México, sobre las instituciones, a paso de ganso, como la quería, ha tropezado con mexicanos valientes.

Ante esas resistencias tan molestas e inesperadas, en enero de 2020 mandó a su secretaria de Gobernación, Olga Sánchez Cordero, al fiscal general de la República, Alejandro Gertz Manero, y al asesor jurídico de la Presidencia, Julio Scherer Ibarra, a que presentaran ante la Junta de Coordinación

Política del Senado un paquete de cambios constitucionales para anular garantías individuales y la libertad de expresión.

En ese acto "el gobierno enseñó lo que pretende construir: una tiranía", escribí el 20 de enero de ese año.[19]

Argumenté: "Como no pueden con la tarea de gobernar, van por la anulación de garantías, la facultad de encarcelar a opositores, empresarios, críticos, periodistas y ciudadanos en general, con pretextos menores".

El paquete de reformas, cuya versión se filtró a los medios, fue pospuesto luego de que el líder de Morena en el Senado, Ricardo Monreal, les dijo que eso era una locura, impasable. Pero la intención quedó al descubierto.

Entre las propuestas del Ejecutivo destaca ampliar el arraigo a todos los delitos, no sólo a delincuencia organizada. Cualquier persona acusada sería susceptible de ser arraigada en la cárcel, en una casa de la FGR, en separos o donde haya espacio, antes de iniciar un juicio. No importa que el señalado sea inocente: basta la acusación.

"Más soviético, imposible", acoté.

Las reformas también planteaban autorizar las intervenciones telefónicas en temas fiscales y electorales. Así, toda persona sería sujeta de sospecha por evasión fiscal. "Se acabó la privacidad para los ciudadanos porque vivirán intervenidos, bajo sospecha". Desde los dueños de una compañía, sus directivos, los contadores, hasta simples contribuyentes "podrán ser espiados, legalmente, sin derecho a reclamar", apunté.

Incluso, cualquier ciudadano que simplemente no comulgue con el gobierno, aunque nada deba, tendría motivos para sentir temor: "Sus vidas privadas, con los pecadillos personales —que son privados y no asunto del Estado—, estarán expuestos a la exhibición pública".

[19] Pablo Hiriart, "Ya mostró sus intenciones", columna "Uso de Razón", en *El Financiero*, 20 de enero de 2020.

"Así el clima de terror se extiende a prácticamente toda la población [...] Que los ciudadanos se sientan atemorizados ante el gobierno que tiene en sus manos su vida privada y su libertad", escribí.

De acuerdo con la propuesta de reformas, serían legales las intervenciones de las comunicaciones privadas ante sospechas de delitos electorales. Y como el gobierno tiene derecho a sospechar de todos los dirigentes opositores, tendrá el garrote en la mano. Además, el arraigo con la sola acusación será legal.

Los propios miembros de Morena podrían ser espiados legalmente. Basta la sospecha de que cometieron un delito electoral para que sus conversaciones telefónicas sean intervenidas. Con ello se inhibe la crítica y se previenen deserciones, pues esas escuchas telefónicas pueden usarse para desprestigiarlos o encarcelarlos.

"Así quieren controlar a la población", reiteré.

Señalé que había algo todavía peor: la propuesta oficial planteaba validar en un proceso las pruebas obtenidas de manera ilícita.

"Con lo anterior se legalizan la tortura y la extorsión de parte del gobierno. La confesión que quieran, contra quien quieran, la pueden obtener mediante el suplicio o el chantaje y pretenden que sea legal".

Precisé: la propuesta pide reincorporar al Código Penal, con cárcel de seis meses a seis años, el delito de "la imputación que se hace a otro de un hecho cierto o falso [...] Mientras se desarrolla el juicio, un imputado quedará preso en una casa de arraigo de la FGR o en las mazmorras que elija el régimen".

"¿Verdad que no nos equivocamos durante años, cuando señalábamos a AMLO con tendencias dictatoriales? ¿Ya se dieron cuenta, distinguidos intelectuales y académicos, a quiénes llevaron al poder?", pregunté.

Para remachar, añadí, el gobierno plantea reformar el derecho de amparo, que es la joya de nuestra Constitución contra los abusos del poder.

"Todo lo anterior es la construcción de una tiranía. No es propaganda de los malquerientes de López Obrador ni de Morena. Lo hicieron los más altos funcionarios del gobierno".

"Ésas son sus intenciones", concluí.

Sin embargo, el presidente López Obrador declaró el 20 de enero que no sabía del anteproyecto de reformas al sistema judicial.

"¿Su equipo elaboró y llevó al Senado un paquete con reformas a 14 artículos de la Constitución y un nuevo Código Penal, para toda la República, sin decirle nada a su jefe ni explicarle el contenido?", pregunté el 30 de enero de ese año en una columna en la que volví sobre el tema.[20]

"O el Presidente está perdido, o sus colaboradores no lo respetan, o conocía el anteproyecto y estuvo de acuerdo", analicé.

Y es que no había duda: del gobierno y de nadie más salió ese Anteproyecto de Reformas Constitucionales y un Nuevo Código Nacional de Procedimientos Penales.

Y precisé algunas de las aberraciones contenidas en ese anteproyecto de Código Penal. Por ejemplo, el artículo 157 estipulaba el arraigo ante la acusación de cualquier delito, a solicitud del Ministerio Público. "Arbitrariedad, indefensión y corrupción aseguradas", acoté. Y el artículo 16 autorizaba la intervención de comunicaciones privadas en materia fiscal y electoral, por lo que "todos estaremos expuestos a ser espiados legalmente por el gobierno".

Más: "Se pretende desaparecer al juez de control (encargado de frenar los abusos y fallas del Ministerio Público) y se establece la 'averiguación judicial': investigan el juez y el MP".

---

[20] Pablo Hiriart, "Libertades amenazadas: vuelve el ataque", columna "Uso de Razón", en *El Financiero*, 30 de enero de 2020.

Cité al maestro Rodolfo Félix Cárdenas, quien en un riguroso análisis sobre el tema[21] sostuvo que se regresaba a la figura que impuso el dictador Porfirio Díaz en el Código Penal de 1880, revertida en 1917 por Venustiano Carranza, en la que una persona es investigada, procesada y juzgada por un solo juez, que además presume su culpabilidad (artículos 309, 382 y 436 del anteproyecto de Código Penal).

Así, no había defensor que pudiera contra un juez que acuse, investigue, valore sus propias pruebas y luego dicte sentencia.

Pregunté: "¿De dónde salió ese anteproyecto de decreto por el que se reforman los artículos 5, 16, 18, 19, 20, 21, 73, 76, 94, 97, 101, 102, 116 y 122 de la Constitución Política de los Estados Unidos Mexicanos que, entre otras cosas, impide al denunciado, por el delito que sea, tener acceso a las pruebas que dice tener el MP?".

Y continué: "Se trata de una embestida contra las libertades políticas e individuales, y también contra las empresas establecidas en México que, igual que todos nosotros, perderán el derecho a la imparcialidad judicial si prospera un proyecto de ese calado. Bonita forma de invitar a invertir en el país".

Advertí que no era el único aviso de que Morena va por el atropello a las libertades para tener control político. Recordé que la fracción parlamentaria de ese partido en la Cámara de Diputados intentó en dos ocasiones que, ante la sospecha de evasión fiscal, la Unidad de Inteligencia Financiera pidiera al banco congelar cuentas sin que mediara la notificación de un juez.

"¿Ante quién se iba a defender el ciudadano? ¿Ante un juez? No, ante la Unidad de Inteligencia Financiera, que es juez y parte. El resto ya lo sabemos: prisión preventiva al igualarse la

[21] Rodolfo Félix Cárdenas, *Anteproyectos de reforma constitucional y de un nuevo Código Nacional de Procedimientos Penales de la Fiscalía General de la Nación y fundamento ideológico*, Ciudad de México, 21 de enero de 2020, <https://interactivo.eluniversal.com.mx/online/pdf-20/PDF-rodolfo-felix.pdf>.

presunción de fraude fiscal a delincuencia y sujeta a extinción de dominio, antes de que un juez dictara sentencia. Si el sospechoso resultaba inocente, igual perdía sus propiedades que ya habrían pasado a manos del gobierno, vía el Instituto para Devolverle al Pueblo lo Robado".

Recordé que eso se frenó temporalmente gracias a la actitud valiente de la diputada morenista Lidia García, y de los diputados priistas Dulce María Sauri y Enrique Ochoa. "Lo que no se pudo frenar fue la imposición de la nueva titular de la Comisión Nacional de los Derechos Humanos, Rosario Piedra. Una gris funcionaria de Morena al servicio del presidente. Adiós a la defensa del ciudadano atropellado por el gobierno".

Antes, en septiembre de 2019, había llamado la atención sobre otras señales de alerta:[22] la ley que equipara fraude fiscal con delincuencia organizada, en la que el acusado va a la cárcel sin haber sido declarado culpable.

Expliqué: "El tema es mucho más grave de lo que parece. Irá a la cárcel el que quiera el gobierno, no el que haya cometido un delito. Y se le quitarán sus bienes, aunque hayan sido adquiridos legalmente, porque al ser delito grave aplica la reciente Ley de Extinción de Dominio. No los podrá recuperar nunca, aun y cuando después del juicio, que enfrentará desde la cárcel, sea declarado inocente".

López Obrador fustigó al PRI y al PAN por oponerse en el Congreso a castigar como delito grave la expedición de facturas falsas y la evasión fiscal. En realidad, anoté, a lo que ambos partidos se oponían era a nulificar la presunción de inocencia que plantea esa ley.

En los hechos, no era únicamente por facturas falsas que un ciudadano puede ir a prisión sin juicio previo. "Con la sola

[22] Pablo Hiriart. "El principio de una tiranía", columna "Uso de Razón", en *El Financiero*, 17 de septiembre de 2019.

sospecha del auditor fiscal de que hay evasión de impuestos con dolo, el auditado va a la cárcel", expliqué.

"La sola sospecha del morenismo gobernante llevará a un empresario a la cárcel y le quitarán sus bienes, que serán rematados por el Instituto para Devolverle al Pueblo lo Robado. No importa si es culpable o inocente. El desenlace es exactamente el mismo: cárcel y despojo de sus bienes al ciudadano sobre el cual recaen las sospechas del gobierno".

Más aún, "podrán usar, porque será legal, esa herramienta contra sus adversarios políticos. Contra empresarios que financien medios de comunicación críticos. O simplemente contra los que no se alineen con el gobierno".

"Estamos ante el principio de una tiranía. ¿No lo vemos?", pregunté.

Cuando las leyes estorban

Antidemocrático lo fue siempre. Y lo que se olvidó, o quiso olvidar, es que también es reacio a la rendición de cuentas, cuando se trata de sí mismo. Él no le rinde cuentas a nadie. Lo mostró en la Jefatura de Gobierno del Distrito Federal y lo aplicó desde la Presidencia. Todo el manejo del dinero de lo que su gobierno haga o construya, queda en secreto. Lo dispuso a través del acuerdo presidencial —el llamado "decretazo"— del 22 de noviembre de 2021,[23] cuyos tres artículos estipulan:

---

[23] "Acuerdo por el que se instruye a las dependencias y entidades de la Administración Pública Federal a realizar las acciones que se indican, en relación con los proyectos y obras del Gobierno de México considerados de interés público y seguridad nacional, así como prioritarios y estratégicos para el desarrollo nacional", Secretaría de Gobernación, en *Diario Oficial de la Federación*, 22 de noviembre de 2021, <https://dof.gob.mx/nota_detalle.php?codigo=5635985&fecha=22/11/2021#gsc.tab=0>.

1.- Se declara de interés público y seguridad nacional la realización de proyectos y obras a cargo del Gobierno de México asociados a infraestructura de los sectores comunicaciones, telecomunicaciones, aduanero, fronterizo, hidráulico, hídrico, medio ambiente, turístico, salud, vías férreas, ferrocarriles en todas sus modalidades, energético, puertos, aeropuertos y aquellos que, por su objeto, características, naturaleza, complejidad y magnitud, se consideren prioritarios y/o estratégicos para el desarrollo nacional.

2.- Se instruye a las dependencias y entidades de la Administración Pública Federal a otorgar la autorización provisional a la presentación y/u obtención de los dictámenes, permisos o licencias necesarias para iniciar los proyectos u obras a que se refiere el artículo anterior, y con ello garantizar su ejecución oportuna, el beneficio social esperado y el ejercicio de los presupuestos autorizados.

La autorización provisional será emitida en un plazo máximo de cinco días hábiles contados a partir de la presentación de la solicitud correspondiente. Transcurrido dicho plazo sin que se emita una autorización provisional expresa, se considerará resuelta en sentido positivo.

3.- La autorización provisional tendrá una vigencia de 12 meses, contados a partir de su emisión, periodo en el cual se deberá obtener, conforme a las disposiciones aplicables, la autorización definitiva.

José Woldenberg, en su artículo del 30 de noviembre de ese año en *El Universal*,[24] sintetizó el sentido del acuerdo presidencial:

Si mis deseos se topan con normas constitucionales y legales, e incluso tratados internacionales, que puedan contradecirlos, deben prevalecer mis deseos. Mi voluntad es suprema y aquello que se le oponga

[24] José Woldenberg, "El presidente por encima de todo", en *El Universal*, 30 de noviembre de 2021.

debe ser removido. El presidente y su gabinete, que lo acompaña con sus firmas, nos han dicho y ordenado que años de construcción de una legislación que intenta evaluar y modular proyectos, garantizar derechos de los posibles afectados y sopesar sus consecuencias, no es más que un estorbo que impide que la buena voluntad del Ejecutivo pueda desplegarse sin molestas interferencias".

Las cuatro derrotas de AMLO

Durante su primer trienio al frente del Gobierno Federal, López Obrador buscó imponer una tiranía mediante cambios legales, y garantizar su permanencia en la Presidencia de la República más allá de los plazos constitucionales. Baja California fue el escenario donde se estrenó el laboratorio de la extensión del mandato del Ejecutivo, porque la iniciativa para ampliar el periodo de dos a cinco años al gobernador de esa entidad no nació de una idea aislada de un hombre ambicioso, el morenista Jaime Bonilla, sino como una propuesta de la secretaria de Gobernación, Olga Sánchez Cordero, y de la presidenta de Morena, Yeidckol Polevnsky; y le fue presentada al dirigente nacional del PAN, Marko Cortés.

En mi columna "Uso de Razón" del 30 de julio de 2019[25] relaté que el 7 de mayo de ese año, menos de un mes antes de las elecciones en Baja California, el presidente del Congreso estatal, el priista Benjamín Robles, dijo en rueda de prensa que hacía responsables de lo que pudiera sucederle a él y a su familia, al director general de Aduanas, Alejandro Miramontes, y al subsecretario de Gobernación, Ricardo Peralta, porque lo presionaban a citar a periodo extraordinario a fin de cambiar la ley y ampliar "a cinco o seis años" el periodo del siguiente gobierno.

---

[25] Pablo Hiriart, "Ley Bonilla: fue el gobierno", columna "Uso de Razón", en *El Financiero*, 30 de julio de 2019.

Dijo que le habían ofrecido una "cantidad fuerte, estamos hablando de un millón de dólares", por citar a sesión y cambiar la ley. Pidió entonces instrucciones al Comité Ejecutivo Nacional de su partido y Arturo Zamora, secretario general del PRI, le respondió "terminantemente que no".

En esa columna hablé de la presencia en Baja California del subsecretario de Gobernación, Ricardo Peralta, quien, según Robles, llevaba las instrucciones a esa entidad y a quien responsabilizó de la maniobra. De acuerdo con esta versión, Peralta presionó a los magistrados electorales de Baja California para ampliar el mandato del siguiente gobernador a cinco años. Ellos accedieron en dos ocasiones y en los dos intentos recibieron el revés del Tribunal Electoral del Poder Judicial de la Federación, por ser inconstitucional.

Lo que ocurrió después es historia conocida: el 2 de junio de 2019 se realizaron elecciones a gobernador para un periodo de dos años. Como se esperaba, ganó Jaime Bonilla. El 9 de julio, el Congreso local, con mayoría panista, aprobó con 21 votos a favor, uno nulo y tres absencias la reforma al artículo 8 transitorio de la Constitución de la entidad para ampliar el periodo del gobierno de dos a cinco años. Luego, con irregularidades de por medio, la reforma fue avalada por los cabildos de la mayoría de los municipios del estado. Ya era un escándalo. Para dar una apariencia de legitimidad, el gobierno local impulsó una "consulta ciudadana" —descalificada, por cierto, por el INE— en la que sólo participó 1.9% de los electores bajacalifornianos y en la que 84% de ellos se pronunció por extender el periodo. Llovieron los recursos de inconsitucionalidad presentados por la Comisión Nacional de Derechos Humanos (CNDH) y las dirigencias de los partidos PRI, PAN, PRD y Movimiento Ciudadano (MC), entre otros. En virtud de estos recursos, el 11 de mayo de 2020, la Suprema Corte de Justicia de la Nación declaró en forma unánime inválida la llamada Ley Bonilla.

Cuando el escándalo estalló, el subsecretario Peralta dijo que lo aprobado por el Congreso de Baja California era legal. Su jefa, Olga Sánchez Cordero, declaró que como exministra de la Corte afirmaba que lo aprobado en BC violaba la Constitución, pero como secretaria de Gobernación era respetuosa del Congreso local —"es decir, la secretaria de Gobernación respeta que se viole la Constitución", apunté—;[26] y el propio presidente López Obrador aseguró que lo ocurrido en Baja California no significaba el camino a la reelección como algunas voces de la oposición habían declarado; además, dijo no tener injerencia alguna en dicho estado y no haber sido consultado como en "otros tiempos ocurría".

"Todo un batidillo en el que el Gobierno Federal tiene las manos metidas, presionó, y desde el gobierno se movieron los hilos (o el dinero) para 'convencer' a los diputados locales, como lo declaró el presidente del Congreso, Benjamín Robles", escribí.

Y expliqué cuál podría ser la operación para salvar la palabra del presidente —que jura que no se va a reelegir—, al tiempo que se mantiene en el poder: "Basta con que el Congreso federal le amplíe su mandato para continuar en el poder sin violar su compromiso".

Expuse que "la presión en los medios mandó una sonora expresión de rechazo a los ministros de la Suprema Corte —algunos de ellos más partidarios de López Obrador que de la Constitución—, que estuvieran tentados de avalar con su voto la extensión del periodo de un Ejecutivo, y frenaron la Ley Bonilla".

A ese primer revés, el presidente respondió con una segunda tentativa: propuso la extensión del mandato del presidente de la Corte, Arturo Zaldívar.

---

[26] Pablo Hiriart, "Ley Bonilla: fue el gobierno", columna "Uso de Razón", *op. cit.*

"Era algo ilegal, a todas luces inconstitucional, pero Zaldívar guardó silencio, en lugar de abortar ese intento de golpe a la Carta Magna con una negativa rápida", anoté.

Pero también en esa ocasión perdió el presidente.

Y a esa derrota le seguiría otra en el ámbito internacional: el triunfo de Joseph Biden en Estados Unidos.

"El candidato del presidente López Obrador, Donald Trump, fue vencido por más de 7 millones de votos. No fue una apuesta inocente apoyar al candidato presidencial anti-mexicano, sino que ahí estaba el respaldo del gobierno de Estados Unidos a la extensión del mandato de Andrés Manuel López Obrador", señalé.

Y recordé que "el presidente Trump ya le había expresado al entonces mandatario mexicano Enrique Peña Nieto que lo ayudara con la construcción del muro fronterizo y entonces a él le daría mucho gusto que el pueblo mexicano pidiera cambiar la Constitución y él (Peña Nieto) se pudiera reelegir".

Ahí estuvo uno de los principales alicientes del nuevo mandatario mexicano para alinearse con Donald Trump. Al vecino del norte no le importaban la democracia ni los derechos humanos, ni el Estado de derecho ni el medio ambiente en México: sólo quería mano de hierro en el control migratorio y el presidente que se lo diera tendría manos libres.

Pero no ganó Trump. Con su derrota se cayeron dos reelecciones, la suya y la de Andrés Manuel López Obrador.

El cuarto varapalo a los propósitos de extender su mandato presidencial, lo recibió de los electores el primer domingo de junio de 2021. Morena y sus aliados no lograron la mayoría calificada en la Cámara de Diputados para modificar a placer la Constitución. Nada espectacular la votación alcanzada por el partido gobernante: 34.1%, y sus aliados Verde (5.4%) y PT (3.2%).

Fueron las elecciones más violentas en la historia contemporánea de México, con la participación homicida de los cárteles del narcotráfico en favor de Morena. Hubo en ellas 90 crímenes políticos y 35 candidatos fueron asesinados. Cercano al presidente, el Cártel del Pacífico intervino en la elección para gobernador en Sinaloa y muy probablemente en Baja California Sur y Sonora.

Esas cuatro derrotas de AMLO minaron sus posibilidades de prolongarse en el poder, pero ¿lo hicieron desistir de su propósito? ¿Si pierde su candidata o candidato presidencial, va a entregar la banda tricolor a un panista o a un priista?

Es imposible adelantar un "no" como respuesta a ambas preguntas, sólo porque él lo haya dicho. Su biografía nos lo enseña.

CAPÍTULO V

LAS CONSECUENCIAS

E l día en que Andrés Manuel López Obrador asumió la Presidencia de la República hizo promesas y asumió compromisos en dos muy aplaudidos discursos, en el Congreso de la Unión y en Zócalo de la Ciudad de México.

Gran entusiasmo por el cambio, luego de avances que tardarían en dar frutos y no fueron acompañados por una acción política de convencimiento, sino por frivolidad, frialdad y corrupción pública y privada.

Explicable la esperanza en AMLO y sus compromisos de parte de quienes no lo conocían.

Todo fue mentira.

Pero la mentira no es el único rasgo que lo caracteriza en el ejercicio del poder. En sus declaraciones y decisiones asoman sin pudor el autoritarismo, la manipulación, el maniqueísmo, los deseos de venganza, las ideas fijas, el narcisismo y la megalomanía; todo ello con impacto directo en las acciones de gobierno y en el diseño y ejecución de políticas públicas.

A poco más de cuatro años de iniciado su sexenio, el balance es desastroso: México sufre un dramático retroceso en los rubros que le dan viabilidad. La involución ocurre incluso en aquellos ámbitos que López Obrador convirtió en estandartes durante su campaña electoral: crecimiento económico, seguridad pública, combate a la corrupción y combate a la pobreza.

En este capítulo personas destacadas en sus respectivas áreas de conocimiento y experiencia diseccionan tanto el estilo de ejercer el poder del presidente López Obrador como las políticas públicas que éste instauró como ejes de su gestión gubernamental. Sus análisis y reflexiones son producto de entrevistas realizadas entre febrero y abril de 2022. Fueron hechas por escrito, vía correo electrónico, salvo los casos del licenciado Ignacio Morales Lechuga y del doctor José Narro, a quienes entrevisté por Zoom. El doctor Guillermo Valdés Castellanos respondió las preguntas sobre seguridad nacional y grupos criminales en paquete, con un ensayo elaborado para este libro; y el doctor José Ramón Cossío envió sus respuestas videograbadas. Las entrevistas se presentan divididas por temas y se ordenaron, fundamentalmente, conforme fueron llegando. Muchas gracias a cada uno de ellos por haber dedicado parte de su valioso tiempo a elaborar sus respuestas que, en mi opinión, reflejan el daño causado a México por la acción destructiva del presidente Andrés Manuel López Obrador.

Cuando el desprecio por la verdad viene de Palacio

Jesús Silva-Herzog Márquez[1]

- Es enorme el daño de una política de la mentira, como la que practica cotidianamente el presidente.
- Miente porque se ha rodeado de incondicionales que lo secundan en cualquier dicho, por absurdo que sea.

---

[1] Periodista, escritor y analista. Buena parte de sus artículos y ensayos están enfocados en la ciencia política comparada, la teoría política y la historia de las ideas políticas.

¿Por qué miente tanto el presidente?

Porque no le cuesta. Hasta el momento no lo ha desacreditado públicamente ese recuento de mentiras cotidianas. No parece haber una exigencia periodística severa ni tampoco una reacción colectiva enérgica ante esas falsedades cotidianas. Miente también porque se ha rodeado de incondicionales que lo secundan en cualquier dicho, por absurdo que sea. No hay en su entorno personajes que lo conminen a confrontar los hechos y a reconocer los efectos de sus políticas, que le muestren datos incontrovertibles, que lo expongan a una realidad que se aparte de su preconcepción. El equipo que ha formado el presidente, los entusiastas de su causa, asienten cuando decreta que en la Cuarta Transformación ya no hay corrupción.

Creo que también valdría hacer una distinción entre las mentiras y el autoengaño. Mi impresión es que el presidente se engaña a sí mismo hasta persuadirse de que México es el país que él se imagina y no el que los datos le muestran. El mentiroso sabe cuál es la verdad y se dedica a negarla. Quien se autoengaña ha perdido ya esa relación con la realidad. Me parece que quien se engaña a sí mismo es más nocivo que quien engaña a otros, porque es ya incapaz de hacer contacto con la realidad. Mi impresión es que López Obrador simplemente no puede permitirse reconocer esa realidad que le es en tantos frentes desfavorable. Prefiere por eso cerrar los ojos a cualquier contrariedad para seguir viviendo en su mundo de fantasía, ese mundo en donde todo cambió en 2018, donde no hay corrupción, donde hay una revolución de las conciencias, etcétera, etcétera.

¿Cuál es tu evaluación del daño?

Es enorme el daño de una política de la mentira como la que practica cotidianamente el presidente. Creo que no puede haber diálogo democrático si no existe un mínimo respeto a la verdad.

En primer lugar, ¿qué conducción administrativa puede haber si la cabeza del gobierno no incorpora la información que produce y que recoge la administración pública? ¿De qué manera puede hacerse un diagnóstico de los problemas si no se respetan los medidores que vienen de las fuentes más confiables? ¿Cómo se puede conocer el impacto de las decisiones y el efecto de las políticas si el presidente reside en el mundo de datos alternativos?

El desprecio por la información pública debilita a las instituciones del Estado, debilita a la administración y envía una señal perversa: lo que cuenta es la supuesta "autoridad moral" de quien habla y no la solidez de su argumento o la validez de la información que le sirve de fundamento. El desprecio por la verdad se acompaña de esa manera de una retórica en donde importa el compromiso político de quien habla: si es de los nuestros, ha de tenerse válida su información; si es del bloque conservador, hay que dar por inválida su fuente.

¿Por qué no hay reacción social? ¿No importa la verdad?

Coincido en que la reacción es mínima y que no hay, en realidad, castigo social.

Creo que cuando hablamos de estos temas el lopezobradorismo se muestra como un fenómeno muy contemporáneo. Hay un cinismo generalizado en el presente. Lo vimos con Trump, un hombre que pudo escalar a la Presidencia a base de mentiras y que con todas las mentiras que difundió de la elección sigue controlando al Partido Republicano. Ahí está Putin también describiendo su invasión como operación de salvamento de los ucranianos para salvarlos de los nazis. Creo que, en efecto, vivimos en la era de la posverdad. Al cinismo de la clase política se agrega el desinterés de la ciudadanía por la verdad. Lo importante, parece ser, es que me digan aquello que me complace, aquello que me hace sentir bien. Si es mentira, da igual...

En ese sentido sí creo que la verdad tiene un sitio distinto en la política contemporánea. Espero no ser ingenuo sugiriendo que antes la política se conducía con absoluto apego a la verdad. Lo que creo es que antes existían, por llamarlos de alguna manera, vigías de la

veracidad que permitían orientar a la opinión pública, la cual, en principio, castigaría a los mentirosos.

¿Te preocupa el desencanto?

Creo que, inevitablemente, llegará. Pero lo imagino parcial. Una porción importante de los votantes de Morena en 2018, esa franja que
no era realmente de entusiastas de López Obrador ni creyentes en el
"proyecto", pero que fueron votantes que vieron en él un castigo a las
administraciones anteriores, verá el contraste entre lo prometido y lo
provocado y buscará otras opciones electorales.

Al mismo tiempo, creo que el impacto del lopezobradorismo es
mucho más profundo y duradero. Me parece que hay una porción
importante del lopezobradorismo cuya lealtad al dirigente no depende de lo que suceda. Si el país va a la ruina, la culpa no será de López
Obrador sino de quienes no le permitieron llevarnos al paraíso. La lógica de la conspiración es perfecta para eso: todo lo que no funcione
será culpa de los malvados, de los gobiernos anteriores, de los golpistas, de los conservadores, etcétera. A este grupo de lopezobradoristas
no lo imagino decepcionable.

El recurso de la realidad alternativa

José Woldenberg[2]

- Las mentiras del presidente contribuyen a un debate
  viciado, no sólo improductivo sino altamente polarizador.

[2] Consejero presidente del IFE de 1996 a 2003. Exdirector de la revista
Nexos. Fue miembro del Consejo Sindical del STUNAM y militante y dirigente
de los partidos PSUM (1981-1987), PMS (1987-1989) y PRD (1989-1991).

- Miente porque quiere crear una realidad alternativa. No ha podido contener la violencia, la corrupción parece expandirse sin freno y la economía decrece.

¿Por qué miente el presidente?

Porque puede y porque quiere crear una realidad alternativa. Tengo la impresión de que en 2006 tomó nota de que acuñando una "verdad alternativa" (es decir, una flagrante mentira) muchas personas la creían. Aquel invento de un fraude electoral fue literalmente asumido por un tercio de la población (según encuestas de aquel entonces) y se convirtió en una "realidad" para millones de personas.

Ahora, desde la Presidencia, el recurso es cotidiano porque la información que ofrecen las diferentes agencias estatales e instituciones privadas demuestran que su política no funciona. La economía decrece (por supuesto, parte se explica por el impacto de la pandemia), los pobres son más en términos absolutos y relativos e incluso hay un descenso de las capas medias. Ante ello, su reacción es edificar a través del discurso una realidad inexistente, pero que sabe que muchos la creerán.

Miente, además, porque sabe explotar un profundo resentimiento con los gobiernos anteriores y sabe también que muchas personas quieren creer, quieren asirse de una esperanza, desean que realmente suceda lo que el presidente dice. Es un recurso innoble utilizado por un presidente que debería tener un compromiso sólido con la verdad.

¿Cuál es tu evaluación del daño a la sociedad cuando el presidente dice mentiras?

Es un daño muy profundo, porque el espacio público se convierte en todo lo contrario de lo que debe ser en una sociedad democrática. Me explico: en teoría, en el espacio público democrático es natural que existan diferentes diagnósticos y propuestas en relación con los distintos problemas. Esas expresiones, si están sustentadas, si existen argumentos, evidencias, tienden a robustecer la conversación y a dotar a los ciudadanos de información pertinente y opciones diferenciadas o complementarias. En teoría eso hace que la comprensión de lo que sucede y de sus posibles soluciones sea más sólida, menos "impresionista", y por ello más productiva.

Por el contrario, si el espacio público es invadido por "otros datos", ocurrencias, inventos, etcétera, el debate se degrada y la comprensión de nuestro entorno se nubla y en ocasiones incluso se vuelve imposible. Un ejemplo: durante años, décadas, las cifras del Consejo Nacional de Evaluación de la Política de Desarrollo Social (Coneval) o el Inegi fueron el piso sólido a partir del cual se evaluaban no sólo la evolución de la pobreza, sino muy distintos aspectos de la vida económica y social. Académicos, políticos, empresarios, sindicalistas, periodistas, etcétera, teníamos un piso común para la discusión. Había aproximaciones diferentes y explicaciones diversas, pero nadie (bueno, es un decir) se atrevía a poner en duda la legitimidad de esos resultados. Por ello, el debate podía ser duro, pero informado. Es más, esa información compartida era lo que permitía un auténtico intercambio de opiniones y por eso mismo el refrendo o la reorientación de las políticas. Pero si esa información compartida no es valorada, sino que se le desprecia con la reiteración de "otros datos" que nunca se muestran, la conversación se vuelve imposible.

Nuestro espacio público no sólo se está desgastando, sino también degradando porque, al parecer, lo mismo vale una voz autorizada que una ocurrencia, las cifras de instituciones acreditadas que el invento de una voz audaz. Y en ese contexto las mentiras del presidente contribuyen a un debate viciado de principio y por ello mismo no sólo es improductivo, sino altamente polarizador.

¿Dejo de importar la verdad?

Por supuesto, no. Los cínicos que se creen inteligentes repiten como loros la consigna atribuida a Goebbels, el propagandista de Hitler, de que una mentira repetida mil veces se convierte en verdad. No. Una mentira repetida hasta el infinito puede ser creída por muchos, pero no se convierte en verdad.

Quizá una de las tareas centrales de nuestra época sea precisamente ésa: la defensa de la verdad. Se que es difícil hablar de la Verdad (así, con mayúscula), pero en la política, la academia y el periodismo su búsqueda resulta obligada. Hay quienes incluso hablan de una época de "posverdad", en la cual, entre los medios, las redes y los circuitos que recorre la opinión, ya no importa tanto la verdad y lo significativo es el impacto de lo que se dice. Las campañas políticas, en buena medida, se convierten en desfiles de eslóganes simplificadores, frases "pegadoras", descalificaciones de los contrarios. Eso por supuesto hace que los planteamientos e iniciativas medianamente complejos no puedan abrirse espacio.

No obstante, por la salud de nuestra convivencia, por la salud de la política y la salud de la República es imprescindible distinguir entre la verdad y sus "sucedáneos" (las mentiras).

¿Te preocupa el desencanto de la gente cuando asimile que lo dicho por el presidente era mentira?

Primero, no soy tan optimista. Por supuesto muchas personas empiezan a darse cuenta de las mentiras y se desencantan; pero ceo que muchas otras, por desgracia, jamás lo aceptarán, porque eso supone reconocer que se equivocaron al depositar sus esperanzas. El asunto es complejo, porque cuando hablamos de la "gente" lo hacemos sobre un conjunto masivo, contradictorio, desigual. Lo que espero es que las oscilaciones en el humor público cambien ante la evidencia de la mala gestión de esta administración y pueda darse un relevo democrático.

Segundo. Sí me preocupa un desencanto más agregado al desencanto anterior. López Obrador triunfó, entre otras cosas, porque había un hartazgo con la vida política y sus agentes. Los partidos que lograron edificar un germinal sistema democrático parecieron darle la espalda a la cuestión social y si a eso le sumamos la espiral de violencia e inseguridad que marcó a zonas importantes del país y los fenómenos de corrupción que quedaron impunes, quizá podamos entender el desaliento que llevó al triunfo de AMLO. Las otras opciones, a los ojos de millones, parecieron desgastadas y millones depositaron su confianza en el actual presidente. De tal suerte que un nuevo y muy probable desencanto sea preocupante.

La presente administración no ha podido contener la violencia, la corrupción parece expandirse sin freno y la economía no sólo no crece, sino que decrece. Es un caldo de cultivo propicio para un nuevo desengaño. Por ello, como país, ojalá sepamos distinguir las normas, instituciones, relaciones y valores que ponen en pie la democracia, de las malas gestiones de los gobiernos. Porque me temo que podamos tirar al niño junto con el agua sucia.

Los réditos políticos del engaño

Francisco Martín Moreno[3]

- Ocupa el primer lugar como el mandatario más mentiroso en la historia de México, y no es menos cierto que es un presidente cruel.
- Miente y aprovecha que la mitad del público ignora la verdad o no le importa.

¿Por qué miente tanto el presidente?

El presidente miente porque, tal y como él mismo lo comentó en su momento, se siente indestructible, inalcanzable a la ley, intocable de cara a la sociedad y a la ley. Eso por un lado. Por el otro, sus mentiras están dirigidas a los millones de integrantes de su voto duro que en su mayoría no están informados ni leen los periódicos ni imaginan los

---

[3] Escritor y articulista. Buena parte de sus novelas están basadas en hechos históricos.

163

peligros que corren ni advierten la dimensión de los daños ya ocasionados por la 4T, en tan sólo tres años de la "administración" (entre comillas, por supuesto) en curso.

A su público cautivo como esperanzado en un mejor porvenir le dedica incontables discursos, lo engaña alegando que "México es un país muy atractivo para la inversión extranjera", que "ahora existe finalmente un Estado de derecho", que "se respetan las leyes", que "no hay autoritarismo", que "se ha limitado el Poder Ejecutivo como antes no acontecía", que "ahora el presidente no manda y que él es respetuoso del Poder Legislativo y del Judicial" y que "ya nada es como antes". El hecho de vender el avión presidencial para destinar los recursos obtenidos a hospitales y escuelas, desde luego que encantó al voto duro del presidente. Sin embargo, el avión no se vendió, sino que se rifó, lo cual convenció a los seguidores de Morena de las ventajas de deshacerse de lujos cuando en México existen 60 millones de pobres, por lo que era un insulto a la nación el hecho de ser propietario de un avión "que ni siquiera lo tenía el presidente Obama", otro embuste más sólo digerible para las masas depauperadas e ignorantes.

El avión presidencial no se usa, se deteriora en las bodegas del Ejército, ni se vendió ni se logró rifar; pero eso sí, los contribuyentes seguimos pagando los cargos por concepto de arrendamiento financiero con nuestros impuestos. Lo anterior, sólo a título de ejemplo. El gigantesco embuste, vertido sin piedad, prosperó e hizo ganar enormes espacios sociales y políticos a López Obrador y a los suyos, de la misma manera en que convenció a millones con la mentira de la existencia de corrupción en el aeropuerto de Texcoco, mismo que clausurará para construir uno nuevo y más moderno y barato. Falso. No encarceló a nadie y el costo de la cancelación superó los 400 mil millones de pesos, en un país en donde 40% de las escuelas primarias rurales carece de servicios sanitarios para los estudiantes. De nueva cuenta: el engaño le reportó enormes beneficios políticos, a pesar de ser un aeródromo propio de un municipio rico, pero en ningún caso para satisfacer las necesidades aéreas de una concentración humana de más de 20 millones de personas.

¿Cuál es tu evaluación del daño a la sociedad cuando el presidente dice mentiras todos los días?

Cuando realizó una visita a Washington, López Obrador se atrevió a declarar ante Trump que había recibido de él comprensión y respeto, que "jamás había pretendido tratarnos como colonia" y por esa razón él estaba en la Casa Blanca, "para expresar al pueblo de Estados Unidos que su presidente se había comportado hacia México con gentileza y respeto". Insisto, la mayoría de los integrantes del voto duro de López Obrador ignoraba la existencia de la construcción de un muro entre México y Estados Unidos, como tampoco sabía que Trump estaba tan orgulloso de su obra que la consideraba "una belleza", cuando al mismo tiempo afirmaba que en Estados Unidos "nadie creería las malas personas que son los mexicanos, porque no son personas, sino animales", además de "violadores, asesinos y drogadictos". Por supuesto que el multitudinario grupo de votantes de Morena sólo supo de las declaraciones —ignominiosas pero, eso sí, de "buena voluntad"— de López Obrador en la Casa Blanca, ocultando las terribles descalificaciones de Trump hacia nosotros los mexicanos. La felonía cometida en contra de nosotros y de nuestros paisanos no produjo, sin embargo, efecto negativo alguno.

¿Qué sector de la población supo que el *Financial Times* de Londres había declarado que la cancelación del nuevo aeropuerto de la Ciudad de México, el NAICM, era una de "las decisiones más estúpidas tomada por presidente alguno"? Imposible que lo supieran. He ahí el poder de AMLO: la apatía, la resignación y la ignorancia. La inmensa mayoría de los seguidores de AMLO tampoco supieron las consecuencias de la cancelación de ProMéxico ni del Consejo Nacional de Promoción Turística ni de las rondas petroleras ni de las amenazas en contra de las inversiones multimillonarias en materia de energías limpias que violan el T-MEC, una erosión a la confianza internacional de México que provocó una voluminosa fuga de capitales, así como la contracción de la inversión extranjera que asustó a los empleadores, a los generadores de riqueza, con todas sus consecuencias. Por supuesto que los votantes de AMLO aceptaron su dicho en el sentido de que la cancelación de millones de empleos se había debido a la pandemia, sin saber ni entender la verdad consistente en que la 4T se había negado a inyectar recursos públicos para evitar la quiebra de cientos de miles de empresas, así como el daño patrimonial a millones de familias.

¿Cuántos saben en México que Pemex y la CFE pierden 850 millones de pesos al día? ¿Cuántos conocen el costo irracional de miles y más miles de millones de dólares de la refinería de Dos Bocas, cuando ya se fabrican masivamente automóviles eléctricos en todo el mundo? ¡Por supuesto que también ignoran que Santa Lucía carece de las imprescindibles licencias internacionales para permitir el aterrizaje y la salida de aviones foráneos, así como también ignoran que el Tren Maya nacerá muerto y envuelto en múltiples escándalos de corrupción e ineficiencia, como todas las obras faraónicas y suicidas de la 4T. ¿Se imaginarán el monstruoso desperdicio de recursos en nuestro país?

Claro que López Obrador miente y aprovecha que la mitad del público ignora la verdad o no le importa, como también desconoce la existencia de la "Casa Gris", sí, pero por otro lado él se sabe inaccesible a la ley como en los tiempos de Porfirio Díaz, el tirano, quien apoyado en sus inmensos poderes sabe que puede proceder con toda impunidad a violar la Constitución y las leyes, muy a pesar de haber jurado lo contrario. ¿Trump no llegó a declarar que él podía asesinar a una persona en plena luz del día en la Quinta Avenida, y su popularidad se mantendría intacta y ni siquiera sería arrestado? López Obrador tampoco le teme a la ley ni al poder económico de los empresarios ni le teme a la prensa ni a la oposición desde que por la vía de los hechos le son irrelevantes los escasos contrapesos políticos. ¿Acaso alguien se va a atrever a notificarle una multa en Palacio Nacional por haber violado la ley en lo que hace a la jornada de la Revocación de Mandato, entre otras violaciones más?

De la misma manera que desprecia la ley en México, piensa que puede hacer lo mismo en el T-MEC, el tratado comercial con Estados Unidos y Canadá, sin considerar el draconiano capítulo de sanciones por la violación de ese gran pacto trinacional. López Obrador actúa como si tampoco existieran consecuencias al respecto. Conclusión: el presidente de México se comporta como si fuera el amo y señor del país al estilo de Antonio López de Santa Anna que "gobernaba" México como lo hacía al dirigir su hacienda de Manga de Clavo, en Veracruz, al estilo de cualquier cacique veracruzano. AMLO miente y engaña porque no le preocupan las respuestas del público informado, por lo que, con sorprendente talento, lucra políticamente con los marginados, de quienes no sólo abusa por su histórica ignorancia, sino que compra su voto, los chantajea y soborna con los impuestos pagados por los mexicanos.

¿Por qué no hay reacción social? ¿No importa la verdad?

La sociedad mexicana ha sido incapaz de protestar históricamente ante los atropellos de sus líderes. Pensemos en Moctezuma Xocoyotzin, el *huey tlatoani*, a quien nadie podía atreverse a ver siquiera a los ojos. A partir de este supuesto, es fácil concluir que nadie podría tener el arrojo suicida de intentar refutarlo en público o en privado. ¿Quién? Las consecuencias podrían ser fatales.

A diferencia de una democracia como la que se impuso en las 13 colonias de Estados Unidos, con un Parlamento y un Estado de derecho, en México, el rey de España y el virrey de la Nueva España invariablemente tenían la última palabra ante sus súbditos: sí, súbditos, como con los que sueña AMLO, que humillaban la cabeza y acataban las instrucciones de una autoridad superior, ya fuera política o religiosa, a diferencia del respeto a un ciudadano. Después, una vez concluido el Virreinato y desaparecida la Santa Inquisición y sus sótanos, en donde se practicaban diferentes géneros de torturas, arribamos a la Independencia de México, al siglo XIX, donde, además de guerras, padecimos levantamientos armados, invasiones extranjeras, revoluciones domésticas y divisiones políticas y sociales, entre otras terribles calamidades. ¿Quién iba a protestar, acto seguido, después de los años de intolerancia durante el Porfiriato o a lo largo de la diarquía Obregón-Calles o de la dictadura perfecta? Los asesinatos de los periodistas estaban a la orden el día, sin llegar, claro está, a la situación tan perversa como por la que atraviesa actualmente nuestro país.

Si el presidente dice mentiras todos los días, la única manera de descubrir si se trata o no de un embuste más consiste en recurrir a la información, investigar los hechos, los cuales en su inmensa mayoría son inaccesibles para millones de mexicanos marginados, debidamente empadronados con sus respectivas credenciales del INE. Dichos compatriotas antes votaban por el partido tricolor, el de nuestro lábaro nacional, en el entendido de que lo hacían por la patria, del mismo modo que, en su ignorancia, a la fecha lo hacen por Morena, tal vez en buena parte porque sienten que honran a la Virgen del Tepeyac, pero eso sí, advertidos que de no sufragar en favor de dicho partido les serían canceladas las ayudas pecuniarias a los ancianos, madres solteras y becarios, entre otros beneficiarios más, que requieren de los recursos públicos para garantizarse una subsistencia mucho menos que decorosa. Entre las amenazas, las supersticiones y la ignorancia queda garantizado un voto duro en las urnas sólo para expandir aún más el drama de la exclusión, de la desesperación y de la perdición educativa. Si la solución fuera regalar dinero, ¿cuántos millones regalarían las grandes potencias, en lugar de generar empleos?

Ante la imposibilidad de demostrar la existencia de mentiras por la incapacidad de investigar los datos o por apatía o por indiferencia respecto a los medios de difusión masiva y a las redes sociales, o bien por una cierta resignación fundada en que todo esfuerzo es inútil y nunca nada cambiará salvo que sea para mal, la terca y cruda realidad económica y la sanitaria se sentará a la mesa de los desposeídos ahora que los recursos familiares no alcanzan para comprar la canasta básica, miles de chiquillos mueren de cáncer sin quimioterapias, continúan falleciendo más de 700 mil personas víctimas del covid-19, se siguen enlutando los hogares, ya que cada 15 minutos asesinan a un mexicano, y la violencia urbana genera crisis y la pérdida de millones de empleos.

Con independencia de que escuchen al presidente de la República o no, tarde o temprano la realidad habrá de empezar a entrar por la puerta de sus viviendas, con todo y el auxilio de las remesas, para sacudir por las solapas a los candorosos y esperanzados militantes de la 4T...

Además de palpar la verdad a través de las carteras huecas o de la visita a los hospitales o a los cementerios o a las morgues o a las escuelas vacías por deserción, existe otra forma de medir la popularidad y el desencanto del electorado sin echar mano de la prensa ni de las redes sociales. A partir del segundo año del "gobierno" de López Obrador, éste dejó de contratar vuelos en las aerolíneas nacionales, puesto que los insultos y las rechiflas no se hacían esperar. Por otro lado, al llegar a su destino esperaban grupos ciudadanos iracundos que amenazaban con volcar su lujosa camioneta blindada si el presidente no escuchaba y resolvía sus justificadas quejas ante la catarata de promesas incumplidas. Hoy en día, López Obrador viaja en aviones del Ejército a los aeropuertos de la República, de donde es trasladado en helicóptero a los lugares en los que llevará a cabo sus presentaciones, en el entendido de que previamente se filtrará a los asistentes para evitar preguntas incómodas, posiciones agresivas o hasta atentados en contra de su integridad física. Salvo bien pensadas excepciones, los controles son muy estrictos y rígidos como no existían al inicio de su administración. Hablamos de una popularidad divorciada de las encuestas que, como él mismo decía, podrían estar "cuchareadas".

Si bien es cierto que López Obrador ha dicho durante su administración más 80 mil mentiras y que ostenta el primer lugar como el mandatario más embustero en la historia de México, no es menos cierto que además de lo anterior AMLO es un mandatario cruel, ya que antes habíamos padecido gobernantes corruptos, frívolos, inútiles, golpistas, dictatoriales, depredadores, anacrónicos, suicidas, traidores, colaboracionistas, vende-patrias, ignorantes, alevosos, al igual que asesinos como Victoriano Huerta, pero nunca nos habíamos encontrado con un presidente cruel, poseído de una alarmante insensibilidad con la que ha conmocionado a una buena parte de la nación. AMLO no se conduele porque asesinen cada día a 12 mujeres ni promueve iniciativas para cambiar esta terrible realidad ni crea una fiscalía especializada en machismo criminal. Tuvo la audacia de cancelar los refugios para mujeres golpeadas, sepultándolas en un total desamparo. Por si lo anterior no fuera insuficiente, cerró 9 mil estancias infantiles dañando a 350 mil menores, además de cerrar las puertas de las escuelas de tiempo completo, en donde se alimentaban casi 4 millones de pequeñitos, además de recibir instrucción escolar, mientras sus madres se ganan la vida para ayudar al mantenimiento de la familia.

Bien, pues a pesar de todo lo anterior AMLO declaró no tener problemas de conciencia; tampoco por haber cancelado el Seguro Popular y Prospera, entre otras instituciones de ayuda definitiva a los marginados, como lo era la fundación del cáncer de mama. Con todo, declaró que "México es un país feliz, feliz", a pesar de los homicidios dolosos, de los desaparecidos y de los desempleados, porque gobernar para él era muy fácil, ya que acabaría con la violencia, con el narcotráfico y con la delincuencia en seis meses, al mismo tiempo que mandaría "al diablo a las instituciones de la República".

Una de las más preciadas esperanzas de cara a 2024 radica precisamente en las mujeres mexicanas, ya que integran 52% del Padrón Federal Electoral, además de que administran 80% de los ingresos de la familia, por lo cual son las primeras en resentir la falta de recursos provocada por el desempleo o la incapacidad de pagar los gastos debidos a la galopante inflación, o en padecer los horrores del desabasto de medicamentos. Ellas, nuestras mujeres, en 2024 tendrán la última palabra. Nuestro destino está en buena parte en sus manos, pues ellas son las que padecen antes que nadie la angustia de las carencias y quienes politizarán a la familia para llegar a las urnas con la fundada convicción de haber aprendido la lección de no votar jamás por un nuevo populista que vuelva a llegar al poder para destruir las instituciones nacionales, la confianza entre nosotros mismos, así como los grandes valores mexicanos.

Los contrapesos, bajo ataque

Federico Reyes Heroles[4]

- El presidente ha utilizado sin miramientos todos los recursos a su alcance para amedrentar y someter a personas clave en las instituciones democráticas y en los medios de comunicación.
- Ha intentado destruir la estructura institucional de los órganos reguladores, y dispara a diario metrallas de desprestigio a los contrapesos de su poder.

En México se han dado, paso a paso, instituciones y prácticas democráticas. El presidente López Obrador prometió ampliarlas, ¿así ha sido?

México venía construyendo instituciones democráticas desde hace décadas. Los diputados de partido —una forma incipiente de representación proporcional— de principios de los años sesenta son un referente ineludible. Imperfecta, la figura dio inicio a un diálogo entre la oposición y el régimen de partido dominante, casi único. A finales de los años setenta, con la reforma político-electoral de 1977, el régimen reconoció una profunda crisis de representación. El candidato a la Presidencia ganó con 100% de la votación. Esa reforma era política, no sólo electoral, en tanto que contemplaba otras medidas, por ejemplo: la amnistía o el derecho a la información pública que quedó plasmado en el artículo sexto de la Constitución y que sería regulado hasta el año 2002.

Desde entonces y de manera sucesiva se fue avanzando en diferentes frentes: lograr una creciente representación proporcional que retratara con fidelidad las diferentes expresiones políticas del país; la

---

[4] Escritor, académico y analista político. Fue presidente del Consejo Rector de Transparencia Mexicana y director de la revista *Este país, tendencias y opiniones*.

organización de órganos electorales y jurisdiccionales plenamente autónomos, lo cual llevó décadas; el ordenamiento de la vida interna de los partidos; el acceso de los mismos a los medios de comunicación; la representación partidaria con observación cruzada en las casillas electorales y los órganos distritales, y por supuesto en el Consejo General; el financiamiento de los partidos y un permanente impulso público al debate.

Lo primero era garantizar que las elecciones fueran limpias, creíbles, transparentes. Eso llevó tiempo en tanto que eran comunes los actos violentos en las casillas, sobre todo en lugares apartados. De ahí la necesidad de contar con observadores —yo mismo participé— tanto nacionales como extranjeros. Lentamente se edificó un andamiaje nacional, no sólo federal, que permitió fomentar una incipiente cultura política y ciudadana: los votos se cuentan por los propios ciudadanos, algo que en otros países resulta asombroso, las discusiones se llevan adelante frente a los representantes de partidos y los ciudadanos, las anomalías son sancionadas con multas y otros mecanismos y, finalmente, hay un orden jurídico para los delitos electorales.

Por supuesto hay pendientes. Un ejemplo: resulta absurdo que los consejeros electorales tengan que hacer cabildeo para obtener su postulación justo con las instancias que serán reguladas por ellos: los partidos políticos. También resulta poco conveniente el desfase temporal entre algunas decisiones del INE y las del Tribunal Electoral del Poder Judicial de la Federación. En fin, un ordenamiento legal siempre es perfectible. Eso precisamente se esperaba del presidente López Obrador: que continuará con la evolución de las normas que provienen de hace medio siglo.

Pero no fue así. Su afán por terminar con el pasado no respetó ni la democracia construida en buena parte por la izquierda. Utilizo el pretérito simple porque la tan anunciada próxima reforma electoral pareciera un contrasentido histórico de nuestra vida política. Por ejemplo, los diputados proporcionales son criticados desde el poder por ser demasiados. La discusión podría tener cierto grado de validez en tanto que 200 asientos brindan un grado de proporcionalidad marginalmente superior a cien. Pero lo que resulta verdaderamente inaceptable es negar la función equilibradora en el Legislativo de la figura proporcional. Huelga decir que los mayores beneficiarios han sido los opositores, incluido el actual gobierno. El planteamiento es una clara involución de nuestra vida democrática.

¿Qué de nuestra democracia ha destruido, o buscado destruir, el presidente López Obrador?

El presidente López Obrador ha intentado destruir no sólo la estructura institucional de los órganos reguladores, reduciéndoles el presupuesto con el riesgo de llevarlos a ser disfuncionales frente a la opinión pública, sino que además ha atacado otros ámbitos. El primero es el para qué de los órganos reguladores que en ocasiones, como en el caso de la Comisión Federal de Competencia Económica (Cofece), resulta difícil explicar al ciudadano común en tanto que la regulación de la competencia económica parte de niveles de abstracción bastante complejos, aunque siempre repercute en la vida cotidiana. Lo mismo ocurre con los órganos reguladores de energía que al final del día tienen un impacto en los combustibles.

Ese para qué ha sido el centro de muchos ataques: que lo hagan otras instituciones y así nos ahorramos la costosa burocracia, ha sido el argumento central. La austeridad vende muy bien, aunque sea suicida en el largo plazo. Las funciones de un Banco Central, el que sea, también son difíciles de explicar al ciudadano común y no por ello dejan de ser órganos imprescindibles para un manejo financiero ordenado.

El segundo flanco abierto desde la Presidencia ha sido la caricaturización de los estándares de vida de los miembros de los órganos reguladores. Por naturaleza se trata de instituciones que requieren de profesionistas altamente capacitados que tienen un valor en el mercado. Como también lo tienen los médicos o los pilotos. Al imponer el salario presidencial como referente único y máximo de la decencia, lo que se consiguió fue poner en situación de "*default* moral" a todos aquellos que estuvieran por arriba de ese monto. La estrategia de exhibir salarios, que para muchos son estratosféricos, logró la destrucción de parámetros realistas del tipo de profesionistas que requiere el funcionamiento de una de las 15 economías más grandes del mundo.

Es por ello que muchos profesionistas mexicanos han optado por salir del sector público y brincar al privado con el consecuente empobrecimiento de nuestras necesarias burocracias y, quizá lo más grave, muchos han buscado refugio en el exterior con una alta posibilidad de no regresar.

Esa necesaria modernización en los criterios de cómo funcionan las burocracias profesionales en el mundo ha destruido la calidad del servicio público, habiendo en la lista casos verdaderamente dramáticos, como en el Servicio Exterior Mexicano. Peor aún ha sido mentir sobre los ahorros, tal como ocurrió con los salarios de los consejeros electorales, como forma de financiamiento de la consulta de Revocación de Mandato. El consejero Uuc-kib Espadas ha ridiculizado el argumento: si todos los consejeros se recortaran 50% sus sueldos, se requerirían 324 años para acumular lo necesario para la consulta.

¿Cómo ha logrado el presidente someter a personas clave en las instituciones democráticas?

El presidente ha utilizado sin miramientos todos los recursos a su alcance para amedrentar y someter a personas clave en las instituciones democráticas y en los medios de comunicación. Para comenzar están los centenares de nombres lanzados desde la barbarie de su ejercicio mañanero, en el cual dispara a diario metrallas de desprestigio. Por ejemplo, el término *conservador*, que en otros países tiene una simple connotación de un posicionamiento político-filosófico en el cual se le da mayor peso a las instituciones y costumbres que vienen del pasado, y que ha tenido representantes tan brillantes como Edmund Burke o Lucas Alamán o Jorge Luis Borges, en la administración de López Obrador se ha convertido en una denostación. El conservador es el que defiende los privilegios y a los privilegiados, el conservador es el que construye alianzas imperiales para terminar con nuestra soberanía, el conservador es el que nos saquea, el conservador es todo aquel que no esté conmigo.

Simplemente revisar la lista de todos aquellos que han sido calificados de conservadores permite un primer bosquejo de la maniquea caricatura de República que se divide entre los buenos y los malos, los liberales y los conservadores. Por supuesto nadie quiere que desde la más alta tribuna se le califique de enemigo de la nación. Ése es el instrumento más visible.

Pero con el tiempo han cobrado fuerza otros: los ataques a los periodistas y sus medios para impedir el tratamiento de ciertos temas, o la crucifixión pública de algunos por haber tenido ingresos públicos en empresas productoras, o la ilegal exhibición de salarios muy altos como prueba de deshonestidad, o la exigencia a los medios de dar a conocer los pagos a sus colaboradores. A tres años y medio de gobierno, ha utilizado todos los principales instrumentos a su alcance, con frecuencia de manera ilegal, para amedrentar, léase: Unidad de Inteligencia Financiera (UIF), Consejería, Judicatura, Secretaría de Administración Pública (SAT), amenazas a ministros, a jueces con nombre y apellido, a consejeros electorales, a miembros del Tribunal Electoral y a una larga lista de empresarios. La administración de AMLO ya está en los registros de las peores eras de terror contemporáneo. La historia se está escribiendo, pero el caso del exministro Medina Mora, hoy exonerado, ya quedó en los registros. Lo mismo que el de varias docenas de periodistas. Y ese ambiente de persecución ha dado pauta indirectamente a la violencia contra los comunicadores.

¿Qué contrapesos del poder han sido atacados por el presidente?

El presidente ha atacado todos los contrapesos: la sucesión en la CNDH, los ataques sistemáticos al INE y al Tribunal Electoral del Poder Judicial de la Federación (TEPJF), a la Cofece, a la prensa y los medios, a organizaciones de la sociedad civil, a intelectuales y académicos, a la diplomacia tradicional, a las universidades y a ciertos rectores de instituciones públicas y privadas, a la ciencia, a las instituciones multilaterales que desprecia, a organismos que representan a los científicos, a las estadísticas, a las instancias encargadas de administrar los fondos históricos, a Banxico, al Inegi, a los editores y por supuesto a los opositores. Todo lo que represente un contrapeso está en la lista, ya operada o potencial. Ésa es la estrategia: acabar con los equilibrios para concentrar poder como lo han advertido tantos autores, quizá el más reciente Timothy Snyder en *Sobre la tiranía*.

La información en sí misma es una amenaza porque es un contrapeso real. Por eso el presidente no tiene límites, cotos, fronteras: todo lo que desafíe sus dichos debe ser atacado desde su tribuna, violando el principio constitucional de que a mayor responsabilidad política mayor debe ser la cautela de las expresiones de los gobernantes.

¿Cuáles son los daños causados a nuestra convivencia en la pluralidad y en la diversidad?

Los daños son múltiples. Hablaré de uno muy sutil, pero omnipresente. El presidente ha logrado, a través de las redes sociales y de su manejo de prensa, crear una atmósfera de persecución en la cual resultaba impropio cuestionarlo, pues él es la víctima. Buena parte de los altos niveles de aprobación que mantuvo y que ahora caen, se explican por lo que los técnicos llaman "voto oculto" que se manifiesta en la autocontención para hablar de alguien. Cuando a finales de los años ochenta la artillería oficial se encargó de endilgar el calificativo de *violento* al PRD, ocurrió un fenómeno muy particular. Las encuestas no registraban una alta inclinación por ese partido, los ciudadanos mentían y cuando llegaban a las urnas expresaban su opinión con libertad.

Por más que se siga repitiendo la cantaleta de la alta popularidad, el hecho concreto es que, en el mismo momento de su periodo de gobierno, cuatro de sus seis antecesores estaban por arriba. De hecho, si uno toma el registro de una sola casa —para no generar discusiones entre encuestadores—, digamos *El Financiero*, que ha sido de las casas con los registros constantes más altos de aprobación presidencial, la caída histórica es dramática: de 81% a principios de 2019 a

54% en febrero de 2022, es decir 27 puntos porcentuales menos en 38 meses de gobierno, un promedio de 0.7 por mes. Con esa tendencia, y si sumamos los próximos 30 meses, obtendría 21.3% menos, su aprobación rondaría 32%, eso si no se acelera, que es muy probable por la crisis económica. Ernesto Zedillo terminó con 72% de aprobación. ¿De qué estamos hablando?

Otra forma de medir el cambio es comparar de manera muy gruesa los votos emitidos a su favor en 2018, que fueron alrededor de 30 millones, que se transformaron en alrededor de 16 millones para Morena en la elección intermedia de 2021, que se desplomaron a alrededor de 6 millones en la multipromocionada consulta sobre expresidentes. Algo ya cambió. El punto de inflexión está ya en el pasado. El ánimo social está destrozado: en febrero de 2022, 45.6% de las familias consideraba que su futuro sería peor.

¿Por qué lo ha hecho?

Por un egocentrismo enfermizo. Por una pérdida del sentido de realidad, como dijera Marcuse.

Golpe al centro neurálgico de una frágil democracia

Jacqueline Peschard[5]

- El INE es objeto de una embestida del gobierno y su partido porque López Obrador no tolera los contrapesos a su afán de concentración del poder.
- AMLO pretende retroceder a los tiempos de la hegemonía del PRI, cuando la autoridad electoral era

[5] Comisionada presidente del Instituto Federal de Acceso a la Información (IFAI) de 2009 a 2013, consejera ciudadana del IFE de 1997 a 2003 y presidenta del Consejo Ciudadano del Sistema Nacional Anticorrupción en 2017.

parte del gobierno y la organización de los comicios dependía de los cálculos políticos del presidente y su partido.

¿Por qué al presidente le incomoda el INE y busca su destrucción?

Al presidente le incomoda el INE porque ejerce su autonomía, mandatada por la Constitución, la cual lo deja al margen de la esfera del poder presidencial; es decir, el mandatario no puede dar instrucciones al INE y cuando sus titulares, los consejeros electorales, lo impiden, provocan la ira presidencial. Cada vez que el INE aplica la ley vigente, sancionando alguna acción ilegal de Morena o dictando medidas cautelares en contra de la Presidencia, por ejemplo, cuando ésta difunde propaganda gubernamental en periodos de promoción del voto, el INE es objeto de una embestida del gobierno y su partido. El presidente no tolera los contrapesos a su afán de concentración del poder.

El enojo del presidente hacia el INE lo ha llevado a promover una reforma constitucional para destruirlo, despojándolo de su autonomía y de su naturaleza de institución nacional con facultades importantes en la organización de elecciones estatales. Pretende retroceder a los tiempos de la hegemonía del PRI, cuando la autoridad electoral era parte del gobierno y la organización de los comicios dependía de los cálculos políticos del presidente y su partido, borrando con ello más de 40 años de historia de democratización de nuestro país.

¿Cómo percibes los ataques personalizados del presidente a consejeros del IFE, a quienes menciona con nombres y apellidos?

Los ataques personalizados del presidente, con nombres y apellidos, a Lorenzo Córdova y Ciro Murayama, son un auténtico abuso de poder y una violación a derechos elementales de quienes cumplen una función pública, ya que se trata de acusaciones *ad hominem*, sin soporte alguno. El presidente utiliza la máxima tribuna del país y su amplia cobertura mediática para poner en la mira de sus acusaciones sobre la actuación del INE a los consejeros que defienden de manera más visible las facultades del instituto para aplicar el marco normativo que lo rige, independientemente de la fuerza política que se vea afectada por tales decisiones. El presidente descalifica, pasando por alto que existen leyes y mecanismos para, eventualmente, investigar y sancionar posibles conductas indebidas de los servidores públicos.

El presidente ha insistido que la justicia está por encima de las leyes, precisamente porque es él quien determina lo que es justo y lo que no lo es, ignorando las disposiciones que no se ajustan a su voluntad y generando un ambiente de desprestigio de personas concretas cuyo pecado ha sido defender a una institución que es clave para mantener elecciones pacíficas y confiables.

Los ataques del presidente López Obrador al presupuesto del INE, ¿son por la necesidad de ahorrar o para destruir su autonomía?

Desde el inicio de su administración, el presidente López Obrador ha desacreditado de manera reiterada la labor del INE, a pesar de que el instituto organizó las elecciones presidenciales de 2018, en las que él resultó ganador. Ha dicho que es antidemocrático; que no es imparcial como debe ser un árbitro; que actúa en contra de su gobierno y que es muy costoso y que sería más barato que desapareciera y formara parte del Gobierno Federal.

Su discurso denostador hacia el INE se explica porque al presidente no le gustan las instituciones que no están alineadas a sus directrices, como los organismos constitucionales autónomos que, como el INE, ejercen facultades y funciones que derivan de normas constitucionales y legales, y no de las instrucciones del presidente.

Además de las descalificaciones frecuentes al INE que dañan su autoridad y su imagen, otra manera de golpearlo es mermando su presupuesto para obstaculizar el desarrollo de sus funciones operativas. Este mismo año, la mayoría de la coalición gobernante en la Cámara de Diputados restó cerca de 5 mil millones de pesos al presupuesto del instituto, con el argumento de la austeridad. Sin embargo, hay una evidente intención de desacreditarlo y hasta de obligarlo a no cumplir con los extremos que le mandata la ley, por ejemplo, en la organización del ejercicio de Revocación de Mandato, que requiere instalar el mismo número de casillas y de ciudadanos insaculados y capacitados para recibir y contar las boletas en cualquier elección. Los esfuerzos que hizo el INE de recortar sus gastos de infraestructura no fueron suficientes y sólo pudo instalar la tercera parte de las casillas de la pasada elección federal de 2021, exponiéndose a una nueva campaña de descalificación del gobierno.

¿Cómo afectará a la democracia la desacreditación del INE que hace el presidente?

Es cierto que la democracia no se agota en el derecho al sufragio, porque no sólo abarca el origen de las autoridades públicas, sino la manera como éstas se desempeñan y el derecho de los ciudadanos a una gestión gubernamental transparente y apegada a la norma. Empero, el voto es la plataforma básica que sostiene al edificio democrático y en este sentido es indispensable para mantener en funcionamiento al resto de las instituciones públicas en un régimen democrático. ·

La adecuada organización de las elecciones hace posible que se legitime el poder y que los ciudadanos reconozcan que los elegidos tienen la facultad para tomar las decisiones que inciden en el conjunto de la sociedad y para mantener vigente la gobernanza democrática.

La andanada constante en contra del INE golpea el centro neurálgico de nuestra aún frágil democracia. La forma como funciona el instituto y la manera como lo perciben los ciudadanos es clave para mantener vigente la apreciación social de que la democracia sigue siendo el mejor régimen político posible.

¿Qué importancia tiene la futura composición del INE, previo a la elección presidencial de 2024?

En sus 30 años de vida, el INE ha ido fortaleciendo su institucionalidad y haciendo que sean las normas que lo rigen las que determinan sus decisiones y acuerdos. Sin embargo, la composición de su dirección colegiada, el Consejo General, le imprime cualidades específicas de liderazgo que pueden fortalecer o debilitar al árbitro electoral; es decir, sí importa cuál es el perfil de quienes ocupan el cargo de consejero electoral.

Aunque el Consejo General está integrado por 11 consejeros electorales y sus decisiones siempre requieren al menos de una mayoría de ellos, quien ocupa la presidencia tiene la representación del instituto y encabeza los órganos que lo conforman, lo cual le da una mayor visibilidad pública, que puede incrementarse cuando éste es capaz de erigirse en un auténtico líder y orientar el rumbo del instituto en defensa de su potestad para tomar sus decisiones al margen de la voluntad del titular del Ejecutivo y de los partidos políticos.

En abril de 2023 habrán de concluir su periodo cuatro consejeros electorales, entre ellos el presidente Lorenzo Córdova y el consejero Ciro Murayama que son quienes han concentrado la hostilidad del gobierno hacia el árbitro electoral, por su afán de no subordinarse a la voluntad o a los ataques presidenciales. La transparencia y el apego estricto a las normas con que se lleve a cabo el proceso de relevo será fundamental para que los nuevos consejeros cuenten con independencia respecto de la coalición gobernante y para que la composición del Consejo General del INE no se incline en favor del partido en el gobierno, poniendo en riesgo su integridad, con miras a la elección presidencial de 2024.

¿Por qué es importante el INE para México?

El INE y su antecesor, el IFE, han sido la expresión más nítida de la lucha de los mexicanos durante los últimos 20 años del siglo XX, por

tener elecciones libres, justas y competidas que reúnen los estándares de elecciones democráticas; son la cristalización institucional
más lograda de nuestra larga, pero pacífica, transición a la democracia.

El IFE surgió en los albores de los años noventa como producto del
reclamo democrático que conjugó los esfuerzos de partidos de oposición y fuerzas políticas emergentes, de organizaciones y movimientos sociales que no encontraban cabida en un solo partido, por más
que fuera el heredero de la Revolución Mexicana. La diversidad que la
sociedad mexicana había alcanzado durante los años del crecimiento con estabilidad mostró que existían corrientes de opinión que pug-
naban por incorporarse a los canales institucionales de participación
y de representación políticas que habían estado cerrados durante más
de cuatro décadas.

La creación de una institución que garantizara el respeto al voto
de los ciudadanos para que fuera éste lo único que determinara quién
ocupaba la silla presidencial y los demás cargos de elección, obligó a
que el organismo electoral tuviera autonomía respecto del gobierno
e independencia frente a todos los partidos políticos. El reto principal
era construir un marco constitucional y legal que dotara a la autoridad
electoral de las herramientas jurídicas, políticas y financieras para asegurar que la organización de los comicios estuviera al margen de la
intervención del Gobierno Federal y que éste acatara las nuevas reglas
del juego competido y democrático.

A pesar de las resistencias del gobierno de partido hegemónico
por abrirse a elecciones competidas y exponerse a perder espacios de
poder, los conflictos que se suscitaron por los fraudes electorales en
los años ochenta presionaron a los gobiernos para que el IFE se convirtiera en un organismo constitucional autónomo en 1996 y para que
adquiriera facultades adicionales para vigilar y garantizar tanto el respeto al voto, como la equidad en las contiendas. Desde 1997 la competencia política y la alternancia tanto en el ámbito federal, como en los
distintos niveles de gobierno, se fue instalando en nuestro país, gracias
a nuestro sistema electoral encabezado por el IFE-INE.

En suma, el IFE-INE hicieron de las elecciones procesos confiables y transparentes, dotando a nuestra vida política de un espacio civilizado para que las distintas corrientes políticas diriman sus diferencias pacíficamente, en la búsqueda del respaldo ciudadano para convertirse en gobernantes o representantes.

Tribunal Electoral, sentenciado a la pena capital

Julián Andrade Jardí[6]

- La salida de Janine Otálora de la presidencia del TEPJF fue operada por el presidente de la Corte, Arturo Zaldívar, porque se negó a anular la elección en Puebla.
- El actual grupo en el poder no es democrático. El TEPJF le resulta un estorbo y, al igual que al INE, lo quieren descabezar.

¿Qué presiones hubo para que renunciara la magistrada Janine Otálora a la presidencia del Tribunal Electoral del Poder Judicial de la Federación?

Primero debería aclarar que en ese tema tengo una lectura subjetiva. Trabajé con la magistrada Otálora y le tengo un enorme respeto. Fueron días y horas tormentosas, que vienen a la memoria como ráfagas, pero de las que también hay constancia en los medios de comunicación y seguro en el recuerdo de los participantes.

La actual integración de la Sala Superior del Tribunal Electoral del Poder Judicial de la Federación (TEPJF) es peculiar. Nunca han logrado una cohabitación razonable debido a las divisiones internas.

---

[6] Periodista y escritor. Fue editor de Cal y Arena y de los periódicos *El Nacional* y *La Razón*. Fundador de la sección "Academia" del diario *La Crónica de Hoy*. Fue coordinador de Comunicación Social del TEPJF de 2018 a 2019.

La magistrada Janine Otálora, que es una jurista muy preparada y razonable, muy comprometida con la legalidad, con una visión constitucional garantista, tuvo que navegar en aguas broncas durante lo que duró su presidencia.

Hay que señalar, sin embargo, que en la misión primordial sobre la elección de 2018 el TEPJF hizo un papel destacado. Cuidó la legalidad en todo momento y se llegó a la calificación de la elección presidencial sin problemas mayores. En eso hay que valorar a todos los integrantes de la Sala Superior que siempre estuvieron comprometidos con la democracia y sus reglas.

Pero 2018 fue complejo desde el inicio y en particular por la resolución que permitió la participación de Jaime Rodríguez, *el Bronco*, a pesar de las irregularidades con las que obtuvo las firmas para lograr la candidatura independiente. Ello abrió una brecha que ya nunca se cerró entre dos grupos: el de Otálora, que votó en contra junto a Reyes Rodríguez y Felipe de la Mata, frente al encabezado por José Luis Vargas, que en ese momento era integrado por Felipe Fuentes Barrera, Mónica Soto y, en esa coyuntura específica, Indalfer Infante. Éstos últimos establecieron una mayoría en ese tema.

Aquello significó un escándalo de una magnitud mayor y sin duda maltrató el prestigio del Tribunal.

Pero lo que precipitó la salida de Otálora de la presidencia, aunque hubo un conjunto de factores, fue la sentencia sobre la elección en Puebla. Morena y Palacio Nacional querían la anulación, pero una mayoría de magistrados consideró que no había elementos para una medida así. Por eso se confirmó el triunfo de Martha Érika Alonso, la candidata panista y esposa del senador Rafael Moreno Valle.

Desde ese momento las presiones ya no pararon. El ministro presidente de la Suprema Corte, Arturo Zaldívar, operó para que se diera el relevo. Si fue sólo un mensajero, o animador de lo ocurrido, es algo que desconozco, pero lo que pasó en esos días fue una derrota del Poder Judicial, concediendo de antemano algo que nunca debieron ofrecer, porque la pulcritud sobre la decisión de Puebla está ahí, en los debates, en la sentencia y en las trascripciones de las discusiones en la Sala Superior. Todo es público.

Es más, los votos de la elección poblana se contaron en las casillas, en los consejos distritales y al final hasta hubo un recuento de la totalidad de los paquetes y los resultados siempre fueron los mismos.

Por eso creo que Puebla, si bien una afrenta para la 4T, sólo fue el pretexto para mover de la presidencia del Tribunal a una magistrada que sólo está comprometida con la Constitución. Hay coyunturas en que personajes así estorban a los poderosos y a sus planes.

¿Los ataques del presidente López Obrador al Tribunal y a sus integrantes han hecho efecto en el ánimo de los magistrados?

Hay un dato que ayuda a normar criterio sobre lo ocurrido. Los magistrados, al momento del triunfo del actual presidente de la República, no tenían una gran relación con el grupo que llegaría al poder meses después. López Obrador estuvo en lo suyo durante años, en campaña, y nunca tuvo la necesidad de establecer puentes de contacto con el Tribunal Electoral, al que siempre ha despreciado.

La mayoría de los magistrados lo conocieron el día en que le entregaron la constancia de presidente electo.

Quizá por ello no percibieron, en un primer momento, la amenaza que ya se cernía sobre ellos. El presidente en su discurso en el pleno de la Sala Superior dijo que no habría ni halcones ni palomas como mensajeros con el Poder Judicial. Mintió a medias, ya que sólo sobrevolaron los halcones.

Y claro que afectaron las críticas y las amenazas. Por eso Otálora tuvo que salir anticipadamente de la presidencia, pero sus relevos, Felipe Fuentes y José Luis Vargas, tampoco duraron mucho encabezando a la máxima autoridad en materia electoral.

Pero aquí hay que hacer una acotación muy importante. Otálora y Reyes Rodríguez han tenido una consistencia irreprochable en sus determinaciones. Son lo que eran antes de la elección de 2018: magistrados constitucionales, así actúan y eso defienden. De Fuentes Barrera diría que es un juez duro en sus apreciaciones, sólido, y Vargas más pragmático, como lo es también Mónica Soto. Infante ha sabido mantenerse en medio de los pleitos y definirlos en última instancia. Felipe de la Mata es un personaje peculiar, producto del propio Tribunal.

Al momento de esta charla, Reyes Rodríguez, como presidente de la Sala Superior, está jugando un muy buen papel, ocupado en recomponer lo que se rompió en el pasado por lo episodios ya señalados y por otros más.

Las presiones los han afectado, por supuesto. Cambió todo y en pocos meses dejaron de tener la interlocución que tenían y entraron en un periodo de bastante incertidumbre.

Pero también, con el paso de los años, han vuelto a tomar la iniciativa. Si uno revisa las sentencias verá que ya hay una vuelta a cierta normalidad. Ojalá esto dure.

En el arranque del sexenio se hacía una broma entre trabajadores del Tribunal: "Se ve que en Morena ya tienen nuevos litigantes, porque desde hace unos meses ya ganan todos los asuntos". Sería injusto generalizar, pero algo de verdad había en aquello.

El presidente ha dicho que quiere una reforma electoral. No sé si le dé tiempo y le alcance para un acuerdo con otras fuerzas políticas, pero seguro las quejas y amenazas contra el Tribunal serán tan intensas como ahora lo son contra el INE.

¿Hay intención de destruir al TEPJF?

Lo que hay es una determinación, desde Palacio Nacional, de romper con el sistema electoral mixto que compone el INE y el TEPJF, que le funcionó al país en las últimas décadas y que, paradójicamente, permitió que López Obrador llegara a la Presidencia de la República con un alto margen de legitimidad democrática.

El actual grupo en el poder no es democrático. Nunca lo ha sido. Convergen en él corrientes del nacionalismo revolucionario y las de una izquierda que siempre tuvo una agenda antiEstado, marginales sí, pero ahora están también en el poder, al menos como herencia.

Para ellos el TEPJF es un estorbo. No lo ven como una necesidad democrática.

Cada día es más evidente que quieren descabezar al INE y que en esta apuesta también entran los magistrados electorales.

El TEPJF estorba a las pulsaciones autoritarias porque funciona como un control de las autoridades. Cumple bien su tarea de pacificar la disputa por el poder político, pero sospecho que esto no siempre se tiene muy claro y que no se evalúan con inteligencia las alternativas. El 2006 sin un Tribunal Electoral habría sido un momento muy peligroso para México. Igual ahora, cuando el horizonte de 2024 se esboza complejo y riesgoso.

Los magistrados, además, cuidan que las reglas que se han dado los propios partidos se cumplan, lo que suele generar roces y en particular con grupos poco dispuestos a acatar la ley.

Recordemos: quienes ahora gobiernan a nivel federal nunca han aceptado una derrota.

La clave estará en cuánto puedan lograr las corrientes antidemocráticas y, sobre todo, en cómo resistan las otras fuerzas políticas en el Senado. El grupo de contención, el PAN, PRI y PRD tienen la enorme responsabilidad de proteger la Constitución y el sistema democrático.

Donde hay un hecho oscuro en el Poder Judicial (una turbiedad de altos vuelos, quiero decir), siempre aparece, cierto o no, la mano del ministro Zaldívar. ¿Cuál ha sido su papel en estos años críticos para el país?

El presidente de la Suprema Corte ha tenido un papel bastante cuestionable. Se entregó al poder presidencial, entregó, como ya se señalaba, más de lo que se tenía que entregar.

En su entorno sostienen que trabaja para proteger la integridad del Poder Judicial, que trata de enfrentar las presiones de la mejor manera.

Los hechos son que operó en favor de caprichos presidenciales, como la consulta sobre los hechos del pasado, sobre el supuesto juicio a los expresidentes. Aquello no pasó a mayores porque la sociedad actuó con sabiduría y no respaldó ese cuento. Algo que no hay que obviar es que Zaldívar, por poderoso que sea, requiere del apoyo de sus pares y tristemente ha obtenido el apoyo para situaciones como esta y otras más.

¿Qué elecciones podemos esperar en 2024 con instituciones electorales bajo presión o cooptadas, con un presidente que no respeta la legalidad electoral y con el crimen organizado como participante activo en los comicios, como lo vimos en 2021?

El 2024 será complicado. En estos momentos no sabemos hasta dónde fructificarán los anhelos destructivos contra las autoridades electorales, pero aún en un escenario de resistencia enfrentarán la mayor prueba de su historia.

En los últimos meses se han establecido precedentes nefastos ligados a las múltiples violaciones a la legalidad por parte de Morena y sus aliados. La consulta de Revocación de Mandato es un ejemplo, donde inclusive se reformó la ley en semanas previas a su realización, lo que contraviene la Constitución.

Pero, en efecto, la participación de los grupos criminales fue evidente en las elecciones de 2021. En la región del Pacífico se inclinaron por el partido en el poder. En Sinaloa, operadores del PRI fueron "levantados" el día previo a la jornada electoral para que no hicieran su trabajo partidista. Un hecho triste: no hay denuncias formales, porque tampoco hubo abogados en el estado que quisieran presentarlas y, mucho menos, litigarlas.

En Michoacán, en la región de Lázaro Cárdenas, los bandidos operaron y fuerte. Esto lo denunció Cristóbal Arias, a quien nadie puede acusar de ser enemigo de la 4T. Así podríamos seguir, pero lo que alarma es que no veo una conciencia muy clara sobre los costos que puede tener una situación como ésta para el futuro del país.

No sé si por un acuerdo, pero es evidente que se sienten más cómodos con quienes no piensan enfrentarlos.

Y en las coordenadas de la política tampoco están las cosas en su mejor momento. No hay perfiles de opositores que puedan enfrentar al partido mayoritario. En teoría habrá una alianza similar a la de Va por México, pero hay que ser prudentes y escépticos porque aún falta un largo trecho en el que muchos pueden defeccionar.

Tres inquietudes: autoridades electorales bajo presión, criminalidad ya intencionada a favorecer a un grupo y oposición débil. Un cóctel explosivo.

Seguridad Pública: la ruta del militarismo

María Elena Morera[7]

- Homicidios dolosos y feminicidios en los tres primeros años de Calderón, 39 526; con Peña, 49 276; y con AMLO, 89 337.
- Caminamos a grandes pasos hacia el militarismo. Las Fuerzas Armadas entran a ser parte de un proyecto político y se desdibujan como una institución del Estado.

¿Qué ganamos y qué perdimos al cerrar la Policía Federal y crear la Guardia Nacional?

Hasta el momento no hemos ganado nada. El presidente dijo que había encontrado una gran corrupción y que presentaría pruebas, mismas que nunca fueron presentadas.

En lo personal no dudo que hubiera áreas de corrupción como en todas las instituciones de gobierno, además en el periodo de Peña

---

[7] Activista en temas de seguridad pública y fortalecimiento ciudadano. Presidenta de Causa en Común. De 2003 a 2009 presidió la organización México Unido contra la Delincuencia.

Nieto robaron mucho dinero de la Policía Federal (PF); sin embargo, esto no justificaba destruirla.

Crear la Guardia Nacional (GN) ha implicado un uso indiscriminado de recursos de las Fuerzas Armadas. La GN es una institución civil en la Constitución; sin embargo, en la practica es militar. Las personas asignadas a la misma (con excepción de los 23 236 expolicias federales) cobran en las secretarías de la Defensa Nacional (Sedena) y de Marina (Semar) y siguen teniendo sus mismas prestaciones. En realidad, la GN no existe como institución independiente.

El 85% de los miembros de la GN carece de la certificación de ley para realizar la función policial.

La militarización de la seguridad no nació en este gobierno; sin embargo, con la creación de la GN, la militarización se multiplicó en el país. Las 43 funciones de seguridad que les fueron atribuidas a ellos y a las Fuerzas Armadas (hasta 2024, según el quinto transitorio), y la insistencia del presidente a los gobernadores para que confiaran en las Fuerzas Armadas sus secretarías de Seguridad, ha hecho que se pierdan muchas de las capacidades civiles al tiempo que las capacidades castrenses no están en seguridad pública.

La militarización corre en detrimento de las policías locales, con estancamientos presupuestales o mermas de recursos, además de la incorporación de personal militar en puestos directivos.

Al mismo tiempo están utilizando miles de millones de recursos económicos de otras secretarías, al darles más de 200 responsabilidades en áreas que siempre habían sido civiles, como la construcción de tres aeropuertos, los Bancos del Bienestar, administración de aeropuertos y puertos, repartir recursos en efectivo, vacunas, entre muchas otras. Esto posiblemente nos lleve a graves actos de corrupción al interior de las Fuerzas Armadas.

¿México es, en el gobierno del presidente López Obrador, un país más seguro, con mayor paz y con más respeto a la ley?

Haciendo un comparativo, sumados homicidios dolosos y feminicidios en los tres primeros años del presidente Calderon, del presidente Peña y del actual gobierno, tenemos 39 526, 49 276 y 89 337 respectivamente, con lo cual no hay mucho más que explicar.

El respeto a la ley es menor. Damos cuenta de ello en nuestro estudio *Legalidad contra las cuerdas* que se encuentra en nuestra página de internet: <https://contralacorrupcion.mx>. Existen, de entrada, decretos ilegales, como pedir a los funcionarios de la Secretaría de Educación Pública que no cumplan con la Ley de Educación o el Acuerdo donde se dispone de las Fuerzas Armadas para llevar a cabo tareas de seguridad pública de manera extraordinaria, regulada, fiscalizada, subordinada y complementaria (pero sólo las nombra, no dice cómo hacerlas cumplir). Este acuerdo ya está en las filas de acciones de inconstitucionalidad y amparos de revisión que llevan más de dos años en la Suprema Corte de Justicia de la Nación sin que hasta ahora hayan sido desahogados.

Los grupos criminales, ¿tienen más o menos poder en esta administración?

Si tomamos en cuenta el número de homicidios dolosos, las notas de prensa sobre atrocidades, al igual que municipios y estados (Sinaloa, San Luis Potosí y Guerrero) tomados por los grupos criminales en las últimas elecciones, podemos pensar que éstos tienen más poder.

El discurso (o estrategia) de "abrazos, no balazos", "becarios, no sicarios", amnistía y liberación de narcos, como Ovidio Guzmán, ¿han fortalecido el Estado de derecho en México?

Cierto, es discurso. Debajo de las palabras no hay nada. Inclusive no hay Plan Sectorial de Seguridad Pública. El que existe sólo compila frases ideológicas.

Pareciera que este discurso ha provocado que los grupos criminales actúen con mayor libertad, pero no cuento con datos para afirmarlo.

El Estado de derecho se ha debilitado en este sexenio debido a que, desde la presidencia, la ley no se respeta cuando no le es conveniente.

En 2021 la Guardia Nacional contaba con alrededor de 100 mil elementos, y los delincuentes detenidos en flagrancia fueron muy pocos. ¿Qué significa eso? ¿Cuál es tu lectura?

Según el documento que hizo público la GN en enero de 2022, gracias a la labor de inteligencia fueron detenidas 14 personas por el delito de huachicol en 2021. Esto es una prueba de sus pobres resultados.

Todos los demás fueron detenidos sin que hubiera una investigación previa, me imagino que en flagrancia, pero el documento no lo especifica; tampoco especifica sobre los detenidos, a cuántos se les abrió una carpeta de investigación.

El documento debe estar en internet. Se llama *Informe Anual de Actividades 2021, Guardia Nacional*. Es tan curioso, por decir lo menos: en sus páginas puedes encontrar que aseguraron mas grillos y cucarachas (me imagino que venían con animales exóticos) que personas detenidas por investigación.

La ampliación de la lista de delitos graves con prisión preventiva oficiosa, ¿ha bajado la incidencia de delitos?

La ampliación de delitos que ameritan prisión preventiva oficiosa no ha contribuido en bajar la incidencia y sí ha contribuido en aumentar personas en las prisiones.

Dice el presidente que la única institución que puede impedir que la Guardia Nacional se corrompa es el Ejército. ¿Es así?

La Guardia Nacional debería quedarse en la Secretaría de Seguridad y Protección Ciudadana (SSPC) y desde ahí volver a contruir una policía civil. El Ejército no garantiza que no se corrompa. Cuando desde el poder les están dando tantos recursos a las Fuerzas Armadas sin rendición de cuentas, entonces es mucho más fácil que se corrompan.

¿Hacia dónde vamos?

Caminamos a grandes pasos hacia el militarismo.

El militarismo implica una decisión política que coloca a las instituciones militares en posición y capacidades superiores a las instituciones civiles; o, visto de otra forma, las Fuerzas Armadas entran a ser parte de un proyecto político y se comienzan a desdibujar como una institución del Estado.

"Una manzana envenenada", el regalo de AMLO al Ejército

Raymundo Riva Palacio[8]

- La institucionalidad del Ejército no la destruirá el presidente porque los incentivos para ser o no ser institucionales no dependen de AMLO, sino de Estados Unidos.
- Los altos mandos del Ejército serán quienes paguen los costos políticos de la inseguridad y una parte de la corrupción que dejará AMLO como legado.

[8] Periodista y analista de temas políticos y económicos de México. Exdirector editorial de *El Universal* y exdirector general de Notimex. Cofundó y dirigió los diarios *Milenio*, *El Independiente*, *El Gráfico* y *24 Horas*. Dirige el medio digital *Eje Central*. Autor de la columna "Estrictamente Personal" y corresponsal en Washington, París y Madrid.

Ampliar el protagonismo de los militares en tareas que corresponden a civiles, ¿fortalece al Ejército o lo deteriora?

En el corto plazo lo fortalece. En el largo, lo deteriora. Lo fortalece porque lo dota de un poder que nunca había tenido en tiempos de paz y le entrega recursos y negocios como jamás lo había esperado. Es una manzana envenenada. Por una parte, al haberles entregado a los militares toda la seguridad pública y la Guardia Nacional, no se han dado cuenta de que al terminar el sexenio sin que la violencia se haya contenido y el número de homicidios dolosos sea mayor que en los gobiernos anteriores, el presidente les echará la responsabilidad y la culpa de lo que sucedió, señalando con razón que les dio todo el apoyo político, les dotó de recursos y hasta les dio el cuerpo policial de la Guardia Nacional, y no lograron el objetivo. En el campo de la insfraestructura, hacerlos responsables de obras públicas, crearles empresas para que administren proyectos estratégicos como el Aeropuerto Internacional Felipe Ángeles (AIFA), está llevando a que un grupo de altos mandos sea tentado por el dinero —como ya está sucediendo—, y forme parte de los circuitos de corrupción que serán el gran legado negativo que deje AMLO.

La caída de confianza ciudadana en el Ejército, ¿a qué se debe?

No veo una caída real de la confianza ciudadana en el Ejército. De hecho, según la Encuesta Nacional de Cultura Cívica 2020, el Ejército subió 1.8% su aprobación con respecto a los datos de 2012. Esto, sin embargo, cambiará cuando sea evidente el colapso de la seguridad pública y empiecen a emerger las acusaciones de corrupción.

¿Cuáles son las consecuencias políticas del empoderamiento del Ejército en el gobierno del presidente López Obrador?

López Obrador dejará el poder, pero el Ejército ya no regresará a los cuarteles. El presidente le quitó las barreras y ha hecho de los militares su base de apoyo político real y de su legitimidad. El entramado legal que les ha dejado, como la empresa que manejará el AIFA, no la dejarán, porque además la ató a las pensiones de los militares.

¿Qué cambió para que el presidente pasara del anhelo de desaparecer al Ejército, a decir que es el más firme apoyo de la Cuarta Transformación?

Pragmatismo y astucia. Por la puerta de atrás, el presidente lo está desapareciendo. Lo desnaturalizó y, como se responde en la primera pregunta, será el que pague los costos políticos de la inseguridad y una parte de la corrupción.

Ni los críticos más persistentes de López Obrador previmos su vocación militarista. ¿Él cambió? ¿Lo tenía muy guardado? ¿Qué pasó?

La tenía guardada. Cuando Rocío Nahle era coordinadora de Morena en la Cámara de Diputados y el Ejército estaba cabildeando cambios a la ley para tener un blindaje jurídico en las tareas de seguridad pública, le consultó a López Obrador si lo apoyaban y le respondió que no, que más adelante les daría "todo".

El presidente puso al Ejército donde hay dinero, ¿porque es el único capaz de manejarlo con honestidad, o hay otras razones?

Porque el secretario de la Defensa era el único que le decía siempre que sí a todo. Se volvió funcional y necesario. La irresponsablidad ética como servidor público llevó a la élite de generales a manejar el dinero y lucrar de ello.

¿Qué escenarios tiene la élite militar cuando termine este sexenio: dejar las concesiones en el nuevo aeropuerto, salirse de administrar bancos, de controlar aduanas?

Los escenarios de dejar el poder, a mi entender, no existen.

¿Estamos en riesgo de que la administración del presidente López Obrador destruya la institucionalidad del Ejército?

La institucionalidad del Ejército no la destruirá el presidente, porque los incentivos para ser o no ser institucionales no dependen de AMLO, sino de Estados Unidos. Cualquier acción inconstitucional que estuvieran tentados a hacer, tendría que gozar del beneplácito de Estados Unidos. De otra forma, las consecuencias políticas, diplomáticas y económicas serían monumentales.

¿Qué significó para el Ejército la instrucción presidencial de liberar a Ovidio Guzmán?

Fue una derrota. La pregunta es si en verdad fue una derrota o la operación estuvo tan bien planeada que pareció que fue resultado de una mala planeación. Si nos atenemos a la historia del Ejército y el narcotráfico, la hipótesis más sólida es la segunda.

Grupos criminales y seguridad nacional: una abdicación de Estado

Guillermo Valdés Castellanos[9]

- México gasta en seguridad y justicia la tercera parte de lo que destina Colombia; en vez de mejorar, vamos retrocediendo.
- La violencia generalizada, con masacres casi cotidianas y atrocidades cada vez más impactantes, es la evidencia contundente de que la presencia física de la GN no hace ninguna diferencia.

[9] Director del Cisen de 2007 a 2011. Miembro del Consejo de Seguridad Nacional y del Gabinete de Seguridad Pública durante el gobierno de Felipe Calderón.

- La detención del hijo del Chapo se hizo a petición de Estados Unidos y fue producto de un trabajo de inteligencia de la DEA, no por iniciativa mexicana.
- Ahora tenemos organizaciones criminales más poderosas y violentas e instituciones del Estado sometidas.
- Revertir los daños cualitativos tomará muchos años, y será condición indispensable para poder reducir de manera estructural la violencia y la inseguridad.
- La operación directa de las organizaciones del narcotráfico y de miembros de las bandas criminales en las pasadas elecciones llegó a niveles descarados en favor de algunos candidatos de Morena.

1. El punto de partida: la debilidad institucional

Cuando Andrés Manuel López Obrador llegó a la Presidencia en diciembre de 2018 se iniciaba el tercer gobierno que tenía el enorme de reto de reducir la violencia y la inseguridad, las cuales llevaban ya más de una década regando dolor y miseria entre millones de mexicanos y trastocando la vida del país. Se ha vuelto un lugar común afirmar que todo inició cuando el presidente Felipe Calderón le declaró la guerra al narco y sacó al Ejército a combatir a los cárteles de la droga para legitimarse después de su conflictivo triunfo en las elecciones de 2006. Esas afirmaciones pueden ser eficaces como discurso para culpar a Felipe Calderón y buscar venganzas personales y políticas, pero además de carecer de fundamentos, no sirven para comprender la complejidad del problema y, por tanto, para definir estrategias y políticas de seguridad que enfrenten con seriedad la violencia y la inseguridad. Lamentablemente el gobierno de Enrique Peña Nieto no supo en su momento distinguir entre las consignas políticas y los factores estructurales de la criminalidad y, en el caso de la administración de López Obrador, no sólo hay una obsesión de creer que el origen del problema es el expresidente Calderón, sino que sus políticas en la materia se basan en hipótesis no sustentadas o en supuestos morales completamente ineficaces.

En *Historia del narcotráfico en México*[10] planteo que la hipótesis general explicativa de la ola de violencia e inseguridad es una ecuación muy sencilla: si hay un crimen organizado muy poderoso y violento es porque el Estado —cuya función original y básica ha sido garantizar la seguridad de los ciudadanos— es muy débil. Así de sencillo y complicado. La debilidad del Estado mexicano para contener y someter a las organizaciones que generan la violencia y depredan a la sociedad es histórica y estructural: no ha habido, en los dos siglos de vida independiente de México, un esfuerzo integral, sistemático y permanente para construir la cadena institucional que hace posible el Estado de derecho y garantiza la seguridad ciudadana.

Esa cadena institucional responsable de la seguridad y la justicia la componen: *a)* las policías (prevención, persecución e investigación de los delitos); *b)* los ministerios públicos estatales y federal (procuración de justicia); *c)* los poderes judiciales de la federación y de los estados (impartición de justicia); y *d)* el sistema penitenciario (rehabilitación de delincuentes). Hay demasiados datos, estudios, testimonios y reportajes que dan cuenta de las severas deficiencias de esas instituciones. Apunto algunas relevantes:

- México, un país con policías insuficientes, mal preparados y equipados; sin la confianza de la sociedad y desprotegidos por el mismo Estado. Las policías estatales y municipales que tienen el número adecuado de elementos, buena preparación, capacitación permanente, equipo y armamento apropiados, condiciones laborales dignas y reconocimiento social, son la excepción. Inegi publicó hace poco el Censo Nacional de Seguridad Pública Estatal 2021 con información actualizada sobre las policías de los estados; Causa en Común, ONG dedicada al tema de las policías, tiene un índice del desarrollo profesional de las policías que muestra lo alejada que están de las normas legales en la materia.

[10] Guillermo Valdés Castellanos, *Historia del narcotráfico en México*, México, Aguilar, 2013.

- Si hay algún hoyo negro en el Estado mexicano es el de la procuración de la justicia. La impunidad de alrededor de 95% de los delitos cometidos es un dato abrumador pues poder delinquir sin que ello tenga consecuencias es el mayor incentivo para seguir haciéndolo. La ineficacia, insuficiencia y corrupción de la mayoría de las procuradurías estatales y de la ahora Fiscalía General de la República, a lo que debe añadirse el uso político de la justicia, son realidades lastimosas. La organización México Evalúa tiene evaluaciones de cada una de las fiscalías de los estados y el Inegi también recopila información valiosa sobre ellas. Afortunadamente, hay excepciones de gobiernos estatales que sí han trabajado por mejorar sus fiscalías.

- Los poderes judiciales. El año pasado se aprobó una reforma al Poder Judicial de la Federación cuya finalidad es, en palabras de Arturo Zaldívar, terminar la corrupción y el nepotismo imperantes. En los estados las cosas no son mejores, pero con mayores rezagos de todo tipo por la falta de recursos. El presupuesto del Poder Judicial federal es más del doble que el de los 32 poderes judiciales estatales. Según el Índice Global de Impunidad, de la Universidad de las Américas, en México existen dos jueces por cada 100 mil habitantes cuando el promedio en el mundo es de 17 jueces.

- Sistema penitenciario. Las condiciones de las cárceles mexicanas las han convertido más en escuelas del crimen que en centros de rehabilitación. En la mayoría de ellas, especialmente en las estatales y municipales, existe sobrepoblación, condiciones de vida deplorables, corrupción, llegando al grado de que, según la Comisión Nacional de Derechos Humanos, había 71 cárceles gobernadas por los mismos presos, alrededor de la tercera parte del total.

- Por estas razones, detrás de la enorme violencia e inseguridad que sufren los mexicanos hay un problema de capacidades institucionales del Estado, las cuales son claramente insuficientes:

no sólo se tienen pocos policías, sino mal preparados y sin el equipamiento necesario; faltan ministerios públicos, peritos, forenses, laboratorios criminológicos, morgues, juzgados, jueces, abogados defensores de oficio, custodios en las cárceles, computadoras y sistemas; son muy pocas las escuelas de capacitación para policías y agentes del Ministerio Público; hay pocas unidades de inteligencia policial y criminal, y un etcétera muy largo.

Al inicio del gobierno de Peña Nieto se dijo que la gran falla de la política de seguridad del presidente Calderón fue la falta de colaboración con los gobiernos estatales por problemas políticos y partidistas y que eso se resolvería con coordinación, al grado que el primer objetivo del programa de seguridad era garantizar la coordinación entre niveles de gobierno y dependencias. Ciertamente se pudo haber hecho más para mejorar la coordinación, pero en ese diagnóstico se les escapó lo fundamental: la escasez de capacidades institucionales. Lo mismo ha ocurrido con el gobierno de AMLO, quien presume que todas las mañanas se reúne con su gabinete de Seguridad a las seis de la mañana y lo mismo se hace en todas las entidades del país, como si el problema real fuera la coordinación y no las capacidades. Puede haber toda la coordinación que quieran, pero una vez lograda, ¿quién va a ejecutar los acuerdos de coordinación si no hay policías ni guardias nacionales ni soldados ni ministerios públicos suficientes ni presupuestos para incrementar esas capacidades?

Debe señalarse que esta debilidad de las instituciones no es total. Algunas policías locales destacan por ser eficientes y confiables, como la de Ciudad Nezahualcóyotl; hay fiscalías estatales como las de Yucatán y Querétaro que operan con buenos niveles de eficacia; el Poder Judicial de la Federación y varios poderes judiciales estatales han avanzado en la instrumentación del nuevo sistema de justicia penal acusatorio; las cárceles federales y algunas estatales han sido reformadas con avances importantes en la dignificación de los presos. Además, en todas las instituciones existen áreas y funcionarios que trabajan y cumplen eficientemente sus responsabilidades, pese a las enormes carencias y problemáticas de todo tipo; no todo es corrupción e ineficiencia. Sin embargo, el piso institucional sobre el que se diseñan e instrumentan las políticas de seguridad y justicia es muy endeble.

En una de las reuniones de consulta previas al inicio del sexenio de López Obrador para definir su estrategia de seguridad, le planteé a Alfonso Durazo, quien sería el primer secretario de Seguridad Ciudadana, que cualquier estrategia nueva requería para tener posibilidades de éxito incluir una propuesta de fortalecimiento de las instituciones de seguridad y justicia, lo que necesitaba un plan de largo plazo fundado, entre otras cosas, en un incremento presupuestal sostenido. La respuesta fue contundente: que no habría más dinero para seguridad y justicia pues las prioridades eran otras. Los presupuestos para la totalidad de las áreas del gobierno en esas materias confirman lo dicho por Durazo: garantizar la seguridad de los ciudadanos y la vigencia del Estado de derecho no ha sido prioridad del presidente López Obrador ni lo va a ser en el resto del sexenio, con lo cual se habrá postergado durante 12 años el proceso de fortalecer la cadena institucional. Lo cual es una tragedia de consecuencias terribles.

El siguiente cuadro muestra cómo el gobierno del presidente Calderón incrementó el gasto en estas materias de casi 160 mil millones de pesos (constantes de 2020) en 2006 a 324 mil millones en 2012. En 2020, López Obrador destinó 281 mil millones, 43 mil millones menos que el último año de Calderón. México gasta en seguridad y justicia la tercera parte de lo que destina Colombia; en vez de mejorar, vamos retrocediendo, y tomando en cuenta que reconstruir las policías, las fiscalías de justicia, los poderes judiciales y el sistema carcelario puede tomar una o dos décadas, es criminal constatar que se han perdido 12 años en esta materia.

Pesos de 2020, mdp	2005	2006	2007	2008	2009	2010	2011	2012	2013	2014	2015	2016	2017	2018	2019	2019
Gasto pagado - Pesos de 2020, Enero- Diciembre (2005-2018), Millones de pesos (Fijos acumulados), PEF 2019 y PPEF 2020																
Cisen	1 942	2 083	2 693	2 636	3 263	3 337	3 249	3 705	4 105	11 109	9 319	4 776	4 424	5 068	2 580	2 627
Policía Federal	7 000	8 423	13 701	16 518	25 895	26 181	31 776	33 424	30 927	35 001	38 418	34 822	33 936	33 148	27 179	24 995
Prevención	3 537	3 732	3 594	3 843	4 170	4 888	10 795	16 303	10 622	19 301	25 045	31 292	26 349	28 076	17 495	20 281
SNSP	588	644	634	5 238	4 577	6 760	8 020	11 428	10 038	9 758	6 547	7 322	6 051	5 736	4 843	3 706
FASP	9 109	8 790	8 455	9 651	10 566	10 144	10 104	10 045	10 015	9 994	10 060	8 362	7 877	7 509	7 467	7 444
Sedena	45 486	47 393	57 631	59 659	68 211	76 625	89 932	83 258	80 298	80 285	90 126	88 894	83 848	86 253	97 014	94 029
Marina	16 527	17 385	20 407	24 407	24 977	26 883	28 432	28 903	31 428	33 787	37 495	38 063	37 559	37 202	33 229	33 558
Seguridad Pública	12 261	14 233	28 240	31 490	45 396	43 814	56 227	61 283	-	-	-	-	-	-	-	59 151
PGR/FGR	12 880	15 061	14 994	13 306	16 426	15 519	16 297	18 098	18 559	18 877	19 100	18 707	17 104	17 950	15 899	18 202
Poder Judicial	38 349	41 646	42 662	47 860	47 781	49 792	53 541	57 694	57 192	61 151	59 896	68 529	67 171	68 210	65 929	68 632
Total Gasto Seguridad	147 681	159 391	193 010	214 599	251 260	263 943	308 374	324 142	253 185	279 263	296 006	300 766	284 321	289 153	271 625	281 016

Esa decisión de no invertir más en seguridad y justicia y postergar seis años más su proceso de fortalecimiento, limita los alcances de las estrategias y políticas en estas materias, ya que las capacidades de aplicarlas exitosamente en todo el país son reducidas. Un ejemplo ayudará a entender ese razonamiento. España tiene la cuarta parte del territorio y una población tres veces menor que México, pero cuenta con 160 mil elementos de seguridad al sumar los de la Guardia Civil y el Cuerpo Nacional de Policía, 60 mil más que la Guardia Nacional que apenas tiene alrededor de 100 mil elementos. Es muy reducida para las necesidades de mantener una presencia eficaz en todo el territorio nacional y por ello la desplazan de un estado a otro.

Una primera conclusión es que, al no entender que México enfrenta una debilidad estructural de sus instituciones de seguridad y justicia, el gobierno de López Obrador decidió mantener una política de seguridad inercial que difícilmente iba a entregar buenos resultados. Pero a ello sumaría una estrategia errónea basada en un supuesto equivocado sobre las causas de la inseguridad (la mejor política de seguridad es ampliar el gasto social) y en una tesis moral completamente equivocada: abrazos y no balazos. Estamos viviendo las consecuencias de toda esa aproximación completamente fallida.

2. La estrategia y las políticas de seguridad de AMLO

En noviembre de 2018, poco antes de asumir la Presidencia, López Obrador presentó el Plan Nacional de Paz y Seguridad 2018-2024 en el que expuso los planteamientos de un "nuevo paradigma" con el cual se lograría la paz. La idea general consistía en atacar las causas de la inseguridad y la violencia, y no los síntomas. Y esas causas son, desde el punto de vista de AMLO, la pobreza y la corrupción. Sin embargo, al revisar el plan no hay elementos para darle concreción al nuevo paradigma. Hay muchos lugares comunes (pensar que atacando la pobreza con programas sociales se termina la inseguridad o que se pueden legalizar las drogas con el mismo fin), algunas ideas nuevas, pero inaplicables (la justicia transicional), y una enorme omisión: cómo reducir la inseguridad y las distintas formas de violencia mediante estrategias y políticas concretas. Una síntesis de las principales tesis del plan es la siguiente:

1. El plan menciona un gran número de políticas que formarían parte de ese paradigma, desde la social hasta el combate a la corrupción, pasando por las prisiones, las Fuerzas Armadas y la política de drogas. En esa canasta, los temas específicos de seguridad pública eran escasos. Esto confirmaba un planteamiento de López Obrador: en su visión, la seguridad es un subproducto de la política social y el combate a la corrupción.
2. Voluntarismo. Se asume, sin mucha evidencia empírica, que un combate genérico a la corrupción reduce en automático la actividad delictiva. Lo mismo vale para la política social. Se sugiere que los programas sociales de corte general tienen efectos notables en la disminución de delitos, a pesar de que la evidencia sobre el tema es limitada.

3. Justicia transicional. Al parecer no quedan claros los mecanismos de esa justicia. Se pretende ofrecer abiertamente beneficios jurídicos a perpetradores de delitos graves, a cambio de algún tipo de desmovilización o colaboración con las autoridades. Eso va mucho más allá que una amnistía para pequeños infractores de delitos vinculados con drogas.

4. Centralismo. Pareciera haber un propósito de someter a las fuerzas de seguridad, estatales y municipales, a un mando central por el intermedio de unas mal descritas coordinaciones territoriales. Ésta es tal vez la idea más preocupante del plan: puede reforzar la tendencia de gobiernos estatales y municipales a rehuir su responsabilidad y trasladarla a un Gobierno Federal que puede acabar rebasado muy rápido.

5. Militarización. El plan apuesta por una salida abiertamente militar a los dilemas de seguridad pública. Se plantea la creación de un cuerpo militar (la Guardia Nacional), ubicado administrativamente en la Secretaría de la Defensa Nacional, para atender de manera permanente asuntos de policía.

6. El plan tiene ausencias notables. Prácticamente no planteaba nada sobre reforma policial. Poco o nada dice sobre procuración de justicia. La Fiscalía General de la República parece un actor olvidado del diseño estratégico. Estas ausencias eran expresión de que se ignoró el problema de la debilidad estructural de las instituciones de seguridad y justicia.

Al revisar la actuación del gobierno en materia de seguridad luego de poco más de tres años, el "nuevo paradigma", si es que lo había, ha quedado reducido, a dos propuestas: a) en términos institucionales a la creación de la Guardia Nacional y, por tanto, a la militarización de la seguridad pública y, b) una política pasiva frente a las organizaciones criminales, sintetizada por el presidente en su famosa frase "abrazos, no balazos".

2.1 La militarización de la seguridad pública

En una abierta y clara contradicción con las reiteradas promesas de campaña hechas por AMLO en el sentido de que si ganaba la Presidencia, regresaría a los militares a sus cuarteles, la principal propuesta para atender la seguridad de los mexicanos ha sido la creación de una Guardia Nacional (GN). Para hacerlo envió una reforma constitucional al Congreso, la cual fue aprobada en febrero de 2019 con el apoyo de la oposición, sólo después de que modificaron la iniciativa original que pretendía que la GN fuera una institución militar bajo el mando de la Secretaría de la Defensa. Los cambios que los legisladores de oposición lograron introducir le quitaban formalmente el mando a la Defensa y la GN pasó a depender administrativamente de la Secretaría de Seguridad y Protección Ciudadana. Sin embargo, en la composición y la estructura de mandos de la Guardia se mantuvo un predominio militar apabullante. Por si eso fuera poco, en la redacción final se mantuvo el artículo quinto transitorio que autoriza el uso temporal de las Fuerzas Armadas por un periodo de cinco años en tareas de seguridad pública (de marzo de 2019 a febrero de 2024).

Esta reforma constitucional resolvió un problema político: la justa demanda de las Fuerzas Armadas para tener un fundamento jurídico de su actuación en tareas de seguridad, petición que habían hecho desde el sexenio de Felipe Calderón y que por distintas razones no había sido aprobada. Sin embargo, en la medida en que *de facto* la GN opera y se comporta como las Fuerzas Armadas y el mando civil nunca ha operado en la realidad (Alfonso Durazo, quien fue secretario de Seguridad y en teoría el mando de la GN, reconoció abiertamente que él nunca mandó sobre esa corporación: "No, no hay un liderazgo civil que tenga capacidad para conducir una organización que su base original está formada por exmilitares y exmarinos. Es la razón fundamental")[11],

---

[11] "Alfonso Durazo respalda que Guardia Nacional vaya a Sedena", *El Imparcial*, 15 de junio de 2021, <https://www.elimparcial.com/sonora/sonora/Durazo-La-unica-opcion-de-coordinar-Guardia-Nacional-es-adscribir-la-a-Sedena-20210615-0081.html>.

el presidente López Obrador anunció que enviará otra reforma constitucional para que la GN sea readscrita a la Secretaría de la Defensa. A la fecha no la ha enviado, pero la sola intención revela con toda claridad que el proyecto real es y ha sido siempre la militarización permanente de las tareas de seguridad pública.

Las implicaciones de esa decisión van más allá de la seguridad, pues ha alterado el equilibrio fundamental e histórico que ha operado en México entre los poderes civil y militar. Ahora, las Fuerzas Armadas se han empoderado políticamente de manera significativa en detrimento de las instituciones civiles, entre ellas las de seguridad pública. Y en la materia que nos ocupa, la seguridad, militarizarla no es ninguna garantía de que se resuelva el problema y más bien va a generar mayor deterioro en el mediano y largo plazo por las siguientes razones:

i. Las Fuerzas Armadas no son policías y no están preparadas para serlo. No obstante que llevan ya muchos años en estas tareas y que varios miles de soldados han recibido cursos de capacitación, la lógica militar y la policial son muy diferentes. Por ello, una formación policial superficial (de varios meses) de elementos que tienen formación militar de años difícilmente modifica las actitudes y conductas. Por tanto, es muy difícil que sea exitosa la tarea de convertir soldados en policías, que además no quieren ser policías. Se optó por un instrumento equivocado.

ii. Crear la Guardia Nacional implicó la desaparición de la Policía Federal (PF), el esfuerzo más serio que ha hecho el Estado mexicano para dotarse de un cuerpo policiaco profesional. Tenía problemas y eventualmente había corrupción, pero no de tal magnitud para desaparecerla y optar por la militarización. Con ello se perdió un capital humano invaluable (miles de elementos no quisieron incorporase a la GN) y la posibilidad de contar en un futuro próximo con una policía que hiciera posible el regreso de las Fuerzas Armadas a sus cuarteles (la decisión de Enrique Peña Nieto de congelar el crecimiento de la PF y permitir que se hicieran negocios privados con su presupuesto fueron dos errores garrafales). La destrucción de la PF significó además desparecer un centro de inteligencia policial con grandes capacidades tecnológicas, bases de datos invaluables y personal muy calificado.

iii. Poner todo el esfuerzo en la creación de la GN ha implicado erróneamente cancelar los esfuerzos —olvidados desde el gobierno anterior— de reconstruir las policías estatales y municipales. Los escasos fondos federales para la seguridad estatal se han reducido y los municipales de plano los desaparecieron. Esto ha sido un error grave, ya que sin la colaboración de esas policías la tarea de la GN se vuelve más lenta o ineficaz por la falta de elementos y sobre todo de información acerca de las situaciones específicas de la inseguridad y de las organizaciones criminales en las localidades. Muchos tipos de inseguridad y violencias sólo pueden ser disminuidas con el trabajo de prevención, inteligencia y persecución de las policías locales. Y el gobierno de López Obrador ha renunciado a fortalecerlas. Como se mencionó anteriormente, el tamaño de la GN, aun con sus 100 mil elementos, es claramente insuficiente. Se requieren por lo menos 300 mil policías locales para enfrentar las crisis de seguridad en las entidades.

2.2 La política de "abrazos y no balazos"

Aún con todos los defectos e implicaciones negativas de militarizar la seguridad pública, si la GN tuviera una estrategia inteligente y eficaz para reducir la violencia y combatir los principales delitos que afectan a la población, se estaría avanzando aunque fuera marginalmente. Sin embargo, el piso institucional que representan las Fuerzas Armadas se ha desaprovechado debido a la principal directriz presidencial en materia de políticas concretas de seguridad: la de "abrazos y no balazos". El supuesto erróneo de ese planteamiento es que la intervención estatal, y en concreto la participación de las fuerzas estatales, militares o no, es la causa de la violencia. Ésta es una tesis equivocada y sin sustento empírico sólido que se ha difundido desde el sexenio del presidente Calderón con el fin de golpearlo políticamente, no de encontrar causas reales del incremento de la violencia. El gobierno de Peña Nieto también adoptó esa tesis y una de sus primeras decisiones fue retirar al Ejército y a la PF de Michoacán, dejando a la población completamente indefensa ante el embate de Los Caballeros Templarios, comandados por el famoso la Tuta. Fue tal la embestida violenta (secuestros, violaciones, extorsión generalizada) contra cientos de poblados que en pocas semanas ya se habían organizado decenas de grupos de autodefensas como única opción ante la vulnerabilidad en la que los dejó el Estado. Es exactamente al contrario: la ausencia del Estado es la que propicia que organizaciones criminales expandan sus actividades y generen más violencia, ya que la impunidad es prácticamente total.

A ese supuesto se suma otro, también más ideológico que real: que los apoyos económicos entregados a los jóvenes tanto para becas como para capacitación laboral impedirán que éstos sean reclutados por el crimen organizado. El corolario de esas dos tesis, sin fundamentos reales, es que la actuación de la GN debe reducirse a una presencia disuasiva; es decir, a estar presentes en cuarteles y hacer patrullajes, pero sin llevar a cabo la persecución de los criminales, con la esperanza de que ello los disuada de actuar contra la población. Desde 2007 se sabe que esa presencia disuasiva es absolutamente ineficaz para contener la actividad delictiva; la situación actual de violencia generalizada, con masacres casi cotidianas y atrocidades cada vez más impactantes en Michoacán, Zacatecas y Colima, por mencionar sólo tres estados, es la evidencia contundente de que la presencia física de la GN no hace ninguna diferencia.

Pero al presidente no hay nada que lo haga rectificar. Ordenó que la GN se distribuya de manera homogénea en 266 regiones y en cada una habrá el mismo número de guardias. No hay ninguna razón dada por el gobierno para fundamentar por qué 266 y no 400 o 500 regiones. No hay ningún criterio demográfico ni de seguridad que sustente alguna lógica racional de la distribución geográfica de la GN. La organización México Evalúa publicó en 2020 un texto de Magda Ramírez y Maximilian Holst que afirma lo siguiente:

> Solamente en 11% de los municipios del país integrantes de Guardia Nacional están presentes de forma permanente. El despliegue territorial de este cuerpo de seguridad —el principal ejecutor de la estrategia del Gobierno Federal para atender la crisis de violencia— genera, hasta ahora, más dudas que certezas. Podríamos suponer que el objetivo central de la Guardia es atender las zonas con más homicidios del país, con mayor presencia de grupos criminales o con más niveles de debilidad de las instituciones locales. Pero si ni siquiera sus coordinaciones territoriales coinciden con las zonas más letales del país, ¿cuál es entonces su misión?
>
> O preguntemos con más precisión: ¿qué criterios fueron utilizados para delimitar las coordinaciones territoriales? En la conferencia matutina del 13 de agosto de 2019, el secretario de la Defensa Nacional, el general Luis Crescencio Sandoval, presentó una serie de mapas que mostraban las —hasta ese momento— 150 coordinaciones territoriales, a lo largo de las cuales están desplegados los efectivos de la Guardia Nacional. Su despliegue parece tener sentido en algunos lugares como Tijuana, que en 2019 tuvo una tasa de homicidios por 100 mil habitantes muy elevada (110.4) —como referencia, la tasa nacional fue de 24.1—. Sin embargo, al comprobar que también hay elementos desplegados en municipios como Valladolid en Yucatán (tasa de 1.2), el planteamiento estratégico deja de ser claro.[12]

Por su parte, Edna Jaime, directora de la organización México Evalúa, escribió en 2022:

[12] Magda Ramírez y Maximilian Holst, "La Guardia Nacional: ¿está donde debería?", México Evalúa (originalmente publicado en Animal Político, 25 de septiembre de 2020), <https://www.mexicoevalua.org/la-guardia-nacional-esta-donde-deberia/>.

Con la poca información disponible podemos observar que estados vecinos como Durango y Zacatecas, con tasas tan dispares —9.0 y 99.2 homicidios por cada 100 mil habitantes, respectivamente—, cuentan con un número similar de coordinaciones regionales en su territorio: cinco en Durango y solamente seis en Zacatecas. ¿Por qué? ¡No lo sabemos! [...]

Al mismo tiempo se tiene considerado establecer 16 cuarteles más de la Guardia en la Ciudad de México, un espacio territorial con alrededor de 90 mil policías en activo, el más elevado del país, considerando el número de agentes por cada 100 mil habitantes. Una puede asumir que los criterios son más bien políticos. Pero sin información ni eso se puede probar.[13]

Así, la presencia "disuasiva" de la GN en el territorio nacional sin criterios claros ni lógicos se traduce en inacción y en una invitación a las organizaciones criminales a que actúen sin la preocupación de que van a ser molestadas por el Estado. Un ejemplo de esta actitud es la toma del municipio de Aguililla en Michoacán por parte del Cártel de Jalisco Nueva Generación (CJNG), que para demostrar quién mandaba en ese municipio puso retenes en las carreteras a fin de controlar la entrada y salida de personas, vehículos y mercancías. A escasos metros de los retenes de los criminales había un retén de la GN cuyos efectivos observaban sin actuar nunca, como si los verdaderos amos del territorio fuesen los sicarios. ¿Disuasión o complicidad?

Pero el evento paradigmático de la política de abrazos y no balazos de esta administración fue la rendición del Ejército en los eventos del 19 de octubre de 2019 en Culiacán, Sinaloa, con motivo de la captura y posterior liberación de Ovidio Guzmán, uno de los hijos del Chapo Guzmán. Detenido en un operativo conjunto de la GN y el Ejército para ser extraditado a Estados Unidos, la reacción del Cártel de Sinaloa fue contundente: cientos de sicarios montados en vehículos de todo tipo y con

---

[13] Edna Jaime, "¿Alguien sabe dónde está la Guardia Nacional?", México Evalúa (originalmente publicado en *El Financiero*, 4 de marzo de 2022), <https://www.mexicoevalua.org/alguien-sabe-donde-esta-la-guardia-nacio­nal/>.

armamento de grueso calibre, incluyendo ametralladoras calibre .50, tomaron a balazos el control de la capital del estado ante la estupefacción y desorganización de las Fuerzas Armadas que no previeron esa reacción y que, a pesar de haber durado horas la ola de violencia por toda la ciudad, tampoco supieron cómo reaccionar ni retomar el control de la capital. Al anochecer de ese día, el presidente López Obrador ordenó —sin tener fundamento legal para ello— la liberación de Ovidio Guzmán con el argumento de impedir un baño de sangre. Las imágenes de videos difundidos en las redes sociales muestran grupos de soldados impotentes frente a los sicarios del Cártel de Sinaloa, quienes controlaban las carreteras de entrada y salida de la ciudad o las inmediaciones de la unidad habitacional donde viven las familias de los soldados. A la medianoche los convoyes de sicarios desfilaban por todo Culiacán festejando su victoria en un oprobioso mensaje: vencimos al Estado mexicano, el Cártel de Sinaloa manda aquí.

La detención del hijo del Chapo se hizo a petición de Estados Unidos y fue producto de un trabajo de inteligencia de la DEA, no por iniciativa mexicana. Las escasas detenciones realizadas en lo que va del sexenio de capos de organizaciones criminales se han dado gracias al apoyo de las agencias de Estados Unidos y para fines de extradición o deportación, como fue recientemente el caso de Gerardo Treviño, líder del Cártel del Noreste, una de las organizaciones surgidas luego de la desarticulación de Los Zetas. La excepción fue la detención de José Antonio Yépez, alias *el Marro*, líder del Cártel de Santa Rosa de Lima, dedicado fundamentalmente al huachicol o robo de combustibles y a la extorsión en el estado de Guanajuato. Otro personaje relevante detenido es Rosalinda González Valencia, esposa del Mencho, líder del CJNG, acusada de lavado de dinero y delincuencia organizada.

Pero más allá de las escasas detenciones realizadas por este gobierno —que no son muchas ni de personajes relevantes y en la mayoría de los casos por presión o petición de agencias de Estados Unidos— no existe una política real de desarticulación de las organizaciones criminales. A principios del sexenio el presidente anunció que en pocos meses terminaría con el huachicol; tres años después ese mercado ilegal goza de buena salud, ya que las acciones se han centrado en patrullajes y vigilancia de los ductos y prácticamente no hay detenidos ni sentenciados por ese delito; lo mismo ocurre con el lavado de dinero, ya que la Unidad de Inteligencia Financiera (UIF) ha presumido que tiene congeladas cientos de cuentas con millones de pesos y que hasta marzo de 2021 había presentado 273 carpetas de investigación por posible lavado de dinero, pero la Fiscalía General de la República tiene un solo proceso judicializado y cero sentencias en contra de los presuntos responsables ya que, argumenta la Fiscalía, las investigaciones de la UIF no contienen los datos suficientes para judicializarlas.

3. Los resultados de la "estrategia de seguridad" de AMLO

Si desde el inicio de este gobierno se desconoció y se negó la importancia de reemprender el proceso de fortalecimiento de las instituciones de seguridad y justicia, se militarizó la seguridad pública con una institución insuficiente por pequeña y formada por soldados que difícilmente se convertirán en policías eficaces y, para completar el panorama, se le prohibió a la GN aplicar políticas eficaces de reducción de violencias e inseguridad (según eso para no generar más violencia), los resultados no pueden ser ni por equivocación buenos en términos cuantitativos y cualitativos.

3.1 Homicidios, desparecidos y violencia contra las mujeres

Es cierto que AMLO heredó una situación crítica en materia de homicidios dolosos. La trayectoria de la violencia homicida a partir del gobierno de Felipe Calderón ha registrado cuatro etapas muy claras: la primera, un crecimiento desproporcionado entre 2007 y 2011 cuando pasó de 7 mil homicidios anuales a poco más de 27 mil. A mediados de 2011 comenzó una tendencia decreciente que se mantuvo hasta fines de 2014, pues en ese año se registraron 21 mil homicidios. Calderón le heredó a Peña Nieto esa tendencia a la baja. La tercera etapa se significó por un repunte aún más fuerte que el de los años más violentos del sexenio calderonista, ya que entre 2015 y 2018 los homicidios pasaron de 20 762 a 36 685. Y la cuarta etapa coincide con los tres años de la administración de López Obrador: tiene forma de una meseta pues los homicidios se han mantenido en el nivel más elevado de los 15 años de lucha contra el crimen organizado. Sólo en los primeros meses de 2022 se registra un ligero decrecimiento, pero aún es poco tiempo para saber si se trata de una tendencia permanente.

AMLO creía que al día siguiente de tomar posesión, la violencia e inseguridad iban a desaparecer debido a que había llegado al poder un presidente honesto y, como en su gobierno nadie robaría y no habría corrupción, los delincuentes ya no tendrían que robar ni matar. Prácticamente así lo afirmó en una entrevista con Ciro Gómez Leyva.[14] Una vez en la Presidencia pidió seis meses para reducir los homicidios, luego de que en un año más ya se verían los resultados. Han transcurrido casi tres años y medio del sexenio y el número de homicidios registrados está por rebasar los de todo el sexenio de Felipe Calderón. De no alterarse significativamente la tendencia, una proyección simple del promedio de homicidios diarios registrado hasta la fecha, multiplicado por el total de días de esta administración, daría poco más de 220 mil asesinatos.

[14] Andrés Manuel López Obrador, *AMLO en entrevista con Ciro Gómez Leyva* [Video de YouTube] <https://www.youtube.com/watch?v=LzTACA0d-Ngs>, a partir del minuto 21.

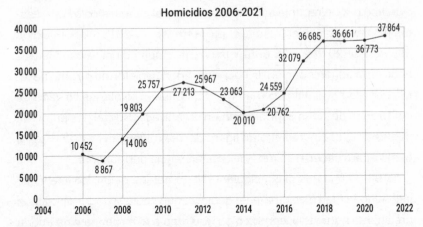

Homicidios 2006-2021

Fuente: Inegi y SNSP. El dato de 2021 está estimado por el autor tomando como base la información del Sistema Nacional de Seguridad Pública, el cual es alrededor de 10% menor que el publicado posteriormente por el Inegi.

Pero el indicador de homicidios no refleja por completo lo sucedido en materia de violencia. Los desaparecidos son otro fenómeno creciente, igual o más doloroso que el de los asesinados, ya que la condición de desaparecidos provoca la incertidumbre de los familiares sobre si están muertos o no y si, de ser el caso, podrán recuperar los cuerpos para enterrarlos. En los gobiernos de Felipe Calderón y Peña Nieto desaparecieron 52 mil personas; en los tres años del de López Obrador ya suman más de 27 mil, la mitad del total registrado en los 12 años anteriores.

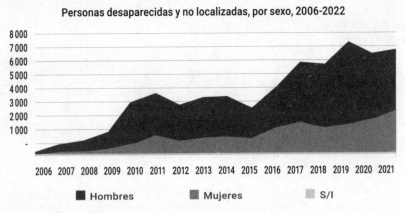

Personas desaparecidas y no localizadas, por sexo, 2006-2022

Fuente: Segob, Comisión Nacional de Búsqueda.

Detrás de esta violencia debe señalarse el incremento de las desapariciones de mujeres y en muchos casos de niñas y adolescentes. En 2021 desaparecieron sin ser encontradas 2 754 mujeres, 63% más que en 2018, mientras que los 6 768 hombres desaparecidos el año pasado representaron un aumento de 15% con respecto a los de 2018. Al comentar este hecho, la Organización de las Naciones Unidas (ONU) subraya que las cifras oficiales reportan una creciente tendencia a la desaparición de niñas y niños a partir de los 12 años, así como de adolescentes y mujeres. La presidenta del Comité de Desapariciones Forzadas de la ONU, Carmen Roda Villa Quintana, expuso que "se trataría de desapariciones que tendrían como objeto ocultar la violencia sexual, el feminicidio, la trata y la explotación sexual". El registro oficial de feminicidios muestra una tendencia creciente a partir de 2015, año en que comenzó a llevarse la estadística de los asesinatos de mujeres debido a su condición de género, y en los tres años de este gobierno se mantienen el nivel de mil anuales, poco menos de tres diarios.

Víctimas de feminicidio, 2014-2021

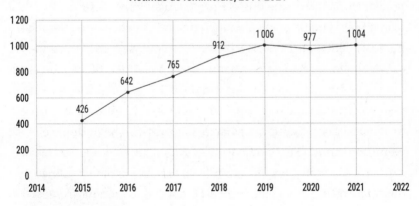

Fuente: Secretariado Ejecutivo del Sistema Nacional de Seguridad Pública.

No en balde las movilizaciones realizadas por las mujeres exigiendo acciones del Estado para frenar la violencia en contra de ellas. Los días 8 de marzo de los últimos tres años han sido las mayores movilizaciones de la historia del país. Es incomprensible la descalificación que ha hecho el presidente López Obrador, tanto de la realidad de la violencia de género como de la justa demanda de las organizaciones de mujeres.

3.2 Los cambios cualitativos: organizaciones criminales más poderosas y violentas e instituciones del Estado sometidas

Si los datos anteriores ya son muy graves, también lo son las implicaciones negativas de la equivocada estrategia del gobierno. Las organizaciones criminales operan a partir de las señales que les manda el Estado. En teoría, éste las debería perseguir y, si lo hace de manera eficaz, el crimen organizado debiera operar de manera clandestina, a través de pequeñas redes y siempre acotado por la acción punitiva de las instituciones de seguridad y de justicia; de lo contrario, se convierten en grandes organizaciones integradas vertical y horizontalmente como lo hacen las empresas legales: realizan sus actividades a la luz del día y siempre están en proceso de expansión. Por esta razón, el principal mensaje que se le envió al crimen organizado durante el sexenio del presidente Calderón fue que el Estado iba a tomar en serio su obligación de perseguirlo, que se había terminado la época de tolerancia y permisividad. Ahora, inexplicablemente, el mensaje es el contrario: se les va a tratar con abrazos. Durante tres años AMLO ha negado sistemáticamente hacer el uso legítimo de la fuerza por parte del Estado para defender a los ciudadanos. En vez de eso, le solicita a las mamás de los delincuentes que les pidan a sus hijos que se porten bien y se reúne con la mamá del criminal más celebre que ha producido México, el Chapo Guzmán. La señal enviada es directa y ominosa: tienen permiso para delinquir. La renuncia del Estado ha sido el equivalente a una invitación tácita a continuar y expandir sus actividades.

Para entender lo que significa ese mensaje de permisividad es necesario conocer la lógica de expansión económica y política de las organizaciones criminales. Durante varias décadas los cárteles del narcotráfico mexicanos se dedicaron exclusivamente a producir y exportar drogas a Estados Unidos. A principios de este siglo, Los Zetas —originalmente eran el brazo armado del Cártel del Golfo y en sus comienzos estuvo formado por varias decenas de exmilitares con un elevado nivel de preparación en 2010 se rebelaron contra sus jefes del Golfo y se pelearon a muerte— revolucionaron el mundo criminal ya que comenzaron a operar un nuevo modelo criminal. Éstos son los elementos económicos de ese nuevo modelo, puesto en marcha por Los Zetas y luego imitado por La Familia Michoacana y el resto de las organizaciones criminales, entre las que destaca ahora el Cártel de Jalisco Nueva Generación:

i. Ampliación y profesionalización de los brazos armados de las organizaciones criminales. Se incrementaron en número, se equiparon con armamento de alto poder, fueron capacitados en todo tipo de técnicas militares y de contrainsurgencia. El resultado fue un incremento desmedido de la violencia contra la sociedad y contra los otros grupos criminales con los que disputan el control de territorios y mercados ilegales emergentes.

ii. Diversificación de la actividad criminal. Los Zetas rompieron el modelo imperante hasta entonces de centrar la actividad delictiva en producir y exportar drogas. Los Zetas conquistaron Michoacán para el Cártel del Golfo y ahí pusieron en práctica, entre 2002 y 2008, la diversificación delictiva: extorsión generalizada a negocios y personas; secuestros; narcomenudeo, especialmente de metanfetaminas; participación en otros mercados ilegales como el tráfico de migrantes centroamericanos; robo de combustibles (huachicoleo); piratería y control de tianguis.

iii. Extracción de rentas a mercados legales como la minería de hierro (producto básico para la siderúrgica Lázaro Cárdenas), al sector de transportistas y a la producción de los dos mercados agrícolas más importantes de esa entidad: el aguacate y el limón.

iv. Apropiación de presupuestos públicos de los gobiernos municipales mediante la amenaza a los alcaldes o la imposición de funcionarios en las secretarías de Obras Públicas y de Programas Sociales. De esa manera, los ayuntamientos se vieron obligados a entregar la obra pública a constructoras de Los Zetas y La Familia y el presupuesto de los programas sociales que eran "administrados" por las organizaciones criminales.

En síntesis, se trata de una lógica depredatoria: de la rentas que obtienen del narcotráfico pasan a expoliar a las familias y a las empresas mediante todo tipo de robos y extorsiones (rentas sociales); luego se apropian de los recursos de los municipios (rentas públicas); también se van quedando con las utilidades de la economía informal (piratería, taxis piratas, control de tianguis donde venden la mercancía robada a tráileres en carreteras o al ferrocarril) y regulan o controlan mercados legales regionales (aguacate, limón), y hasta se apropian de los negocios ilegales de otras organizaciones (control de bandas de huachicoleros y de coyotes que trafican con migrantes y trata de personas). Todo ello mediante el uso indiscriminado de la violencia sin límites ni umbrales de ningún tipo. Cualquier poblado, municipio, ciudad, carretera, vía del tren, autopista, ejido, se convierte en territorio a controlar para ejercer una o múltiples de las actividades delictivas descritas. Y entonces se pelean a muerte por el control de plazas, territorios y regiones. Y es donde entra la lógica de la expansión política, ya que, si las instituciones de seguridad y justicia hacen bien su trabajo, esa lógica de expansión económica es detenida. Se requiere, por tanto, tener el apoyo de las autoridades para poder controlar territorios.

Pero la colaboración de las fuerzas del Estado con el crimen organizado tiene muchas modalidades y niveles. Va desde los sobornos para que policías de tránsito se hagan de la vista gorda o se conviertan en informantes o "halcones" de algunos criminales, hasta secretarios de Seguridad o fiscales estatales que trabajan para las organizaciones. Puede ser voluntaria o involuntaria; para eso está la famosa "ley de plata o plomo": aceptar el dinero o ser asesinado. Y el proceso mediante el cual el crimen establece esos niveles de "cooperación" de las autoridades de todo tipo es lo que constituye la lógica de expansión política que los estudiosos del tema han denominado la

captura de las instituciones públicas y su reconfiguración para poner-
las al servicio de la organización criminal. Ese proceso contiene las
siguientes etapas:

- Una condición necesaria para la expansión y el fortalecimiento del crimen organizado es la colaboración de las policías, que
les brindan protección ya sea mediante omisión (no actuar contra los delincuentes) o colaboración (por ejemplo, proporcio-
narles información que les sea útil). En México esa complicidad
de las policías locales ha sido histórica y ha llegado en no pocos
casos a darse de una manera amplia (prácticamente la totalidad
de los policías al servicio de los criminales y haciendo todo tipo de
trabajos para ellos). Es la corrupción básica de las policías.
- Un segundo nivel es el control de los ayuntamientos, ya no sólo
de las policías. Someten al alcalde, a su cabildo y a su equipo de
gobierno, que pasan a ser empleados de las organizaciones criminales de forma voluntaria (aceptan los sobornos económicos)
o involuntaria (vía las amenazas a ellos y a sus familias). De esa
manera, abren otro negocio: la apropiación de rentas públicas,
es decir que se apoderan del presupuesto de los municipios,
especialmente los de obra pública (para ello crean constructoras) y programas sociales, éstos últimos para controlar ellos el
reparto de bienes y dinero a grupos sociales desprotegidos.
- En tercer lugar, van construyendo redes políticas locales de respaldo y protección a nivel estatal, además del apoyo de los grupos sociales beneficiados por sus dádivas.
- Finalmente, lo anterior desemboca en la construcción de la legitimidad política y social de las organizaciones criminales; es decir,
la aceptación y normalización de su existencia y de su poder,
frente a la debilidad de las instituciones estatales, que operan
junto con ellas y para ellas. Es importante señalar que una vez
lograda la captura y reconfiguración de instituciones estatales,
ello implica la destrucción tanto de la democracia (no importa
quién gane elecciones, los criminales serán el verdadero poder)

como del Estado de derecho, pues las leyes y autoridades estatales dejan de estar vigentes.

Pareciera que nadie en el gobierno del presidente López Obrador conoce esta lógica de evolución económica y política de las organizaciones criminales, puesto que apostar por la política de los abrazos sin balazos es una manera de permitir que esa evolución hacia organizaciones más violentas para obtener más ganancias con todo tipo de actividades delictivas continúe sin ningún tipo de obstáculo por parte del Estado. Y no sólo eso, sino que además el gobierno permite que capturen o sometan a las instituciones estatales para garantizar la impunidad.

3.2.1 ¿Qué ha pasado con las organizaciones criminales y las violencias en estos tres años?

Siguen armadas hasta los dientes. No es dato nuevo, lo han estado desde hace décadas, y nadie duda de que ello es una causa directa del elevado nivel de violencia en el país. Las estadísticas de homicidios, feminicidios y desaparecidos da cuenta de esa actuación permanentemente violenta de las bandas delictivas de todo tipo y el uso masivo de armas de fuego para cometer los asesinatos. Según el Inegi, en 2020 y 2021, 70% de los homicidios se cometió con arma de fuego, cifra que no es novedad. Sin embargo, la novedad es la disminución de las acciones para decomisar las armas de fuego en México después del sexenio de Felipe Calderón. Aunque los datos no son estrictamente comparables —ya que en los casos de Calderón y Peña Nieto se trata el sexenio completo, los de AMLO se refieren al periodo de diciembre de 2018 a marzo de 2022—, la tendencia es claramente mucho menor. En el periodo de Felipe Calderón se decomisaron 123 mil armas largas y cortas en 72 meses, lo que da un promedio de 1 700 armas decomisadas mensualmente, mientras que en los 40 meses transcurridos del gobierno de López Obrador se han decomisado 19 mil armas cortas y largas, lo que arroja un promedio mensual de 475, que es casi cuatro veces menor. En otras palabras, por cada arma decomisada por el actual gobierno, en el de Caderón se decomisaron 3.6 armas, casi 360% más.

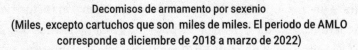

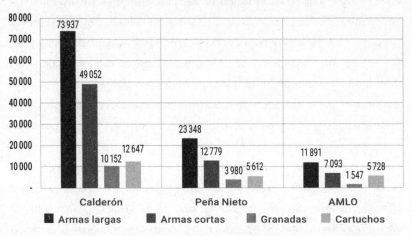

Decomisos de armamento por sexenio
(Miles, excepto cartuchos que son miles de miles. El periodo de AMLO corresponde a diciembre de 2018 a marzo de 2022)

Fuente: elaborada por el autor con información de la Secretaría de la Defensa Nacional.

La demanda interpuesta por el gobierno de López Obrador en Estados Unidos contra varias empresas fabricantes de armas es una medida eminentemente política que pierde gran parte de su valor[15] en la medida en que el esfuerzo interno por decomisar el armamento de los criminales y reducir su capacidad de fuego parece no ser prioridad. Candil de la calle, oscuridad de la casa. Como tampoco es prioridad desarticular a las organizaciones. En este gobierno se ha consolidado el poder de las dos grandes organizaciones del narcotráfico: Sinaloa y Jalisco Nueva Generación, las cuales han protagonizado cruentos enfrentamientos en varias entidades por el control de plazas y rutas estratégicas de ese negocio: Baja California,

[15] Su impacto es político: presionar a los fabricantes de armamento para eventualmente avanzar en la regulación de la venta de armas. Y si se llegase a ganar, México podría recibir alguna indemnización monetaria. En otras palabras, su impacto sobre el nivel de violencia en nuestro país será nulo.

Chihuahua, Colima, Quintana Roo, Zacatecas; mientras que el CJNG también le disputa el control de Michoacán a los Cárteles Unidos de esa entidad y Guanajuato al Cártel de Santa Rosa de Lima, pero aquí se trata de una lucha por el robo de combustibles; los restos de los que fueran los cárteles del Golfo y Los Zetas mantienen sus disputas en el noreste, especialmente en Tamaulipas, por el control de los cruces fronterizos de ese estado.

Sin embargo, la violencia ya no se explica únicamente por los enfrentamientos entre grandes organizaciones del narcotráfico; ésta ha contaminado a pequeñas bandas de delincuentes que en la comisión de delitos ordinarios (robos en transporte público o a cuentahabientes afuera de los bancos y cajeros automáticos, por ejemplo) utilizan armas de fuego y no en pocas ocasiones terminan en asesinatos. Pero también la violencia se ha trasminado a comunidades y familias convirtiéndose en un fenómeno muy grave y preocupante en estados como Chiapas, Oaxaca y Guerrero, pero también en las zonas urbanas marginadas de las metrópolis de México, Guadalajara, Monterrey, etcétera. Esa modalidad la explica un analista de la sede en México de International Crisis Group, Falko Ernst, publicado en el periódico electrónico *Animal Político*:

La noción de quién es "matable", "desaparecible", "desplazable" ha cambiado desde aquel entonces. Hoy en día, a las tomas (para)militares a una comunidad frecuentemente le siguen procesos de limpieza social en contra de quienes están —social o económicamente— ligados al enemigo. El resultado: familias enteras asesinadas y llevadas a fosas, miles de desplazados en sólo un día, y quién sabe cuántas personas desaparecidas. Esta nueva lógica de la violencia contradice la narrativa de que quienes sufren lo merecen por ser "parte de", por "estar metidos".

La violencia se vuelve, en este contexto, personal. A través del dolor y el odio se alimentan ciclos de venganza que pueden ser aún más difíciles de romper. Éstos, queda claro, ya no tienen nada que ver con la ampliamente aceptada narrativa de que el uso de la violencia en México es meramente racional, una medida para conquistar o defender intereses económicos ilícitos. Y es difícil imaginar que esto pueda ser el caso para quienes han estado en "la guerra" por años, perdiendo amigos y familiares.

Conforme se prolonga el conflicto en el país, más rupturas personales se abren, lo que significa un aumento en el número de microconflictos que desde afuera difícilmente se detectan. Éstos se multiplican con cada ruptura organizacional, ya que cada una conlleva un escenario en que quienes eran camaradas se vuelven, repentinamente, enemigos mortales. En tal contexto no faltan las acusaciones mutuas de traición, añadiendo otra fuente más de letalidad al conflicto.[16]

Todas estas formas de violencia encuentran incentivos tanto en la impunidad, como en la terquedad del presidente que se niega sistemáticamente a modificar su política de abrazos no balazos y que, por tanto, no ha estado dispuesto a diseñar y aplicar estrategias específicas para reducir sus distintas modalidades. Por más que se les busque en los documentos oficiales y en las páginas electrónicas de las dependencias de seguridad y justicia del Gobierno Federal no se les encuentra porque no existen.[17]

Mientras tanto la sociedad ha normalizado la violencia; ya no se estremece por las estadísticas; las masacres se han vuelto asunto cotidiano, algunos feminicidios conmocionan una semana y luego todo es normalidad. Sin embargo, Causa en Común, una organización dedicada a promover seguridad y construcción de policías eficaces, publica un reporte anual de atrocidades —definidas como "el uso intencional de la fuerza física para causar muerte, laceración o maltrato extremo; para causar la muerte de un alto número de personas; para causar la muerte de personas vulnerables o de interés político, y/o para provocar terror"— que nos dan idea de la tragedia que enfrenta el país.

[16] Falko Ernst, "El conflicto letal mexicano, revisitado desde lo local", *Animal Político*, 24 de abril de 2020, <https://www.animalpolitico.com/justicia-transicional-en-mexico/el-conflicto-letal-mexicano-revisitado-desde-lo-local/>.

[17] Debe señalarse que en algunas entidades los gobiernos estatales y algunos municipales sí las tienen y han sido eficaces en lograr reducciones importantes de homicidios y otro tipo de delitos violentos.

A continuación reproduzco parte del reporte de 2021:[18]

En línea con las precisiones referidas anteriormente, para el periodo que abarca de enero a diciembre de 2021, se obtuvieron las siguientes cifras:

- 4 191 notas periodísticas sobre eventos que pueden catalogarse como atrocidades.
- 5 333 atrocidades.
- 8 759 víctimas (305 notas periodísticas no tenían el número de víctimas).

a) *Atrocidades registradas en fuentes periodísticas durante enero-diciembre 2021.*

Tipo de atrocidad	Enero-diciembre 2021
Masacre	529
Fosa clandestina	556
Mutilación, descuartizamiento y destrucción de cadáveres	837
Calcinamiento	356
Tortura	1 151
Asesinato de niños y adolescentes	373
Asesinato de mujeres con crueldad extrema	490
Asesinato de defensores de derechos	17
Asesinato de periodistas	9
Asesinato de personas de grupos vulnerables	45
Asesinato de actores políticos	69
Asesinato de funcionarios y actores de relevancia en materia de seguridad	181
Terrorismo	27
Linchamiento	42

[18] Causa en Común, *Galería del horror. Atrocidades y eventos de alto impacto registrados en medios. Informe enero-diciembre 2021*, <http://causaencomun.org.mx/beta/wp-content/uploads/2022/02/2022.01.17_Informe_atrocidades-2021-V2-1.pdf>.

Violación agravada	75
Esclavitud y trata	10
Intento de linchamiento	279
Violencia contra migrantes	99
Actos violentos entre grupos delictivos o contra la autoridad, con alto impacto en una comunidad	188
Total	5 333

Fuente: elaborado por Causa en Común, con base en notas periodísticas.

Terror cotidiano que casi pasa desapercibido y que es minimizado por el presidente López Obrador cuando algún periodista le pregunta en sus conferencias mañaneras sobre alguno de esos eventos. Es notable la escasísima empatía que le generan a AMLO las víctimas. Ni las movilizaciones de las mujeres todos los 8 de marzo por la creciente violencia de género, ni las protestas y demandas del gremio de los comunicadores por los asesinatos de periodistas (52 en lo que va de su sexenio), ni el movimiento de las víctimas de asesinados y desaparecidos lo han movido a reunirse con ellos; al contrario, todos forman parte de una conspiración de los conservadores para desprestigiar a su gobierno y dañar su investidura. Así la evolución del crimen organizado y no organizado y la violencia en tiempos de la autollamada 4T.

3.2.2 ¿Qué ha pasado con la captura de las instituciones públicas?

Ante la permisividad obradorista con las organizaciones criminales, éstas no han dudado en crear las condiciones políticas para garantizar la impunidad con la que actúan y para generar bases políticas y sociales que legitimen su presencia y sus actividades. Eso significa, como se comentó líneas arriba, someter policías y autoridades; financiar, apoyar y/o depurar candidaturas; silenciar a los medios de comunicación; pactar con gobernadores para evitar ser molestados; corromper ministerios públicos y jueces y asesinar a los que se resistan; repartir despensas durante la pandemia para ganar apoyo social; permitir que las comunidades donde roban combustibles vendan una parte para que cuando lleguen los soldados la gente se ponga en su contra y no permita su entrada a los pueblos. La mayor parte de esa lucha política se dan en y por los municipios.

No conozco reportes o investigaciones que recojan la información de manera integral y sistemática para dimensionar este proceso de captura y reconfiguración de las instituciones políticas y de construcción de la base social del crimen organizado. Los departamentos de Estado y de Defensa de Estados Unidos aseguraron que los cárteles mexicanos controlan 30% del territorio, pero lo hacen sin especificar qué entienden por "control" y con qué indicadores lo miden, por lo que es difícil darle crédito a ese tipo de afirmaciones sin conocer la metodología y la información que las sustentan.

Sin embargo, sí es posible señalar algunos hechos que apuntan a que la captura de las instituciones se ha vuelto un problema grave. Algunos indicadores de esos procesos son: la violencia política (contra policías, autoridades y candidatos), la participación del crimen organizado en los procesos electorales y los ataques a periodistas para silenciar a los medios de comunicación.

Con respecto a los policías asesinados, Causa en Común lleva la cuenta desde 2018. Del 1 de enero de 2018 al 21 de abril de 2022 han asesinado, al menos, a 1 935 policías en México:[19]

- Durante 2018 asesinaron, al menos, a 452 policías. En promedio, 1.22 policías fueron asesinados cada día.
- Durante 2019 asesinaron, al menos, a 446 policías. En promedio, 1.16 policías fueron asesinados cada día.
- 2020 ha sido el año más violento para los policías desde que se lleva el registro, con al menos 524 policías asesinados. En promedio, 1.43 cada día.

[19] Este registro considera policías municipales, estatales y federales, ya sean de tránsito, preventivos, ministeriales o penitenciarios. Para el caso de policías a nivel federal, durante 2018 se contempló únicamente "policías federales"; a partir de 2019, se cambió a "guardias nacionales".

- Durante 2021 se asesinaron a 401 policías que en promedio equivalen a 1.09 policías cada día.
- Hasta el 21 de abril de 2022 otros 112 policías fueron asesinados.
- Todas estas muertes son expresión de la lucha permanente de las organizaciones por controlar a los cuerpos policiacos de municipios y estados por la vía de la plata o el plomo, lo mismo que una parte considerable de la violencia contra candidatos, alcaldes, exalcaldes, funcionarios municipales y estatales. La consultora Etellekt lleva un registro de los distintos tipos de violencia relacionados con los procesos electorales, y sus reportes dan una idea de cómo el crimen organizado interviene en ellos. En el proceso electoral de junio de 2021 (que formalmente comenzó en septiembre de 2020), los datos son preocupantes:

Agresiones contra personas políticas	Septiembre 2020-junio 2021
Amenazas	339
Homicidios dolosos	102
Infracciones contra la dignidad	141
Ataques contra colaboradores	89
Daño a la propiedad	71
Robo con violencia	65
Homicidio en grado de tentativa	48
Privación ilegal de la libertad	47
Atentados contra familiares	47
Lesiones	43
Intimidación cometida por servidores públicos	23
Privación ilegal de la libertad en grado de tentativa	18
Despojo de oficinas	11
Daño moral	10
Otros	12
Total	**1 066**

Víctimas	954
Aspirantes y candidatos	693
Dirigentes y militantes de partidos	159
Representantes y autoridades electas en funciones	102

Aspirantes y candidatos a:	693
Cargos municipales	534
Cargos estatales	106
Cargos federales	53

Debe señalarse que no toda la violencia proviene de las organizaciones criminales, ya que una parte de ella proviene de los mismos políticos y partidos en pugna. Como prácticamente estos crímenes quedan sin investigar se desconocen los autores materiales e intelectuales y, por tanto, los motivos, pero la tipología de los agresores da una idea. Es muy probable que el crimen organizado esté detrás de los desconocidos y de los civiles armados, además de los 53 casos en que sí se les identifica directamente.

Agresiones por tipo de agresor

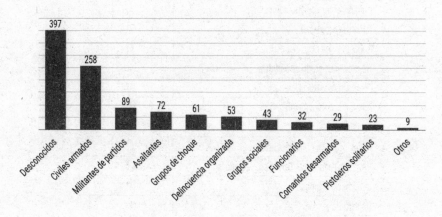

Además, debe señalarse que la violencia política no distingue preferencias partidistas, ya que las víctimas pertenecen a todos los partidos.

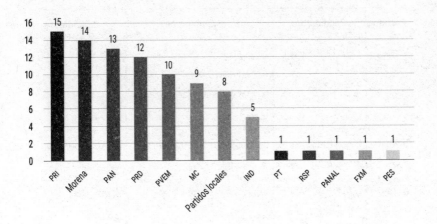

Etellekt: Políticos asesinados por partido político

Fuente: Etellekt Consultores, *Séptimo Informe de Violencia Política en México 2021*, 21 de junio de 2021, <https://www.etellekt.com/informe-de-violencia-politica-en-mexico-2021-J21-etellekt.html>.

La consultora señala en su reporte que el total de agresiones cometidas en el proceso electoral del año pasado es 38% mayor que las agresiones del proceso electoral de 2017-2018. Pero más grave aún es el hecho de que la violencia contra aspirantes y candidatos produjo un total de 693 víctimas, cifra que representa un incremento de 68% con respecto a las 412 víctimas de 2018.

Para completar los hechos anteriores, en el proceso electoral de 2021 ocurrieron dos tipos de eventos que incrementan las probabilidades de que organizaciones criminales se apropien del mundo político:

1. La participación de varios candidatos a gobernador y alcalde con algún tipo de vínculo con las organizaciones del narcotráfico. Antes, la mera sospecha los eliminaba de las candidaturas. Ahora hay candidatos a gobernador y de aspirantes a presidentes municipales con señalamientos que, si bien no implican una relación directa ni constituyen necesariamente un delito, sí incrementan el riesgo de que una vez electos sean presionados indebidamente para operar en favor del crimen organizado.

Candidatos señalados por vínculos con el narco

Partido	Candidato/a	Señalamientos	Candidatura
Morena	Evelyn Salgado Pineda	Su suegro, el empresario Joaquín Alonso Piedra, está vinculado con la esposa de Héctor Manuel Beltrán Leyva.	Gubernatura de Guerrero
Morena	Rogelio Portillo Jaramillo	Buscado por la DEA por tráfico de drogas, ligado al CJNG.	Alcaldía de Huetamo, Michoacán
Morena	Mary Zavala	Señalada por pertenecer al cártel de Los Viagras.	Alcaldía de Aguililla, Michoacán
Morena	Alfredo Ramírez Bedolla	Vinculado con Adalberto Fructuoso Comparán, capo que domina Aguililla, esposo de Anabel Bedolla, tía del candidato.	Gubernatura de Michoacán
Morena	Fidel Flores	Hermano del fundador de la organización criminal Fuerza Anti-Unión, Jorge Flores Concha.	Alcaldía de Oriente, Puebla
Morena	Leonel Godoy	Medio hermano de Julio César Godoy, acusado de ser lugarteniente de Servando Gómez *la Tuta*.	
Morena	Rubén Rocha Moya	En prensa se reportó que su candidatura fue aprobada por Ismael e*l Mayo* Zambada.	Gubernatura de Sinaloa
Morena	Rodrigo Luis Arredondo	Investigado por ejercicio ilícito del servicio público, abuso de autoridad, peculado y enriquecimiento ilícito.	Alcaldía de Cuautla, Morelos
PVEM	Ricardo Gallardo	Acusaciones por corrupción y lavado de dinero y asociación con crimen organizado.	Gubernatura de San Luis Potosí

MC	Samuel García	Su familia fue vinculada con un líder del Cártel del Golfo.	Gubernatura de Nuevo León
MC	Denise Sánchez Barragán	Su hermano es señalado como líder del CJNG en varios municipios de Guanajuato. La mamá de ambos fue asesinada y su hija fue postulada en sustitución de su madre.	Alcaldía de Moroleón, Guanajuato
PAN-PRI-PRD	Faustino Hernández	Pidieron la venia de Ismael el Mayo Zambada, quien lo aprobó, pero los hijos del Chapo secuestraron a los operadores el día de la elección.	Presidencia municipal de Culiacán, Sinaloa
	Varios candidatos	Las candidaturas fueron negociadas con Johnny Hurtado Olascoaga, alias el Pez, líder de La Familia Michoacana.	Luvianos, Tejupilco, Tlatlaya, Amatepec, Zacazonapan y Sultepec, Estado de México
	Varios candidatos	Las candidaturas fueron negociadas con Johnny Hurtado Olascoaga, líder de La Familia Michoacana.	Ajuchitlán, Arcelia, Coyuca, Cutzamala, Pungarabato, San Miguel Totolapan, Tlalchapa, Tlapehuala y Zirándaro, Guerrero
Morena	Varios candidatos	En los municipios que domina Bogart Soto, jefe del cártel que opera en toda la región de Oaxaca y el sur de Guerrero, ganaron candidatos de Morena.	Municipios del Istmo de Tehuantepec

Fuente: elaboración del autor con base en información periodística.

2. La operación directa de las organizaciones del narcotráfico en favor de sus candidatos. En procesos electorales previos se habían registrado intervenciones del narcotráfico, más por la vía de amenazas o eliminación de candidatos no favorables a ellos y

eventualmente alguna intervención el día de las elecciones, pero fueron eventos aislados. En esta ocasión, la actuación directa de miembros de las bandas criminales llegó a niveles descarados en favor de algunos candidatos de Morena. El caso más público fue en Culiacán, donde sicarios de los hijos del Chapo Guzmán secuestraron el sábado anterior a los comicios a alrededor de 30 personas del equipo del candidato de Va por México, para impedir que el día de las elecciones realizaran tareas de promoción del voto y traslado de personas a las casillas. "Si no gana Rocha [candidato de Morena a la gubernatura de Sinaloa], los vamos a matar a todos", fue la amenaza por parte de un sicario a los 30 operadores del PRI secuestrados el día anterior. Los liberaron una vez cerradas las casillas. Lo mismo ocurrió en seis o siete municipios más de ese estado y en una decena de municipios de Michoacán (en este lugar se trataba del Cártel de Jalisco Nueva Generación).

Que el gobierno actual no dé prioridad a frenar este proceso de apropiación paulatina de espacios e instituciones políticas —dos de sus indicadores más obvios son la violencia contra partidos y políticos, así como la intervención abierta en procesos electorales— es una de las amenazas más serias contra la democracia: ¿de qué sirve que haya elecciones en las que los ciudadanos escojan a sus autoridades y representantes, si éstos van a ser controlados por los delincuentes?

Pero no sólo eso, sino que la captura de las instituciones significa también acabar con el Estado de derecho, ya que las leyes dejan de operar para ser sustituidas por el poder violento de las organizaciones criminales y los ciudadanos quedamos completamente indefensos frente a la amenaza y la violencia de los sicarios de crimen organizado. Se trastoca completamente el orden y la convivencia de las comunidades; el miedo se apropia de los ciudadanos y las empresas, si quieren sobrevivir, tienen que pagar los nuevos "impuestos" exigidos por los criminales. La sociedad entera es obligada a volverse cómplice de los criminales y obedecer las reglas que impongan. En algunos casos, como lo fue en Michoacán en 2013 y 2014, la alternativa para muchas comunidades fue armarse y formar autodefensas para combatir a Los Templarios (la organización en que se convirtió La Familia Michoacana), las cuales fueron utilizadas por otras organizaciones criminales para atacar a sus rivales, lo que generó una especie de guerra civil en esa entidad y una división profunda de las comunidades y familias que tenían miembros en ambos bandos. Es la ley de la selva, del más fuerte, por la ausencia del Estado.

Por desgracia no se tiene información de cuántos municipios, instituciones públicas, corporaciones policiales municipales y estatales están controladas total o parcialmente por el crimen organizado; la sospecha es que este fenómeno está creciendo.

No obstante, sin descartar que haya funcionarios federales que están coludidos, no creo, afortunadamente, que se pueda afirmar que el de México sea un narcoestado. El Estado mexicano es demasiado grande para pensar que lo puede controlar y sobornar una sola organización, pues además en todas sus instituciones operan funcionarios serios y comprometidos con el Estado de derecho.

La preocupación del gobierno de Estados Unidos por la colusión de funcionarios y policías mexicanos con el narcotráfico en los tres órdenes de gobierno es creciente, de acuerdo con reportes sobre el estado del crimen organizado en México contenidos en documentos recientes de diversas agencias de seguridad de ese país. La Casa Blanca sabe, por la larga historia del problema y de una accidentada y compleja relación en materia de colaboración en este tema entre los dos gobiernos, que requiere del gobierno mexicano para tratar de reducir o contener el tráfico de drogas hacia su país. Por esa razón se firmó hace unos meses un memorándum de cooperación en materia de seguridad, llamado Acuerdo Bicentenario, que incluye el funcionamiento de un grupo de alto nivel que coordina las acciones.

Sin embargo, ante la poca relevancia que le otorga el gobierno de López Obrador al tema, el gobierno estadunidense está dispuesto a ejercer presiones de diverso tipo para que México haga realidad una política más activa en contra de las organizaciones del narcotráfico y para combatir la corrupción de funcionarios de alto nivel que las protegen. La Casa Blanca ha cerrado en dos ocasiones la frontera para presionar al gobierno mexicano a que actúe con seriedad. La primera fue en el sexenio de Luis Echeverría para presionar a que se realizaran acciones decididas contra la producción de mariguana; en aquella ocasión, la respuesta mexicana fue poner en marcha el mayor operativo de destrucción de plantíos de esa droga, la Operación Cóndor. En 1985, cuando el secuestro y asesinato del agente de la DEA, Enrique *Kiki* Camarena, la displicencia del gobierno mexicano fue evidente, razón por la cual Ronald Reagan ordenó de nuevo el cierre de la frontera y sólo así hubo reacción mexicana: el descabezamiento del entonces Cártel de Guadalajara por la detención de Rafael Caro Quintero, Ernesto Fonseca y Miguel Ángel Félix Gallardo. Recientemente, la señal más clara del descontento estadounidense ante la ineficacia mexicana frente a la exportación de heroína y fentanilo —la cual ha provocado la más grave epidemia de muertes por sobredosis de opiáceos en ese país— fue la detención en Los Ángeles, California, del general Salvador Cienfuegos, quien fuera secretario de la Defensa en el gobierno de Peña Nieto. Fue una detención sin previo aviso al gobierno mexicano. Por el momento está abierto el expediente de la colaboración mediante el Acuerdo Bicentenario; sin embargo, si los estadounidenses no ven pronto un compromiso real y logros concretos, no sería extraño que aumenten la presión, ya sea por medio la detención de más funcionarios mexicanos o con otras medidas, como el cierre de las fronteras.

Cuando faltan dos años y medio del gobierno de López Obrador el saldo en materia de seguridad es lamentable, en primer lugar, en términos de la permanencia de niveles muy elevados de los diversos tipos de violencia que hacen miserable la vida de millones de mexicanos, ya sea por la pérdida de la vida de sus familiares, por las mujeres asesinadas o violentadas, por el despojo de los patrimonios cada vez más raquíticos tanto de pequeñas o grandes empresas extorsionadas como de los pasajeros del transporte público. A todo ello habría que añadir el miedo; miedo de salir a la calle, de ir a un banco, de subirse a un microbús, de dar permisos a las hijas para que vayan a una fiesta, de recibir llamadas de extorsión, de estar en el lugar equivocado a la hora equivocada cuando sicarios de dos grupos se enfrenten a balazos en plena luz del día en cualquier ciudad. El gobierno podrá presumir reducciones marginales de algunos delitos, pero serán logros coyunturales y producto más de esfuerzos de algunos gobiernos estatales y municipales, no de las políticas de seguridad del Gobierno Federal.

Dos hechos agravan más el saldo de este gobierno en materia de seguridad y justicia, ya que juntos prolongarán y deteriorarán más el problema en los próximos años. Primero, porque al no hacer prácticamente nada para fortalecer las instituciones policiales y de procuración de justicia, especialmente las de los estados y municipios, se está prolongando la crónica debilidad del Estado para contener y debilitar a las organizaciones criminales, llevar ante la justicia a quienes delinquen y, por tanto, reducir la impunidad. Y esto es particularmente preocupante ya que desde 2012 se ha postergado esa tarea. Al término de este gobierno México cumplirá 12 años sin construir las policías, los ministerios públicos, los juzgados y las cárceles que necesita.

El segundo hecho es la permisividad ante la penetración del crimen organizado en las instituciones políticas y el control de territorios, rutas, autoridades y actividades económicas, fenómeno que ocurre junto a la normalización tanto de la violencia y de un estado de las cosas donde impera la ley del más fuerte, como de una sociedad obligada a adaptarse a vivir bajo el yugo de las organizaciones criminales. Revertir estos dos daños cualitativos, además de que tomará muchos años, será condición indispensable para poder reducir de manera estructural la violencia y la inseguridad. No son buenas noticias, pero no debemos ni podemos cerrar los ojos ante la descomposición política, social y económica que están provocando las múltiples violencias y formas de la inseguridad que azotan al país. ¿El próximo gobierno que comenzará en 2024 entenderá la gravedad de la tragedia que hemos vivido y que tiende a empeorar?

Hágase su voluntad... por encima de la Constitución

José Ramón Cossío[20]

- Vemos promiscuidad al interior de la procuración de justicia y falta de división de poderes. El presidente tiene la idea de que su voluntad está por encima de la Constitución.
- Ha llevado la militarización de la vida nacional a un extremo no conocido y eso nos va a lastimar muchísimo; es mi mayor preocupación.

¿Tenemos hoy un Estado de derecho más fuerte que al inicio del actual gobierno?

En primer lugar, creo que el Estado de derecho hoy es más débil que en diciembre de 2018, cuando el presidente López Obrador tomó posesión.

No quiere decir que el Estado de derecho en México fuera fuerte. Creo que a ninguno de nosotros nos puede escapar el hecho de que este Estado de derecho, este conjunto de reglas, de disposiciones, de prácticas, era bastante deficiente.

Habría que ver los niveles de impunidad, las formas en las que las autoridades políticas, judiciales y ministeriales estaban involucradas entre sí, los actos de corrupción y una gran cantidad de fenómenos. Pero creo que cuando el presidente López Obrador tomó el poder no supo o no quiso, deliberadamente, establecer una forma distinta de ejercicio del poder político y optó por una donde el poder político encabezado por él, o consolidado en él, o realizado en él y por él, se apega lo menos posible a las normas jurídicas, no como un desprecio necesariamente hacia el derecho, sino como una condición en la que, supone

---

[20] Ministro de la Suprema Corte de Justicia de la Nación de noviembre de 2003 a noviembre de 2018. Miembro de El Colegio Nacional.

él, el derecho mismo es un obstáculo para la transformación del proceso político que quiere llevar a cabo.

Me parece que el presidente López Obrador, en su lógica, supone que entiende como nadie a los mexicanos, sus sentimientos, sus proyectos, sus ambiciones, sus tristezas, y es verdad que en alguna medida ello es así. Sin embargo, de esa experiencia psicológica quiere hacer un modo de gobierno y establecer una forma de ejercicio del poder público en el que las reglas no limiten estas acciones. Si esto es así, la situación del Estado de derecho hoy, día en que contesto estas preguntas, desde luego es mucho más delicada, mucho más endeble de lo que fue en los inicios de su gobierno.

¿Crees que ha habido una estrategia deliberada del presidente para afectar la reputación de los ministros?

Sí creo que es así. El presidente de la República, en varias ocasiones, a veces con nombres y apellidos, a veces en general, ha dicho que no confía en los ministros, que él considera que los ministros son, en cualquiera de sus clasificaciones, fifís, neoliberales, conservadores, personeros del viejo régimen y los ha señalado.

En otros casos ha dicho que el único que puede conducir la reforma judicial, la transformación judicial que el país requiere, es el actual presidente de la Suprema Corte, Arturo Zaldívar, con lo cual, desde luego, desdeña la posición y la condición del resto de sus colegas.

Cuando se le ha señalado que la Corte ha coincidido en alguna decisión con su proyecto político, el presidente ha dicho que ésta es una especie de golondrina que desde luego no hace verano, pero cuando no ha coincidido sí ha tenido señalamientos muy, muy fuertes con respecto a ellos.

Y, por otro lado, cuando se ha evidenciado la relación entre los ministros y su propio gobierno, también los ha desdeñado. Los desayunos a los que han asistido, por ejemplo, o el caso en que se mencionaron las grabaciones del fiscal general de la República diciendo que había hablado con el mismo presidente de la Corte o que algunos ministros habían expresado la posibilidad de votar (una sentencia cabildeada por el fiscal), el presidente de la República desdeña, solapa y simplemente desconoce estas posibilidades y estos actos, con lo cual entonces me parece que hace ver que un buen ministro es aquél que tiene una relación estrecha, que tiene una complicidad prácticamente con su gobierno y todos aquéllos que no lo estén son personas que, insisto, quedan encapsuladas en cualquiera de sus calificativos y, con motivo de eso, son personas de mala o baja reputación.

¿Cómo ves en este momento la procuración de justicia en el país?

Nuevamente creo que no se han resuelto los viejos problemas históricos: la falta de capacidades técnicas, la falta de preparación, la falta de recursos de las procuradurías y fiscalías, no sólo las de los estados sino la federal, por un lado; por otro lado, tampoco se han reducido en lo más mínimo los niveles de impunidad en el país; por lo contrario, los indicadores más serios parecen decir que éstos han aumentado.

Adicionalmente, hay algo que no habíamos visto: el manejo que hace el fiscal general de la República de asuntos con los que podría tener una relación personal, desde el propio órgano del Estado. Creo que esto no se había visto en las dimensiones que estamos observando. Un tema con la universidad en el estado de Puebla, otro tema con personas que estuvieron vinculadas con su hermano, son situaciones muy serias. Adicionalmente, estas disputas, que parecen simplemente coyunturales o pasajeras, de relación, de vinculación, con el consejero jurídico de la Presidencia de la República, o con la presidenta de la Cámara de Senadores, creo que sí denota otra vez demasiada comunicación, falta de división de poderes, una promiscuidad al interior de la procuración de justicia que está llevando a cabo estos elementos.

No creo que el presidente de la Suprema Corte de Justicia haya fortalecido la independencia judicial. Hay una parte simbólica en todo el actuar y creo que hay una cercanía muy, muy grande entre el presidente de la República y el presidente de la Corte.

El hecho de que el presidente diga que Zaldívar es la única persona que lo puede llevar, esto no es imputable al presidente de la Corte, pero me parece que deriva de conversaciones y reuniones previas, de entendimientos que se fueron dando con anterioridad, por una parte. Por otra parte, me parece también que sí hay algunas conductas específicas: ir a desayunar con el presidente de la República, estar en todos sus eventos, en los aeropuertos, estar señalando esto y lo otro. La cuestión que también me parece de la mayor importancia es este señalamiento que ha hecho el presidente de la Corte de que su agenda, su forma de comprensión, coincide con la del presidente de la República. Creo que el presidente de la Suprema Corte y los demás ministros deben tener como única agenda lo establecido en la Constitución, y no las posiciones políticas que cada uno de los mandatarios o de los partidos o de los regímenes políticos han tenido.

Por otro lado, hay una actuación que es muy delicada porque el presidente de la Suprema Corte no está enlistando muchos de los asuntos que tienen que ver con la estructura o la estructuración de la Cuarta Transformación. Por ejemplo, todo lo que se refiere a militarización no ha sido listado. Son asuntos que ya han demostrado distintas instituciones, como México Evalúa, que debieron haberse resuelto ya desde hace varios meses y estos asuntos no aparecen. Ya las personas se comenzaron a dar cuenta de estos elementos, y sí creo que esto está erosionando al Poder Judicial, tanto material como simbólicamente.

Y por último, creo que hay un elemento de la mayor importancia. Son bien conocidas las diferencias, las disputas, entre el presidente de la Suprema Corte y el resto de los ministros que integran ese órgano. Esto genera debilidad institucional y afecta la independencia, porque deja en una condición de gran vulnerabilidad a los ministros y a sus equipos.

¿Cuál crees que ha sido el daño que le causa el presidente López Obrador y su equipo al Estado de derecho?

Creo que también aquí hay que distinguir dos aspectos. Por un lado, la idea del presidente de que su voluntad está por encima de la

Constitución. Más allá de que repita con frecuencia la frase de José María Iglesias sobre la supremacía y la Constitución, o que tome algunas de las frases de los señalamientos de Juárez o de los otros hombres de la Reforma, creo que el presidente le tiene poco respeto a la Constitución.

Me parece que para él la Constitución es un objetivo a conquistar en la forma de integración de los órganos o en la forma de establecimiento de las disposiciones, y no es un marco que esté acotando su actuación.

Creo que hay distintos ejemplos, decretos, acuerdos, etcétera, donde el presidente está tratando de mover los márgenes constitucionales para tener mayores espacios de actuación. El que me parece más delicado de todos es la forma en que se ha insertado a las Fuerzas Armadas en funciones de seguridad pública, directamente como Fuerzas Armadas o como Guardia Nacional, exacerbando completamente lo que habían sido los límites, los requerimientos de otros presidentes de la República.

López Obrador no inició con los procesos de militarización de la vida nacional, pero sí me parece que los ha llevado a un extremo no conocido, y considero que nos va a lastimar muchísimo; ésta es mi mayor preocupación.

La República como un reino

Ignacio Morales Lechuga[21]

- La unificación de funciones en el presidente puede implicar la destrucción del concepto de República, de democracia y de la Constitución misma.
- El presidente ha pasado por encima de la Constitución al dar excesivas atribuciones al Ejército. Es un

[21] Procurador General de la República de 1991 a 1993. Embajador de México en Francia de 1993 a 1995. Rector de la Escuela Libre de Derecho de 2004 a 2008.

enorme riesgo. Hay dos instituciones que no devuelven terreno al mar: la Iglesia y el Ejército.

¿Cuál es el daño causado por el presidente López Obrador al Estado de derecho?

Todo quebrantamiento del Estado de derecho es un daño. El problema no es que se dañe por conductas particulares, el problema es su falta de rescate o restablecimiento. El Estado de derecho sólo se puede restablecer aplicándolo, y aplicando las sanciones que correspondan a esa ruptura. La fractura abierta es el camino ideal para que el país transite sobre la impunidad, la arbitrariedad, el despojo, los excesos, que son, finalmente, los jinetes apocalípticos del Estado de derecho.

Ése es el alto precio que este gobierno está dejando. Se ve hasta en detalles recientes. Por ejemplo, el actuar del secretario de Gobernación contra el marco jurídico de la ley Federal de Responsabilidad Administrativa, como orador de pueblo dedicado a hostigar al INE y al Tribunal Electoral, cuando él debería ser uno de los garantes de la legalidad en este país. Ése es el trabajo del secretario de Gobernación para desplegar la política interior. La destrucción de las instituciones no es parte de la política interior. Decir, con discursos encendidos, "no se la van a acabar", no es propio de la función de un secretario de Gobernación.

El presidente, en concreto, ¿qué ha dañado?

La Constitución en varias ocasiones. Empezaremos por ese memorándum que firmó después de haber tomado posesión para que no se aplicara la reforma educativa que provenía del anterior gobierno. Un memorándum como una orden ejecutiva para decir que no se aplique, se deje sin efecto la Constitución. Después se modificó la Constitución, pero en ese momento fue actuar contra la Constitución. Ése es un daño enorme que no se puede dar el lujo de cometer un presidente de la República ni nadie.

Se empezó a ver con indiferencia las violaciones a la Constitución, de tal manera que hoy no sólo es indiferencia, sino que pareciera que no pasa nada cuando impone su voluntad por encima de todo el marco jurídico. Ésa fue la primera, y la última fue cuando amenazó a los ministros de la Corte diciéndoles que "a mí no me vengan con el cuento de que la ley es la ley".

La Cámara de Diputados interpreta su propia ley al decir que la publicidad institucional no es publicidad, cuando la interpretación de la ley le corresponde a la Corte, no al Poder Legislativo.

Están armando una especie de unificación de funciones alrededor del presidente de la República, lo que en sí mismo puede implicar la destrucción del concepto de República, de democracia y de la Constitución misma.

El fiscal general de la República, la secretaria de Gobernación, el exconsejero jurídico de la Presidencia, son acusados de corrupción, abuso de poder, tráfico de influencias... ¿Ante qué estamos?

El tema político, de división y de confrontación, podría ser válido desde el punto de vista legal. Lo que me parece un exceso es que el propio presidente haya dado lugar a este conflicto al permitirle al consejero jurídico, en atribuciones que no le correspondían, que llevara a cabo actos propios de la Secretaría de Gobernación.

La actitud permisiva de la secretaria de Gobernación, de servir como florero, es decir, de no realizar las propias gestiones que la ley de la administración pública le otorga, y dedicarse a contemplar lo que el consejero jurídico realizaba por órdenes del presidente de la República. Que el fiscal esté investigando al exconsejero jurídico es una facultad de la Fiscalía si hay denuncia. En ese sentido yo no lo criticaría ni lo satanizaría.

Quien ha dado lugar a estas confrontaciones es el propio presidente.

Tiene una facilidad para violar la ley hasta inconscientemente. Cuando inició el régimen mandó comprar pipas a la Secretaría de la

Función Pública, lo cual no está dentro de sus funciones. Pipas de Pemex, de combustible, porque estaba combatiendo el huachicol. La mandó a comprar quién sabe cuántas pipas y vaya uno a saber dónde anden esas pipas a la fecha. Pero lo relevante era que las estaba comprando quien no le correspondía comprarlas.

Luego al canciller lo utilizó para que fuera a comprar medicinas. Y al Ejército lo trae haciendo de todo: encargado de obras públicas, de albañiles, de aduaneros, de agentes migratorios, de policías. Hay una deformación, una desnaturalización misma de su función, que es una deformación del Estado mexicano y no sé hasta dónde nos vaya a llevar.

El presidente no tiene una estructura, ya no digamos legal, sino una lógica de sentido común en su manera de operar, y a la República la ve como una especie de reinado donde él tiene que decidir en cinco minutos quién se va a encargar de alguna tarea, y tal vez al que esté ahí presente es al que se lo encarga. Como el secretario de la Defensa siempre lo acompaña, pareciera ser que él cacha todas las bolas, o que es como recogebolas, hablando en términos beisboleros.

No hay una estructura de gabinete, de administración pública. Carlos Salinas dijo al tomar posesión: "Hay que hacer política y más política". Ahora hay que decirles: "Hagan administración y más administración", porque lo que está claro es que no hay administración pública federal.

Es un hombre al que todas las mañanas se le ocurre poner algo en la agenda y él es quien va tomando las decisiones y va diciendo qué se reserva, qué no se reserva, para dónde va el presupuesto. Por eso el gran coraje que tuvo cuando la Corte le dijo que él no podía disponer libremente de los guardaditos; es decir, los ahorros producto de los subejercicios. La Corte le dijo que eso lo tiene que resolver la Cámara de Diputados porque ésa es su función, asignar el presupuesto. Pero el presidente estaba en la idea de manejar esto como uno puede administrar su efectivo: de la bolsa izquierda a la bolsa derecha, y de ahí para los chicles o la cerveza.

¿El exceso de funciones asignadas al Ejército trae algún riesgo para el Estado de derecho en el país?

Enorme, enorme riesgo. Hay dos instituciones que no están acostumbradas a devolver terreno al mar: una es la Iglesia y la otra es el Ejército. Y ya ganado ese terreno al mar, entra dentro de su esfera patrimonial, institucional. Yo no he visto que las Fuerzas Armadas devuelvan una función.

El único que prácticamente les quitó algo, y en lo oscurito, sin dar mayores explicaciones, fue Manuel Ávila Camacho. Él fue el último presidente militar. A partir de él empezó la civilidad en México. No sé qué acuerdos hayan existido, o qué tanta autoridad moral haya tenido Manuel Ávila Camacho, o bien si su carácter conciliador le permitió dar ese salto y acotar el papel de las Fuerzas Armadas. Desde esa fecha el Ejército había tenido funciones reservadas.

Ahora, desde hace dos sexenios discutíamos si el Ejército debía estar en la calle o si debía estar en los cuarteles. Todos esperábamos una modernización, una institucionalización de las fuerzas policiacas que lamentablemente no se dio, y estuvieron utilizando cada vez más y más a las Fuerzas Armadas.

Quienes ayudaron mucho a este proceso de militarización policial fueron la DEA y el gobierno de Estados Unidos, por el asunto Kiki Camarena. Ellos tienen desconfianza en las Fuerzas Armadas provenientes del Ejército, no así en la Marina. Por ese motivo, especialmente durante el sexenio de Calderón, se le dio preeminencia a la Marina sobre el Ejército en operaciones binacionales.

El general Salvador Cienfuegos pidió que se le diera un marco jurídico a las Fuerzas Armadas para que no actuasen fuera de la Constitución, y salió, producto de ese clamor, la Ley de Seguridad Interior, que ya fue derogada. Y se pasó al otro extremo de convertir a las Fuerzas Armadas prácticamente en policías.

En este momento todos sabemos que la Guardia Nacional la dirige el Ejército, que las aduanas pasaron a control de la Marina, que Migración está prácticamente militarizada.

Esta militarización que avanza no está guardando los principios constitucionales de división de funciones ni de asignación a civiles de determinadas funciones. La Constitución es muy clara cuando habla de que el papel de la policía es civil y no en manos militares. No lo dice así, pero dice "corresponderá a los civiles...". Y el presidente ha pasado por encima de la Constitución anunciando públicamente que quien se hará cargo de la Guardia Nacional es la milicia.

Así que es peligroso tener todo el armamento y el poder de fuego y guerra puestos en manos de una sola instancia de la administración pública. Los riesgos ni siquiera necesito aclararlos, son evidentes: no se puede concentrar toda esa fuerza en una sola mano.

Por esa razón se creó otra instancia, que hasta donde yo sé fue a petición de los vecinos del norte: el comandante de las Fuerzas Armadas.

Yo entiendo que los Estados Unidos forzaron, presionaron, insistieron o hicieron *lobby* para que quedara el poder un poco dividido en ese aspecto. Y la parte operativa se la dejan a este comandante.

¿Hay más o menos impunidad que cuando se dijo que se acabó la impunidad?

El porcentaje sigue siendo el mismo, pero hay más impunidad porque los delitos han aumentado. En estos tres años los homicidios dolosos rebasan los 117 mil en números aproximados, y la impunidad es más o menos la que traíamos en el sexenio anterior. Lo relevante es que hay más muertos que antes. Hay más violencia que antes.

¿Hacia dónde va México cuando es el presidente quien concentra poder y viola la Constitución?

Creo que él trató de llevar el país hacia una reelección, no obstante que se dice maderista, pero también juarista. Juárez sí tuvo esa tentación y la logró, aunque la madre naturaleza le impidió que continuara más tiempo en el cargo.

Intentaron la prórroga de mandato. No vamos a la reelección, sino simplemente vamos a estirar la liga dos o tres años más. Lo intentaron con el gobernador de Baja California, Jaime Bonilla, y lo intentaron con el presidente de la Corte, Arturo Zaldívar. Las encuestas jugaron un papel importante. Entre 70 y 80% decía que no a la reelección, hasta los que apoyan al presidente.

En principio, fue abandonada la reelección como idea. Entonces vino la Revocación de Mandato: ¿qué derecho te da la Revocación de Mandato como expresidente? Que si eres un líder social activo, puedes presionar al siguiente gobierno para que actúe como tú quieres, de lo contrario tienes la amenaza de que te voy a revocar el mandato. Su deseo de permanecer como protagonista principal o como actor importante es tratar de conducir el rumbo del país hacia una transformación que nadie conoce.

La CNDH, "una grotesca marioneta del Gobierno Federal"

Luis de la Barreda[22]

- La CNDH ha dejado de ser la defensora pública de los derechos humanos.
- No importa qué y cuántos actos abusivos y contrarios a la Constitución y a los tratados internacionales realice López Obrador, la presidenta de la CNDH es su cómplice en todos ellos.
- Para cumplir con la elevada tarea que le ordena la Constitución, tendría que formular una recomendación instando al presidente a que respete la integridad de las instituciones y otra exigiéndole que deje de denigrar y hostigar a quienes le incomodan.

---

[22] Investigador del Instituto de Investigaciones Jurídicas de la UNAM. Miembro de la Academia Mexicana de Ciencias Penales. Fue presidente de la Comisión de Derechos Humanos del Distrito Federal de 1993 a 2001.

¿Qué tipo de Comisión Nacional de Derechos Humanos existe en el gobierno de López Obrador?

La CNDH ha sido capturada por el Gobierno Federal. La elección de la titular Rosario Piedra fue un escandaloso y grotesco fraude, sin precedente en el Senado. La elegida no cumplía con los requisitos ni alcanzó la mayoría calificada que exige la Constitución: las dos terceras partes de los votos de los senadores presentes en el momento de la votación.

La transgresión a la ley suprema del país en un asunto tan importante fue tan evidente y tan grave que los propios compañeros de militancia de la designada la instaron en una carta a no prestarse a la inaudita maniobra, a no presentarse a la toma de protesta. La carta, signada por más de 20 colectivos de familiares de desaparecidos, decía que les alegraba a los signatarios que una persona que ha sufrido como ellos llegara a ocupar tan importante puesto, pero, añadían, "nos preocupa que sea en medio de dudas y señalamientos que desprestigian nuestro movimiento". Por lo que le pidieron "que no tomes protesta hasta que haya un proceso transparente y sin sombra de dudas". La destinataria de la misiva no la respondió.

Los perpetradores del fraude en el Senado acataron la línea que les trazó el presidente de la República, quien había manifestado su admiración por la candidata favorecida y subrayado que no quería al frente de la CNDH a un académico que fuera experto en la materia y actuara con profesionalismo, como los anteriores *ombudsman*. Con esas infaustas palabras el presidente mostró una vez más por una parte su talante autoritario y por otra su aversión a la academia. Ya antes nos había dejado estupefactos al señalar que quienes estudian posgrados en el extranjero lo hacen con el afán de robar más en la administración pública.

Dos características indispensables de un auténtico *ombudsman* son la alta calidad profesional y la plena autonomía. Sin ellas, el titular de un organismo público de derechos humanos no es verdaderamente un *ombudsman*. La tarea del defensor de los derechos humanos

247

requiere una actuación, caso por caso, rigurosamente profesional y escrupulosamente autónoma. La nueva titular de la CNDH se apresuró a declarar que la confrontación entre el presidente y la CNDH debía terminar. Como advirtió el primer presidente de la CNDH, Jorge Carpizo: "Es claro que el *ombudsman* sólo puede existir donde hay democracia. En los sistemas totalitarios o autoritarios está de más o se convierte en una figura sin ninguna importancia o sin resultados prácticos".[23]

A la pregunta de Fernando del Collado ("Tragaluz", en *Milenio*, 16 de febrero de 2020) de si hay que defender al INE, la presidenta de la CNDH respondió: "¿Defender al INE? ¡Que se defiendan solos!". La respuesta no podía ser más ominosa: Piedra considera que no es su deber salir en defensa de la institución que organiza y califica las elecciones federales en nuestro país, la institución sin cuya autonomía, fortaleza y profesionalismo la democracia mexicana simplemente no existiría. Es una contestación que muestra claramente en qué se ha convertido la CNDH: una grotesca marioneta del Gobierno Federal. Éste puede ahora arremeter contra el INE para privarlo de su independencia contando con la complicidad —¡así lo anticipa su presidenta!— de la CNDH.

Rosario Piedra ha guardado silencio con respecto al desabasto de medicinas, los niños enfermos de cáncer desprovistos de los medicamentos indispensables para seguir luchando por su vida, los hospitales públicos con carencias de lo más elemental para cumplir su cometido, el desamparo de cientos de miles de pacientes desde la cancelación del Seguro Popular, el incumplimiento de los amparos que ordenan reintegrar los recursos a las estancias infantiles, la violación a los derechos laborales de los policías federales, la militarización del país, las designaciones presidenciales de un presunto violador y un presunto acosador sexual, las reformas en materia de justicia penal que atropellan el principio de presunción de inocencia y el derecho constitucional a no

[23] Jorge Carpizo, *Derechos humanos y ombudsman*, México, UNAM / CNDH, 1993, p. 47.

ser privado de bienes y derechos si no es por resolución judicial tras un juicio en el que el acusado tenga todas las posibilidades de defensa, la captura o la erosión de los organismos autónomos, las ofensas y calumnias del presidente a los críticos del gobierno, la acometida contra el INE, la persecución penal contra 31 científicos y un largo etcétera.

¿Cuál debería ser la postura de la CNDH frente a la destrucción de instituciones y la denigración y hostigamiento a personas que incomodan al presidente?

La CNDH, para cumplir con la elevada tarea que le ordena la Constitución, tendría que formular una recomendación instando al presidente a que respete la integridad de las instituciones y otra exigiéndole que deje de denigrar y hostigar a quienes le incomodan. Las recomendaciones se pueden fundamentar en nuestra ley suprema y en las directrices de la oficina del Alto Comisionado de la ONU para los Derechos Humanos y en los lineamientos de la Comisión Interamericana de Derechos Humanos.

El gobierno usa cada vez más a las Fuerzas Armadas en tareas ajenas a su esencia y preparación, lo que incrementa el número de quejas por parte de la ciudadanía. ¿Cómo se puede explicar la pasividad de la CNDH frente a estos actos?

La pasividad de la CNDH frente a estos actos, como frente a los que enumeré en mi primera respuesta, sólo puede explicarse porque se eligió —fraudulentamente, reitero— como titular a una mujer absolutamente sometida a los designios del presidente. No importa qué y cuántos actos abusivos y contrarios a la Constitución y a los tratados internacionales realice el presidente, la presidenta de la CNDH es su cómplice en todos ellos.

En la primera mitad del gobierno, la CNDH recibió 3 215 quejas por violaciones graves a los derechos humanos. La *ombudsperson*

Piedra Ibarra ha guardado silencio en prácticamente todo. ¿Qué riesgos se corren si la CNDH sigue dejando pasar estos actos?

No se puede hablar de riesgos sino de una innegable realidad: la CNDH, con la designación de Rosario Piedra, dejó de ser la institución pública defensora de los derechos humanos para convertirse en una invitada de piedra de las abundantes y graves violaciones a los derechos humanos del Gobierno Federal.

¿La CNDH que concibió el entonces presidente Carlos Salinas y encabezó Jorge Carpizo está destruida?

Respondo con profunda tristeza e indignación: la CNDH ha dejado de ser la defensora pública de los derechos humanos.

Política social: primero los ricos

Gonzalo Hernández Licona[24]

- 3 millones 800 mil mexicanos que habían dejado de vivir en la pobreza regresaron a ella con el presidente López Obrador.
- Contrario a lo que pregona el presidente, no ha habido tal interés hacia los más pobres, ya sea por descuido, ignorancia o porque las prioridades son otras.
- Primero los ricos: para el 10% más pobre del país el apoyo gubernamental fue 32% menor que el que recibían en el sexenio previo. En contraste, 10% de las familias con mayores ingresos recibió 93% más de apoyos gubernamentales que en el sexenio pasado.

[24] Economista. Director de la Red de Pobreza Multidimensional (MPPN, por sus siglas en inglés). Fundador y secretario ejecutivo del Coneval de 2005 a 2019.

¿Cómo estábamos cuando inició este gobierno y cómo estamos ahora en cuanto a la pobreza en México?

De acuerdo con el más reciente informe del Consejo Nacional de Evaluación de la Política de Desarrollo Social (Coneval), entre 2018 y 2020 la población en situación de pobreza en México aumentó 3.8 millones de personas, al pasar de 51.9 a 55.7 millones de habitantes.

¿Por qué hay más pobres?

De acuerdo con la Encuesta Nacional de Ingresos y Gastos de los Hogares (ENIGH) 2020, el ingreso promedio de los hogares cayó 5.8% entre 2018 y 2020. La explicación más clara a esta caída es la reducción de 10.7% de los ingresos por trabajo de toda la población. Debido a que en 2018 el ingreso por trabajo representó 64% de los ingresos de las familias, la disminución de este rubro afectó el ingreso total. Detrás de este resultado está el hecho de que durante 2020 el país perdió muchos empleos a causa del covid-19. En mayo de 2020, 12.5 millones de personas se quedaron sin trabajo, lo que significó una reducción considerable de los ingresos laborales de la población. Posteriormente los empleos se fueron recuperando lentamente, pero el golpe al trabajo fue brutal. A diferencia de otras crisis, la población ni siquiera podía encontrar sustento en la economía informal, pues ésta también se cayó debido a que se impusieron confinamientos y buena parte de la población sólo salía a comprar lo esencial.

El gobierno del presidente Andrés Manuel López Obrador no echó a andar planes de emergencia para apoyar el empleo o el ingreso laboral perdido. Sus medidas para la reactivación económica se limitaron a la entrega de créditos a micro y pequeños negocios, pero no hubo apoyos para individuos. El presidente argumentaba que no eran necesarios porque los programas sociales que estaban en marcha desde 2019 y que continuaron durante 2020 serían suficientes para apoyar a la población. Pero esto no sucedió.

La Erncuesta Nacional de Ingresos y Gastos de los Hogares 2020 (ENIGH) revela que el ingreso por programas sociales y becas gubernamentales se incrementó 45% entre 2018 y 2020, pero el ingreso por estos rubros sólo representa 1.6% del ingreso total de las familias en México. Aunque se haya incrementado 45%, no logró compensar la caída del ingreso laboral que representa un mayor porcentaje de los ingresos de los mexicanos.

No sólo eso, un hecho sorprendente es que, si bien el apoyo gubernamental a las familias creció, para el 10% más pobre del país el apoyo gubernamental fue 32% menor que el que recibían en el sexenio previo. En contraste, 10% de las familias con mayores ingresos recibió 93% más de apoyos gubernamentales que en el sexenio pasado. El incremento de los apoyos gubernamentales que se generó entre 2018 y 2020 se concentró en el 50% de las familias con más ingresos. Primero los ricos.

Contrario a lo que pregona el presidente, no ha habido tal interés hacia los más pobres, ya sea por descuido, ignorancia o porque las prioridades son otras.

Son al menos tres elementos los que han provocado que los más pobres se queden sin apoyo gubernamental. El primero es que se eliminó la focalización que se tenía en sexenios previos. El programa Prospera dejó de operar el 31 de diciembre de 2018 por decisión de este gobierno, a pesar de ser el programa que durante dos décadas más llegó a la población en pobreza. Su focalización no era perfecta, pero era el mejor mecanismo que tenía el Estado mexicano para hacer llegar recursos a las familias en situación de pobreza. En 2019 el programa se transformó en diferentes programas: Becas de Educación Básica para el Bienestar Benito Juárez, Beca Universal para Estudiantes de Educación Media Superior Benito Juárez, Becas Elisa Acuña y Jóvenes Escribiendo el Futuro. Este cambio generó dos problemas. El monto total cayó 35% entre 2018 y 2020, dicho por la población, y para 10% de las familias más pobres la reducción fue de 63%. De hecho, para 70% más pobre de la población este cambio implicó menores apoyos de estos programas respecto a Prospera. Sólo 30% de las familias con mayores ingresos tuvo un aumento en las becas gubernamentales con los programas nuevos.

La segunda razón es que precisamente se dejó de favorecer a los niños de primaria y secundaria, que son los niveles educativos en los que muchas de las familias en pobreza tienen a sus hijos, y se favoreció la preparatoria y la universidad. Lo que redujo las becas para las familias más pobres.

La tercera razón es que se privilegió a los adultos mayores con respecto a los niños, siendo que éstos están más vulnerables por no existir programas enfocados en sus necesidades. No es que los adultos mayores o los alumnos universitarios no requieran apoyo, es que al ponerlos como prioridad se desamparó a la niñez.

Los adultos mayores requieren apoyo, pero viendo el panorama total de la política social, como se señaló previamente, con este programa no se ha reparado el descalabro generado por el covid-19, no se compensan los apoyos que se daban en sexenios previos y, al contrario, ha contribuido a que los más pobres reciban menos recursos públicos que en el pasado. La cobertura del programa de adultos mayores fue de 15% de los hogares en 2020; no alcanza todavía la cobertura de 18% de los hogares que tenía el programa Prospera en su momento, que es el que mayor alcance ha tenido.

El deterioro en materia de pobreza comenzó antes de la pandemia, ¿es así?

No necesariamente. La pobreza laboral, que es el porcentaje de la población cuyos ingresos laborales familiares son inferiores al valor de la canasta alimentaria, venía bajando desde 2014 hasta 2019. Lo que se detuvo antes de la pandemia fue el ritmo de crecimiento de la generación de empleo formal, misma que empezó a debilitarse en el segundo semestre de 2018.

¿Alrededor de cuántos mexicanos que habían dejado la pobreza volvieron a ella en esta administración?

3.8 millones.

¿Cuáles son los indicadores de pobreza que más se han agudizado en los tres años de gobierno?

Ya se mencionó el problema del ingreso, ahora veamos los problemas en otras dimensiones de la pobreza.

El acceso a los servicios de salud se refiere a que las personas reconozcan que efectivamente tienen derecho a un sistema de salud, ya sea público o privado, que las va a proteger. Las personas niegan tener esta cobertura cuando desconocen los servicios de salud a los que tienen derecho o cuando en algún momento se los han negado. En 2018, 20.1 millones de personas dijeron no tener acceso a los servicios de salud, pero en 2020 esa cifra aumentó a 35.7 millones. Es decir, la falta de acceso a servicios sanitarios creció más de 15 millones de personas en dos años. La razón principal es la desaparición del Seguro Popular y que la población percibió que no había sido sustituido por nada, especialmente durante la pandemia. Si bien en enero de 2020 empezó a operar el Instituto de Salud para el Bienestar (Insabi) en sustitución del Seguro Popular, las familias no tienen claridad sobre qué es, cómo funciona y qué implicaciones tiene para ellas. Como se muestra en la ENIGH, los mexicanos hoy pagan más que antes por servicios de salud. El cambio hacia el Insabi y la pandemia provocaron que entre 2018 y 2020 el gasto en salud aumentara 40%. Lo que derivó en un incremento de la pobreza en México.

Respecto a la alimentación nutritiva y de calidad, un poco más de un millón de personas manifestaron en la ENIGH 2020 que tuvieron mayor inseguridad alimentaria y menor variedad de alimentos en sus dietas durante este periodo. En esta cifra se excluyen a quienes señalaron tener inseguridad alimentaria leve. No obstante, este aumento muestra que los problemas económicos suscitados por la pandemia impidieron que los mexicanos adquirieran los alimentos necesarios para sus familias.

¿En qué consisten los programas sociales del gobierno actual como para afirmar que son el pilar de una profunda transformación en México?

No lo son.

Son programas que sólo entregan efectivo (como ya se hacía antes), pero que no responden a mejorar el acceso efectivo a los derechos sociales. Es decir, no tienen incidencia en la disponibilidad de servicios ni en la calidad de los mismos. Si la disponibilidad de clínicas y la calidad de los servicios de salud no mejora, la transferencia monetaria hace muy poco por un acceso efectivo a los derechos sociales.

Hace años le pregunté en entrevista a Gilberto Rincón Gallardo quién era la persona más pobre del país. Respondió que desconocía el nombre, pero seguro era mujer e indígena. ¿Cómo ha cambiado la situación de las mujeres indígenas en este sexenio?

Tenía razón don Gilberto. Mientras que la pobreza extrema de los hombres, no indígenas, urbanos es de 4%, la pobreza extrema de mujeres, indígenas, rurales es de 45%. Así el tamaño de la desigualdad en el país.

Las dimensiones de la pobreza

Rodolfo de la Torre[25]

- Se profundizó la gravedad de la pobreza.
- Las carencias no monetarias de la población tuvieron un inicio previo a la pandemia.

[25] Director del Programa de Desarrollo Social con Equidad del Centro de Estudios Espinosa Yglesias. Fue director de la revista *El trimestre económico* del Fondo de Cultura Economica y coordinador general de la Oficina de Investigación sobre Desarrollo Humano del Programa de las Naciones Unidas para el Desarrollo.

- Esta política social no tiene los alcances presupuestales del principio del sexenio pasado y ha sido insuficiente para enfrentar los retos presentes, con y sin pandemia.

¿Cómo estaba y cómo está el país en cuanto a pobreza?

El Consejo Nacional de Evaluación de la Política de Desarrollo Social (Coneval) determina que una persona está oficialmente en condición de pobreza si tiene un ingreso con el que no puede comprar una canasta mínima de satisfactores y si carece de acceso a uno o más de los siguientes derechos sociales: alimentación nutritiva y de calidad, servicios de salud, educación, vivienda con espacios y calidad mínimos, servicios básicos en la vivienda y seguridad social. Se considera en pobreza extrema aquellos que no pueden adquirir los alimentos incluidos en la canasta mínima de satisfactores y tienen al menos tres carencias de las antes mencionadas.

Entre 2018 y 2020, el número de mexicanos en pobreza aumentó casi 4 millones, lo que representa un incremento de más de 7%. A esta condición se sumaron cerca de 56 millones; es decir, cuatro de cada diez personas en México. La gravedad de la pobreza también se profundizó. Se agregaron más de 2 millones al total de quienes la sufren de manera extrema, un aumento de 24%; por lo tanto, ésta abarca ya a casi 11 millones de personas; es decir, prácticamente, uno de cada diez mexicanos está en el peor nivel de pobreza.

Además, la pobreza creció de manera desigual. En 19 entidades federativas aumentó y en el resto disminuyó. Contrario a lo que se esperaba, Chiapas, Guerrero y Oaxaca redujeron su pobreza y en donde más aumentó fue en Quintana Roo, Baja California y Tlaxcala. En otras crisis, el patrón de cambios había sido el inverso. Esta vez, en general, parece ser el siguiente: la pobreza bajó en los estados donde predominan las zonas rurales y creció en aquellos con ciudades densamente pobladas. La pobreza también incrementó más en los niños y adolescentes que en los adultos mayores, y entre los que no hablan una lengua indígena.

¿Cómo se explica el aumento de la pobreza?

Hay dos grandes explicaciones para el incremento de la pobreza entre 2018 y 2020 y a que ese aumento no fuera tan grande como se temía al inicio de la pandemia de covid-19. Una tiene que ver con el ingreso de los hogares ligado al desempeño económico del país y las transferencias monetarias otorgadas por la actual administración. Otra corresponde al acceso a diversos servicios públicos y la forma en como éstos fueron ofrecidos en nuevas condiciones.

En cuanto a la primera, si bien la economía tuvo un deficiente desempeño en 2019 y una caída profunda en 2020, ésta sólo se vio reflejada en un descenso de 6.9% en el ingreso corriente total per cápita de los hogares entre 2018 y 2020. Dos elementos que moderaron los efectos de la economía sobre los ingresos de los hogares más pobres o vulnerables a la pobreza fueron, por una parte, el aumento en los salarios mínimos, que se tradujeron en mayores ingresos laborales para un segmento del mercado de trabajo formal, y las mayores transferencias monetarias a los hogares otorgadas desde 2019.

Adicionalmente, otra razón por la que no hubo un descenso mayor en el ingreso es que las zonas rurales pudieron incrementar la actividad productiva, aunque las urbanas la redujeron, dados los mayores efectos de la pandemia en zonas donde se concentraba mayor población. El Coneval señala que esto último se relaciona con la distribución territorial de la pandemia de covid-19 y con la consecuente suspensión de actividades, que pudo haber afectado en mayor medida a las zonas pobladas más densamente.

Un segundo elemento que jugó un papel importante en el aumento de la pobreza fue el menor acceso a servicios de salud. Entre 2018 y 2020 más de 15 millones de personas se sumaron a las que carecen de acceso a estos servicios, ya sea proporcionados por una institución pública o privada, para llegar a un total de cerca de 36 millones. Este incremento en la población sin atención médica es de casi 78% y, en total, ya afecta a más de 28% de los mexicanos.

¿El deterioro empezó con la pandemia, o antes?

En términos de su componente de ingresos, la pobreza se originó después de la pandemia, pues antes de ella diversos indicadores mostraban una mejoría en las percepciones laborales y por programas sociales de la población. Sin embargo, en lo que a carencias no monetarias se refiere, la pobreza tuvo un inicio previo a la pandemia.

El Coneval, al reportar la evolución de las dimensiones de la pobreza con el Censo de Población y Vivienda 2020, permite estimar que 44% del aumento en la carencia de acceso a servicios de salud ocurrió antes de que el sistema de salud sufriera las presiones de los contagios y hospitalizaciones debidas al covid-19. La transición del Seguro Popular al Insabi —ocurrida desde 2019, aunque principalmente a inicios de 2020— es la explicación más viable del deterioro, ya sea por una difusión deficiente del nuevo esquema entre la ciudadanía o por la incapacidad del Insabi de proporcionar de manera efectiva atención médica y medicinas a quien lo requiere.

¿Qué indicadores de pobreza han empeorado?

El componente de la pobreza que mostró el mayor retroceso fue el de salud. Como ya indiqué, entre 2018 y 2020 más de 15 millones de personas se sumaron a las que carecen de acceso a estos servicios, ya sea proporcionados por una institución pública o privada, para llegar a un total de cerca de 36 millones. Este incremento en la población sin atención médica fue de casi 78% y, en total, ya afecta a más de 28% de los mexicanos. El 44% del aumento en esta carencia ocurrió antes de que el sistema de salud sufriera las presiones de los contagios y hospitalizaciones debidas al covid-19.

La transición del Seguro Popular al Insabi es la explicación más viable del deterioro. Durante el periodo de desmantelamiento del Seguro Popular hasta los primeros meses de la creación del Insabi, justo antes de la pandemia, cerca de 7 millones de personas se agregaron a las que reportan carencia de atención médica.

En segundo lugar, como factor contribuyente a la pobreza, se encuentra la falta de crecimiento de los ingresos de los hogares, atribuible a un magro crecimiento económico y a una redistribución del ingreso muy deficiente. Entre 2018 y 2020 aumentaron en 5.1 millones las personas cuyo ingreso no les permite comprar la canasta básica de satisfactores que definen una condición de pobreza. Por otra parte, el Coneval señala que en 2019 los programas sociales alcanzaron un desempeño con una calificación promedio de 66%, lo que señaló como "insuficiente". Para 2020, con criterios más precisos, el nivel de desempeño promedio se redujo a 64%, lo que ameritó denominar el cumplimiento efectivo de metas como "bajo".

¿Cuáles son los alcances de la política social de esta administración?

La política social de la nueva administración descansa principalmente en las transferencias monetarias. El gasto en salud y educación ha perdido peso relativo con respecto a los apoyos en efectivo correspondientes a las pensiones a los adultos mayores, a la población rural para la siembra de árboles maderables y frutales y a los jóvenes que estudian o inician su participación en el mercado de trabajo. Los programas Pensión para el Bienestar para Adultos Mayores, Sembrando Vida, Becas Benito Juárez y Jóvenes Construyendo el Futuro son ejemplos de los nuevos programas sociales que han pretendido una cobertura universal dentro de cada grupo al que se dirigen, en contraste con la focalización en quienes mayor pobreza presentan.

Esta política social no tiene los alcances presupuestales de lo que se observó al principio del sexenio pasado, ha sido insuficiente para enfrentar los retos presentes, con y sin pandemia, y ha reducido la cobertura y la progresividad de los recursos existentes, por lo que está muy lejos de ser un planteamiento profundamente transformador de la realidad mexicana.

Las transferencias de los programas sociales redujeron la pobreza en dos puntos porcentuales en 2020, prácticamente lo mismo que en 2018, cuando esta eficacia fue de 1.9 puntos. La diferencia equivale a que esta administración sólo evitara la pobreza de 200 mil personas más. Sin embargo, para ello hubo que incrementar 56% el total de los beneficios de los programas gubernamentales, una suma desproporcionada para el beneficio alcanzado.

Además, la forma en que esta política social logró elevar minúsculamente su efectividad fue reduciendo 21.4% las transferencias de los más pobres y elevando 72.4% las de quienes se encontraban a punto de caer en la pobreza, de acuerdo con cálculos propios.

Educación: una generación perdida en una tragedia múltiple

Otto Granados[26]

- Casi sin cumplir requisito alguno, entre diciembre de 2018 y septiembre de 2021 suman 497 mil los supuestos "trabajadores de la educación" a los que se les han otorgado plazas definitivas.
- La destrucción educativa implica una profunda y grave inequidad entre la escuela pública y la privada; entre estados ricos y estados rezagados, y entre niños de bajos ingresos y los de ingresos altos.
- Este gobierno tiene un odio radical, enfermizo, por todo aquello que signifique educación de calidad, innovación, conocimiento, productividad y competitividad, que son los verdaderos motores del bienestar, del progreso, del desarrollo humano.

---

[26] Presidente del Consejo Asesor de la Organización de Estados Iberoamericanos para la Educación, la Ciencia y la Cultura. Fue secretario de Educación Pública (2017-2018), gobernador de Aguascalientes (1992-1998), director de Comunicación Social de la Presidencia de la República (1988-1992) y embajador de México en Chile (1999-2001 y 2013-2015).

¿En qué condiciones y cuál era el horizonte del sector educativo que se entregó a la nueva administración el 30 de noviembre de 2018?

Al finalizar la administración de Peña Nieto estaba en marcha la reforma educativa más importante desde los años sesenta —"una de las más interesantes y serias jamás emprendida", la calificó Gilberto Guevara Niebla— basada fundamentalmente en dos grandes pilares.

Uno fue la elaboración del Nuevo Modelo Educativo para la educación básica, cuya primera fase estaba considerada para iniciar el ciclo escolar 2018-2019 y que tenía como propósitos ofrecer una formación integral, enfocarse en las competencias, adquirir conocimientos, desarrollar habilidades, adoptar actitudes y tener valores; incorporar la autonomía curricular y la educación socioemocional; articular el perfil de egreso de educación básica con media superior; reducir los contenidos, pero ampliar la calidad y el grado de conocimiento en cada tema, e incorporar como eje horizontal la inclusión y la equidad. Se hizo un ejercicio amplio de consulta con ciudadanos, docentes, padres de familia, expertos y las academias mexicanas de ciencias, matemáticas, historia y lengua; participaron la UNAM, el Centro de Investigación y Docencia Económica (CIDE), El Colegio de México (Colmex), El Colegio Nacional, el Seminario de Cultura Mexicana, entre otros. Para agosto de 2018, ya se habían desarrollado los cursos en línea para implementar los aprendizajes clave en el aula y había un millón de docentes/directivos de educación básica inscritos. En julio y agosto de 2018, se distribuyeron 384 títulos del nuevo modelo educativo: 136 títulos de lectura para el alumno y docentes; 65 títulos para primaria (incluye material en inglés), 125 títulos para secundaria, 12 para telesecundarias y 44 para estudiantes indígenas (en 22 lenguas indígenas).

El otro gran pilar era tener mucho mejores maestros y para lograrlo había que establecer, por un lado, un auténtico concurso público, abierto y transparente para el ingreso a la carrera docente, y por el otro, hacer evaluaciones al desempeño y para la promoción dentro de la carrera. Gracias a esto la reforma educativa terminó con el negocio de la asignación discrecional de plazas magisteriales que se daba, en muchos casos, por vía de herencia o venta en el mercado negro en montos que, dependiendo del tipo de plaza y el estado, oscilaban entre 200 mil y 600 mil pesos. En otros casos, las plazas eran otorgadas a personas que no cubrían el perfil académico mínimo para dar una clase medianamente seria en una escuela pública del país y la reforma introdujo los concursos basados únicamente en el mérito y el esfuerzo.

En este sentido, la interrogante fundamental era saber si al final de la gestión 2012-2018 se dejaron las cosas en condiciones un poco mejores que como se encontraron. Y la respuesta es contundente. Antes de la reforma de 2013, había un sistema discrecional de ingreso, promoción y permanencia en la docencia, que fue sustituido por un sistema de obligaciones y derechos claro, transparente y verificable en el cual, hasta noviembre de 2018, habían participado más de millón y medio de maestros. Antes, había que transitar por prácticas corruptas para conseguir una plaza o una promoción; después, 241 mil maestros ya habían conseguido su plaza (202 mil) o ascenso (39 mil) exclusivamente por concurso. Antes, en el promedio de los cinco estados con más alto desempeño, apenas 52% de los participantes en concursos de ingreso lograban un resultado aprobatorio; después, lo alcanzaba ya 70%. Antes no había un sistema profesional y orgánico para ponderar la calidad y capacidad de los maestros basado en su capacidad; después, 60% de los profesores de educación básica obtenía los resultados más altos por nivel de desempeño y 112 mil maestros estaban recibiendo un incentivo económico adicional significativo. Antes, en las modalidades de pruebas utilizadas para evaluar logros de aprendizaje llamadas Planea, los resultados permanecían constantes; después, entre 11 y 18 estados ya mostraban progresos estadísticamente relevantes en diversas áreas.

Es más, hoy que están tan de moda las encuestas, la reforma educativa era la mejor valorada en todos los estudios levantados entre población abierta y en vivienda a nivel nacional (Consulta y BCG) en 2017: 64% de los encuestados estaba de acuerdo con ella, 79% aprobó las evaluaciones a los docentes, 71% aceptó que las escuelas tuvieran jornada ampliada, 89% aprobó buscar que los maestros tuvieran un alto nivel de inglés, y casi 60% de los maestros pensaba que la evaluación es "fundamental" para su desarrollo profesional. Dicho con la pomposa retórica actual: si las encuestas valen, entonces el "pueblo" habló.

¿Qué destruyó el presidente López Obrador?

Es una cosa curiosa porque si bien amenazaron con "cancelar" la reforma no pudieron del todo. Por ejemplo, donde decía "calidad" le pusieron "excelencia"; al Instituto Nacional para la Evaluación de la Educación (INEE) lo mataron pero dejaron una cosa amorfa sin pies ni cabeza que no tiene dientes, y cosas así. Donde sí lo hicieron, por cierto, fue en la parte más corrupta porque quitaron los concursos de ingreso y de desempeño, que eran cruciales, y a otros les prometieron reabrir la puerta trasera de la docencia como por ejemplo a los egresados de algunas escuelas normales —básicamente las peores del país, como las de Michoacán, Chiapas o Guerrero— para que pudieran entrar casi sin cumplir requisito alguno; de hecho, entre diciembre de 2018 y septiembre de 2021 suman ya 497 mil los supuestos "trabajadores de la educación" a los que se les han otorgado plazas definitivas. Como es fácil de entender, los cambios de la reforma de la administración de Peña Nieto habían cerrado la puerta a esos mecanismos corruptos y corruptores, que ahora regresaron como se muestra el siguiente comparativo:

Plazas asignadas para ingresar al servicio docente 2014-18 *vs.* 2019-2021

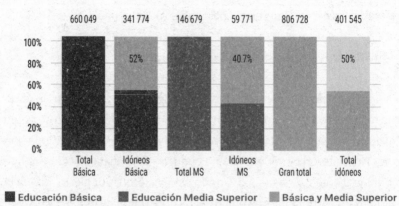

ANTES
Concurso público y abierto de oposición
(2014-2018)

■ Educación Básica   ■ Educación Media Superior   ■ Básica y Media Superior

Plazas asignadas por concurso: 202 147

Fuente: Coordinación Nacional del Servicio Profesional Docente, 16 de octubre de 2018.

AHORA
Tráfico y venta de plazas docentes
(2019-2021)

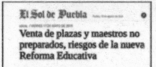

Fuente: Medios de comunicación, 2019-2021.

Y al parecer la práctica se ha profundizado, como han reportado algunos medios.[27]Ahora bien, hubo cosas que sí quedaron, como la creación del Fondo de Aportaciones para la Nómina Educativa y Gasto Operativo (Fone), que fue diseñado para reducir las disparidades presupuestales en las entidades federativas en materia de gasto educativo, en especial la nómina de servicios personales, así como para lograr un uso más eficiente, eficaz y transparente del presupuesto para educación, como bien lo entendió Carlos Urzúa y me lo dijo personalmente poco antes de que entrara el nuevo gobierno.

De hecho, la Auditoría Superior de la Federación reconoció que "con el Fone se avanzó en el manejo de los recursos de la nómina mediante la recuperación del pago a terceros institucionales, la cancelación de pagos fuera de la normativa a comisionados sindicales y otras irregularidades, lo cual ha mejorado la gestión de estos recursos", y "los problemas derivados de la falta de documentación justificativa y/o comprobatoria del gasto disminuyeron notablemente". Lo que se hizo con la organización del Fone fue, en primer lugar, conciliar el número más aproximado posible de plazas federalizadas (es decir, las que se transfirieron con la descentralización de 1992). Segundo, contabilizar el número de conceptos de pago existentes. Tercero, cancelar la doble negociación salarial con el Sindicato Nacional de Trabajadores de la Educación (SNTE) mediante la firma de un "convenio de automaticidad" que en buen castizo quiere decir simplemente que los estados ya no podrían acordar con sus secciones sindicales recursos adicionales a los pactados en la Federación. Y finalmente obligó a los estados a pagar los impuestos que retenían o de plano le jineteaban al SAT. Este proceso concluyó y el ejercicio arrojó un total de un millón 831 mil plazas y de 9 113 conceptos de pago. Por ejemplo,

[27] Noel F. Alvarado, "Inicia FGR investigación contra funcionarios de la SEP acusados por venta de plazas", *La Prensa*, 10 de octubre de 2021, <https://www.la-prensa.com.mx/policiaca/inicia-fgr-investigacion-contra-funcionarios-de-la-sep-acusado-por-venta-de-plazas-7323357.html>; Daniel Blancas Madrigal, "'¿Quiere plaza de maestro? Le cuesta 220 mil'…", *La Crónica de Hoy*, 27 de octubre de 2021, <https://www.cronica.com.mx/nacional/quiere-plaza-maestro-le-cuesta-220-mil.html>.

mientras que en 2014 los estados y la Secretaría de Educación Pública (SEP) recaudaron y enteraron 41 mil 549 millones de pesos de ISR al SAT, con la entrada del Fone dicho pago aumentó a 78 mil 342 millones de pesos en 2015, 79 mil 430 millones en 2016 y 83 mil 952 millones en 2017, y lo mismo ocurrió con los recursos para la seguridad social.

Otro avance ha sido la posibilidad de, gracias a la información del Fone, hacer una compulsa contra la estadística educativa que se levanta en cada ciclo escolar, la cual arrojó que existían 44 mil plazas en algún tipo de situación irregular, equivalentes a unos 5 mil millones de pesos, y proceder con los estados a su ordenamiento. Otro resultado positivo fue pagar puntualmente a los maestros, 90 por cienro de los cuales ya recibían su quincena vía transferencia bancaria, excepto en los estados de la CNTE donde todavía sus dirigentes se niegan a la bancarización para poder traficar con largueza con los cheques o de plano robarse los pagos en efectivo.

¿Cuál será el impacto social de la destrucción?

Una profunda y grave inequidad entre la escuela pública y la privada; entre estados ricos y estados rezagados, y entre niños de bajos ingresos y los de ingresos altos. Si le añades la pandemia, la contracción económica y el desorden en la gestión educativa, el saldo va a ser de por lo menos una generación perdida educativamente hablando.

Quizá la crítica más puntual y honesta del saldo catastrófico de la administración educativa que arrancó en diciembre de 2018 la formuló justamente Guevara Niebla, el primer subsecretario de Educación Básica con Moctezuma, que escribió: el gobierno de Morena "no produjo como se esperaba un nuevo proyecto para mejorar la educación nacional... volvió la espalda a la educación persiguiendo un objetivo político, en el sentido populista, mezquino del término". Ha sido, sentenció Gilberto, "una regresión". Y en efecto va a ser un retroceso de 15 o 20 años.

¿Cuáles son las consecuencias para México como país emergente, ante nuestros socios y competidores?

Será una tragedia mútiple. Este 2022, en abril, se levanta la nueva edición de la prueba PISA (Programa para la Evaluación Internacional de Alumnos, por sus siglas en inglés) de la Organización para la Cooperación y el Desarrollo Económicos (OCDE) y los resultados van a confirmar el retroceso de los niños mexicanos.

Otra evidencia es que México ya ha caído en los índices más importantes de competitividad. Por ejemplo, en el IMD World Competitiveness Ranking de 2021, México apareció en el sitio 55 sobre 64 países; y en el Global Innovation Index 2021 de la Organización Mundial de la Propiedad Intelectual (OMPI), también en el lugar 55 de 132 países.

Peor aún es ver que en materia de solicitudes de patentes, registro de marcas y diseños industriales, que son un fuerte indicador de innovación que se genera sobre todo en las universidades mexicanas, de un total de 19.8 millones de solicitudes, México generó apenas un poco más de 20 mil. En el mundo del siglo XXI, donde muchas regiones avanzan aceleradamente hacia una sociedad del conocimiento y el gobierno sigue creyendo en el trapiche, los niños y jóvenes mexicanos van a ser los nuevos parias.

¿Por qué lo hizo?

Buena pregunta. No tengo una sola respuesta, pero es claro que este gobierno tiene un odio radical, enfermizo, por todo aquello que signifique educación de calidad, innovación, conocimiento, productividad y competitividad, que son los verdaderos motores del bienestar, del progreso, del desarrollo humano. Ellos se sienten más cómodos en el México de los sesenta y los setenta, que es el que tienen en mente, y en un mundo que ya desapareció, y como no pueden igualar hacia arriba han decidido intentar igualar hacia abajo. La cuestión es que los mexicanos que pueden, los que tienen posibilidades, entienden perfectamente la trampa y harán todo lo necesario por no caer en ella; el problema es que es una minoría que dejará atrás a la gran mayoría.

Una escalera social
con peldaños mutilados

Enrique Cárdenas[28]

- López Obrador ha mutilado muchos de los peldaños de la escalera para avanzar en la movilidad social; no es estancamiento, sino una regresión grave.
- Destruyeron instrumentos que reforzaban el aprendizaje de los niños, mejoraban la calidad de la educación, especialmente en aquellos lugares donde hace más falta mejorarla.
- Con lo que ha ocurrido en el gobierno de López Obrador, los aprendizajes y las trayectorias de vida de varios millones de niños serán afectados de manera permanente.

¿A qué se le llama movilidad social?

La movilidad social se define como la posibilidad para que una persona o familia logre moverse en la escala socioeconómica de una sociedad determinada. Existe movilidad social ascendente que indica las probabilidades (estadísticas) de una persona que nace en los estratos sociales más bajos pueda avanzar a estratos socioeconómicos más altos, y movilidad social descendente cuando ocurra lo contrario.

[28] Director de la organización Signos Vitales. Miembro de la Academia Mexicana de Ciencias. Exrector de la Universidad de las Américas Puebla y exdirector ejecutivo del Centro de Estudios Espinosa Yglesias. Contendió como candidato a gobernador en las elecciones extraordinarias de 2019 en Puebla por el PAN, PRD y MC.

¿Qué tipo de acciones se habían llevado a cabo en México para mejorar la movilidad social?

Durante las últimas décadas se había avanzado en mejorar la cobertura de los sistemas educativos y de salud. El promedio de años de escolaridad es ya de 9.7 años, cuando hace 30 años era de solamente de 6.8 años (Inegi, 2021). Eso implica que ya casi todos los niños que hay en el país pueden acceder a la educación primaria y la mayoría a la educación secundaria, aunque claramente la calidad es muy diversa.

Los servicios de salud avanzaron enormemente en su cobertura con el Seguro Popular, pues los servicios que provee el IMSS y el ISSSTE están limitados a aquellas familias que tienen un empleo que cubre la seguridad social, comúnmente definidos como empleo "formal".

Así, la cobertura de los servicios de salud aumentó de 82.2% en 2015 a 89.5% en 2018 (Inegi, *s.f.*), un avance adicional para emparejar el terreno en cuanto a la salud. Junto con ello había avanzado, lentamente, una política que el mismo López Obrador había iniciado en la Ciudad de México, la pensión universal. Para 2018 ya se tenía una pensión universal para todas aquellas personas de 68 años y más, lo cual era un componente fundamental en la construcción de un sistema de protección social universal.

El Instituto de la Mujer también estaba diseñado para generar una sociedad más igualitaria entre varones y mujeres. Se había avanzado en otras instituciones que lucharan contra la discriminación, como el Sistema de Protección Integral de los Derechos de las Niñas, Niños y Adolescentes (Sipinna).

Sipinna, el acceso de las poblaciones indígenas a la cultura y a estudios universitarios, con las universidades interculturales que se fundaron en varios lugares del país y el reforzamiento del Instituto Nacional de Lenguas Indígenas. Es decir, había un propósito de emparejar el terreno para que todos tuviéramos las mismas oportunidades.

El esfuerzo no era tan rápido como se necesitaba y como muchos demandaban. El gobierno no se animaba a realizar una reforma integral del sistema de salud que permitiera la cobertura universal y de calidad, pero estaba avanzando en la cobertura.

Finalmente había logrado realizar una reforma educativa que le arrebataba a los sindicatos magisteriales un tramo de poder que no beneficiaba al aprendizaje de los niños.

También había impulsado la creación de miles de estancias infantiles para reforzar el desarrollo y aprendizaje de los niños, a la vez que les permitía a las madres participar más en el mercado laboral.

Si bien el gobierno en turno no impulsaba los esfuerzos de muchos funcionarios para hacer trabajar las instituciones en contra de la desigualdad, y existía (y sigue existiendo) cooptación política de la mayoría de las Comisiones de Derechos Humanos que inhibían la garantía de los derechos, al menos había una intención de atender esos problemas que reflejan atraso e injusticia. No hay duda, el esfuerzo era insuficiente y requería mayor impulso. Pero estábamos avanzando.

En el gobierno del presidente López Obrador, ¿se ha facilitado la movilidad social? Es decir, ¿es más fácil salir de pobre?

El gobierno del presidente López Obrador ha mutilado muchos de los peldaños de la escalera para avanzar en la movilidad social, al grado que se puede hablar no sólo de estancamiento sino de una regresión grave.

Paradójicamente, el gobierno, cuyo objetivo social más importante era "primero los pobres", ha mostrado ser absolutamente dañino para los más vulnerables. Fuera de la pensión universal, que ha tenido aumentos de los montos (lo cual es positivo) y reducción de la edad para tener derecho a ella (no positivo dada la tendencia de la población a la longevidad), los programas sociales del gobierno tienen muchos problemas que el propio Consejo Nacional de Evaluación de la Política de Desarrollo Social (Coneval) ha criticado en sus reportes.

¿Qué instrumentos de la movilidad social han sido dañados? ¿Cuántos mexicanos han sido afectados por la destrucción de los eslabones de la movilidad social?

En el área educativa, el impulsor más importante de la movilidad social, el daño es enorme. El actual gobierno no sólo promovió una contrarreforma educativa en la que se le devolvió a los sindicatos magisteriales el poder prácticamente absoluto de la educación en México, sino que se destruyeron instrumentos que reforzaban el aprendizaje de los niños, mejoraban la calidad, especialmente en aquellos lugares donde hace más falta mejorarla, y abandonamos la cultura de la evaluación para poder dirigir mejor las baterías para combatir el rezago. Menciono algunos ejemplos, pero no son los únicos: la eliminación del Instituto Nacional de Evaluación de la Educación, por lo que ya no sabemos cómo estamos avanzando en el aprendizaje de los niños y no hay investigación que nos permita mejorar el desempeño. Eliminación de las escuelas de tiempo completo, uno de los programas más exitosos, y de muchos otros programas enfocados a nivelar la calidad en los grupos más vulnerables. La eliminación de las estancias infantiles. El cambio en los planes y programas actualmente en marcha, sin que haya objetivos claros y probados, tendrán un impacto negativo por muchos años.

La pésima gestión de la pandemia en lo educativo provocó que no se hiciera lo necesario, y mucho menos lo suficiente, para evitar el des-aprendizaje de 33.6 millones de niñas, niños y adolescentes. En 2020, menos de dos de cada diez hogares (15.7%) ubicados en el estrato socioeconómico más bajo dispuso de una computadora. Menos de tres de cada diez hogares (25.1% NSE Bajo) tuvo acceso a internet y uno de cada cinco (20.4%) no contó ni siquiera con televisión en el hogar (ENDUTIH, 2020) para seguir sus cursos a distancia.

El cierre absoluto de las escuelas por tanto tiempo (México es uno de tres países en el mundo que cerraron las escuelas durante toda la pandemia) determinó que 9.6% de la población en edad escolar (3 a 29 años) no se inscribiera en el ciclo 2020-2021 por falta de recursos, o por motivos asociados al covid-19 (Inegi, 2020).

Sólo las consecuencias directas de la mala gestión de la pandemia, aunadas a muchas malas decisiones, han lastimado el peldaño más efectivo para promover la movilidad social. Con lo que ha ocurrido en el gobierno de López Obrador, los aprendizajes y las trayectorias de vida de varios millones de niños serán afectados de forma permanente.

La salud, otro peldaño esencial para promover la movilidad social, también ha sido fuertemente dañado. La eliminación del Seguro Popular y su sustitución por el Insabi al inicio de 2020, agravado por la sequía de recursos adicionales al sector ante la emergencia de la pandemia, provocó una regresión enorme del acceso a servicios de salud para la población.

Tras la desaparición del Seguro Popular, 15.6 millones de personas dejaron de tener acceso a servicios de salud públicos, de tal modo que actualmente son ya 35.7 millones de personas que no lo tienen.

Una de sus consecuencias colaterales fue el incremento en gastos familiares en salud, que aumentó 40.5% en 2020 respecto de 2018 (Inegi, 2021). Ello fue consecuencia también por el desabasto creciente de medicinas, que en 2021 llegó a 24 millones de recetas no surtidas (Nosotrxs, 2021, con información de la "Radiografía del Desabasto. Informe de transparencia en Salud, 2017-2021").

Pero el dato más grave de todos es el de fallecimientos en exceso que muestra el país en estos años de pandemia. México es el país que más muertos en exceso tiene a nivel mundial, cerca de 700 mil, que han fallecido por encima de los promedios de los años anteriores. Es decir, la muerte de tantas personas y los cientos de miles de huérfanos (México es el país en el mundo en que más huérfanos dejó la pandemia), y las consecuencias a sus familias al perder el sustento del hogar, constituyen la eliminación de la movilidad social de todas esas personas.

¿Qué alternativas tiene el hijo de un vendedor ambulante, de un obrero de la construcción, de un viene-viene, para ascender en la escala social?

Realmente la educación sigue siendo el principal impulsor de la movilidad social. De ella depende alrededor de 40% de las probabilidades de éxito en la vida. Por tanto, lo más importante que deberían hacer los padres y los jóvenes en esas condiciones es intentar seguir sus estudios y terminar el grado más alto que puedan. Las otras opciones son más difíciles o son ilegales. Los estudios superiores pagan más que los estudios hasta la preparatoria, y un posgrado aún más, 150% más de lo que se paga en la prepa, en promedio. La diferencia entre tener secundaria completa y tener una licenciatura, es de 115%, en promedio.

Pero ese camino es largo y requiere mucho apoyo familiar y mucho apoyo del gobierno, especialmente en la forma de contar con un buen sistema educativo y con acceso universal a la educación de calidad. Las becas indiscriminadas a los jóvenes no son suficientes y en muchos casos es tirar el dinero.

Se requiere que el Estado asuma, con toda convicción, la meta de brindar oportunidades semejantes a toda la población, en las diversas etapas de cada quien.

Como base para emparejar el terreno, se requiere un sistema de protección social verdaderamente universal, que de acceso efectivo a toda la población a los servicios de salud y educación (desde la primera infancia), que cubra riesgos catastróficos y que se cuente con una pensión universal digna.

Ésa es la mejor manera de promover la movilidad social y la única para tener realmente una sociedad más igualitaria y con menores injusticias.

Salud: errores y omisiones
que cuestan vidas

José Narro Robles[29]

- La gran fractura social comenzó con la politización de la salud.
- Fue un grave error destruir el Seguro Popular y transformarlo en Insabi, una organización que nació muerta, sin futuro, llena de incapacidades y con un inexperto al frente. 35.7 millones de mexicanos quedaron sin acceso a la salud.
- Por el mal manejo de la pandemia, 667 mil muertes en exceso entre marzo de 2020 y diciembre de 2021.

¿Qué sector salud recibió el presidente López Obrador el 1 de diciembre de 2018?

Un sistema que se había venido construyendo a lo largo de muchas décadas. El sistema que teníamos en diciembre de 2018 empezó su gran desarrollo en 1943, porque en esa fecha se estableció el Instituto Mexicano del Seguro Social.

Ese año se puso en funcionamiento la Secretaría de Salubridad y Asistencia (SSA), una fusión de la Secretaría de Asistencia y la suma entonces del Departamento de Salud Pública. Empezó el desarrollo de algunos de los espacios de mayor calidad de la atención médica de la medicina mexicana: los institutos nacionales de salud, en 1943, el Hospital Infantil, y tiempo después el Instituto Nacional de Cardiología, el Instituto de Nutrición y así sucesivamente, años más tarde el ISSSTE. Entonces se recibió un sistema que funcionaba como se diseñó.

Sí, con una insuficiencia presupuestal crónica. Siempre ha habido necesidades, con un sistema que ha privilegiado lo complicado, lo

---

[29] Rector de la UNAM de 2007 a 2015. Secretario de Salud de 2016 a 2018.

complejo, la hospitalización y no la prevención, pero un sistema que se había venido estableciendo.

Cuando el presidente de México dice que en la época neoliberal se pretendió privatizar los servicios de salud falta a la verdad, punto.

Ésa es la época, entre 1980 y 2018, cuando más hospitales públicos se desarrollaron, principalmente para la población no derechohabiente; cuando más centros de salud se hicieron; cuando se incorporó más personal médico, de enfermería, de apoyo a los servicios, cuando creció más el presupuesto y mucho más el destinado a la población sin seguridad social. Un sistema con insuficiencias, con problemas, pero que respondía.

Tan respondía que conviene tomar en cuenta lo que se tenía en diciembre 2018: 24 mil unidades de atención a la salud de orden público de todas las instituciones, cerca de 230 mil médicos, más de 320 mil enfermeras, cerca de un millón de trabajadores de la salud en todo el país, 1 400 hospitales y 90 mil camas ensambles...

Entonces, decía, tenía problemas, insuficiencias, un diseño de origen que no es el mejor, administraciones duplicadas y falta de recursos financieros, pero cada uno de los 365 días se atendía en las instituciones públicas de salud a más de un millón de personas como promedio; días hábiles, inhábiles, feriados, sábados, domingos: más de 370 mil servicios a lo largo del año 2018.

Y entre esos había como 4 300 nacimientos diarios, prácticamente 16 mil hospitalizaciones diarias; también en promedio. Casi un millón de consultas a la población y más de 10 mil cirugías diarias es el promedio de los 365 días del año. Era un sistema que, con todo y las ineficiencias, tenía capacidad de respuesta; tenía una identidad; había un orgullo de la historia que se había vivido por parte de las y los profesionales de la salud. Eso es lo que recibió el presidente y su equipo.

¿Y en qué cambió?

Pues cambió para mal, y mucho. Las deficiencias que —reitero— había, se han incrementado de una manera tal que los motivos de preocupación del mal abasto que teníamos en 2018 palidecen por completo frente al terrible desabasto en las instituciones de salud. Y no nada más en las de población asegurada. Hoy veía en algún periódico de México, en la primera plana, quejas de trabajadores sindicalizados de Pemex porque no tienen medicamentos. Y si Pemex, que de las grandes instituciones es la que tiene la inversión per cápita más alta en materia de salud, imagínate cómo están las otras unidades que siempre han tenido menos recursos. Entonces sí ha cambiado mucho, se lastimaron muchas cosas, no se hicieron como se deben hacer.

¿Cómo funcionaba el sistema de compra de medicinas y de equipo médico? Sí había desabasto de algunas medicinas, pero funcionaba.

Absolutamente. El sistema que se puso en práctica, no por vez primera, y ya se había probado, es el de la compra consolidada. Quien lo encabezó, porque tuvo la iniciativa, tiene la iniciativa, porque tiene los recursos, fue el Instituto Mexicano del Seguro Social. En 2013, el entonces director del IMSS, José Antonio González Anaya, le planteó al presidente la posibilidad de que se hiciera una compra consolidada. Y el presidente estuvo de acuerdo. Habló con la secretaria Mercedes Juan. Se pusieron de acuerdo: quien encabezaba era el IMSS.

Para las compras había una comisión que tenía revisores externos. La OCDE estuvo, participó y también algunos testigos sociales nacionales. Entonces ellos concentraban las necesidades del IMSS, el ISSSTE, las Fuerzas Armadas y Petróleos Mexicanos en las entidades federativas y los institutos nacionales de salud que deseaban incorporarse a la compra consolidada.

Hacían una licitación pública, había un proceso que incluso se transmitía por internet para que la gente lo viera y se registraron ahorros cercanos a los 20 mil millones de pesos, lo que representaba comprar más, tener mejor abasto. Entonces eso funcionaba. Se tenía una planeación, se anticipaba con el tiempo necesario y se convenía los sitios donde se distribuían y por quienes se distribuían.

Entonces, bueno, quisieron cambiarlo desde el principio. A mí me tocó encabezar el equipo de transición por parte del gobierno saliente. Tuvimos reuniones de trabajo. En alguna ocasión les dije: "Bueno, todavía estamos a tiempo de que ustedes, si así lo quieren, se cancela [la compra]". Me dijeron que no, y me pidieron dos cosas: la primera, incorporarse al proceso, bienvenidos, lo aceptó el IMSS sin ningún reparo y participaron. Y dos, que la compra no fuera de un año sino de seis meses. Se aceptó. Así se hizo y no se tuvo problema en el primer semestre de 2019. El problema del desabasto inicio en el segundo semestre de ese año, y empezaron a desarrollar una serie de planteamientos para que la Secretaría de Hacienda comprara los medicamentos, después para que los comprara un organismo de Naciones Unidas y, bueno, generaron un problema espantoso. Se pelearon con los distribuidores, que sí tienen una concentración de procesos, sin duda alguna son instancias u organizaciones que vienen de muchos años atrás, y el gran tema fue la corrupción.

La pregunta que me he hecho es: ¿a cuántos corruptores tienen en investigación o detenidos? Porque cuando yo fui secretario, en esos dos años nueve meses, presentamos, por instrucciones de un servidor, 70 denuncias penales y algunos servidores públicos están juzgados o purgando condena por haber hecho mal uso del recurso federal o por no haber cumplido las obligaciones en la aplicación del mismo. Entonces yo no conozco ningún caso en estos tres años y medio. Me parece que es un sinsentido.

Creo que deberían regresar a algo más sensato, de calidad semejante a lo que se tenía y, como siempre, de una mayor eficiencia porque sí se puede.

Doctor, ¿qué se desmanteló a la llegada del nuevo gobierno, de lo que había en el sector salud?

Voy a ponerlo en dos dimensiones: la muy práctica, la que usted me está preguntando, pero también me está preguntando implícitamente en la otra dimensión, la práctica y la de valores fundamentales.

La salud siempre había sido un programa que merecía políticas públicas, pero que no tenía tintes de partidos políticos, ni siquiera del partido gobernante.

Y lo vimos con el PRI, pero también lo vimos con el PAN. Entonces a veces, en algunos programas, a algunos servidores públicos, por su ideología, les costaba trabajo. Es el caso de la planificación familiar, por ejemplo. Sin embargo, mayormente había un factor de unidad. La gente sentía —los médicos, las enfermeras—, que no estaba politizado el tema de la salud y los secretarios, me consta —yo trabajé muy cerca de varios de ellos, de Guillermo Soberón, Jesús Kumate, Juan Ramón de la Fuente, y por supuesto me tocó ser secretario—, tratábamos de que no hubiera una politización y atendimos a quien fuera.

La primera gran red de municipios saludables la hicimos en los años noventa, cuando el doctor De la Fuente era secretario —ahora es nuestro embajador en Naciones Unidas—, y organizamos con presidentes municipales de todos los partidos una red que llegó a tener, lo tengo en la memoria, cerca de 1 500 presidentes municipales, obviamente de todos los partidos. Hacíamos reuniones regionales; era realmente muy motivador. Era muy bonito, de verdad se lo digo, ver que la gente era en un municipio con un color y en el próximo con otro, y se saludaban. Y es que así debe ser la salud: factor de unidad.

La salud era certeza, era certidumbre, era un servicio para la gente, era credibilidad. Se trastocaron muchos valores, porque parte de la división ha entrado por la salud. Hoy ya todos dicen polarización y división. Yo tengo muchos años en este sector y ésa es una amenaza para nuestro país. Ha pasado en otras latitudes, en Chile, en Argentina, en Brasil: lo que pasa cuando se fracturan las sociedades.

Hay una serie de valores que han sido afectados, trastocados por el gobierno del presidente Andrés Manuel López Obrador.

Y donde se ha desmantelado, es en el caso del Seguro Popular. Yo fui un crítico del Seguro Popular y creo que tenía razones en algunas cosas, en otras no las tuve. Algunas de las cosas que yo critiqué se fueron resolviendo, se atendieron y no porque yo lo dijera, sino porque así se dio.

Claro que hubo una mala utilización, pero se metieron algunos controles, se podía mejorar. Y se tenía certidumbre. La gente sentía que era suyo. La gente sentía que tenía su aseguramiento. El Seguro Popular llegó a tener 57 millones de personas afiliadas. Afortunadamente, en los últimos años del presidente Peña bajó de 57 a 53 millones, y yo esperaba que se acabara porque su disminución implicaba que más personas se incorporaban a la seguridad social. Creció el número de empleos, sustancialmente, cerca de 4 millones, si no me falla la memoria. Entonces fue un grave error destruirlo, transformarlo en el Insabi, una organización que nació muerta, que nació sin futuro, que nació llena de incapacidades. Además, se puso al frente a alguien que no tenía experiencia, porque en estas cosas se tiene que saber.

Doctor, ¿cuáles son y serán las consecuencias de estas cosas que se habían construido y que bien o mal funcionaban?

El tema con la salud, a diferencia de muchas otras áreas de la administración pública, de los espacios políticos, de la economía, de los espacios del desarrollo social, a diferencia de muchos espacios fundamentales, la educación, por ejemplo, es que los errores, los problemas, las omisiones o las comisiones indebidas se pagan con vidas.

Vidas de seres humanos. Ése es el tema con la salud y a veces, desgraciadamente, no hay que esperar mucho tiempo. Ahorita le voy a dar algunos datos.

Esto ha costado vidas. Para acabarla de componer, no llegábamos a ser como Dinamarca con nuestro sistema de salud, no habíamos ni siquiera avanzado algunos centímetros en la caminata rumbo al mar para después llegar a Dinamarca, cuando nos tomó la pandemia muy mal colocados.

¿Qué ha pasado? No se vale echarle la culpa al covid-19, y no se vale porque uno tiene que decir: oigan y por qué a Nueva Zelanda no le fue tan mal, y por qué en Corea del Sur, en Japón, lo hicieron mucho mejor, y por qué en Singapur no tienen los horrores que nosotros tenemos, y por qué en nuestra propia región, a varios de nuestros hermanos latinoamericanos, no les fue tan mal como a México.

Porque hay una gestión pésima. El mal momento, la mala decisión, la improvisación para la creación del Insabi, no contar con los mecanismos, con las reglas de operación, no fortalecer presupuestalmente a los servicios y que, con soberbia extrema, se diga: "Estamos preparados para lo que quieran", y con esa misma falsedad, recuérdelo usted, "el presidente no es fuerza de contagio, el presidente es fuerza moral", como parte de un discurso de primaria, ni siquiera como discurso de sexto año de primaria. Y que lo diga quien tiene la responsabilidad de la política pública del manejo de la gestión de la epidemia, me parece terrible.

¿Entonces, qué ha pasado con eso?

Pues allí están los costos de vidas, cifras de la Secretaría de Salud y del Inegi, no de ningún estudio de ningún adversario: 667 mil muertes en exceso entre marzo de 2020 y diciembre de 2021.

Nunca había oído una cifra tan espantosa y nunca había visto funcionarios que se quedaran como si ellos no tuvieran que ver en nada. Un secretario ausente, un subsecretario omnipresente, me parece terrible.

Déjeme decirle que allí están las consecuencias de los actos que se hacen sin planear, datos del Coneval, del gobierno, son estructuras gubernamentales, tienen cierta autonomía, pero nada más, y sin embargo los datos de la encuesta allí están, y resulta que aumentó la pobreza extrema y las carencias sociales. La carencia social que más empeoró, que más se desmejoró, fue la de acceso a los servicios de salud entre 2018 y 2020.

Con y sin pandemia, porque allí está un año sin pandemia y un año con pandemia.

¿Qué fue lo que pasó?

Es el tema del Seguro Popular. Se incrementó en 15 millones de personas en estado de carencia por acceso a los servicios de salud.

Pasó de 20 millones en la misma metodología, yo la he cuestionado, pero es la misma que se aplicó en 2018 y rumbo a 2019 eran 20.1 millones con carencia a los accesos de salud. En 2020 pasamos a 35.7 millones.

Se paga con vidas, se paga con menor cobertura, se paga con menos servicios, con menos calidad, con más problemas.

Desabasto de medicamentos: entre la ignorancia, la incompetencia y la ideología

Xavier Tello [30]

- Había un sistema de compra de medicinas transparente y auditable, y en 2018 el abasto era de más de 95%. En 2021 se dejaron de surtir 24 millones de recetas.
- Los efectos más visibles de la destrucción está en los pacientes con enfermedades crónicas que requieren medicamentos de alta especialidad, entre ellos los niños con cáncer.

Cuando se habla de desabasto de medicinas en el sector salud, ¿de qué dimensiones ha sido el problema?

Podemos decir, sin temor a equivocarnos, que el desabasto de medicamentos es seguramente la mayor crisis del sistema de salud que hayamos tenido en México en muchos años.

Cuando hablamos del desabasto de medicamentos no hablamos específicamente de la ausencia total de todos los medicamentos todo el tiempo (eso sería un desastre mortal), sino de una falta de

---

[30] Analista y asesor en políticas de Salud. Autor del libro *La tragedia del desabasto* (México, Temas de Hoy, 2022).

continuidad en el suministro de medicinas y otros insumos que genera problemas muy serios de apego a los tratamientos.

El que, por ejemplo, los pacientes oncológicos no tengan acceso a una continuidad en sus quimioterapias, altera definitivamente y en forma negativa el pronóstico en sus enfermedades. De la misma manera, el que los pacientes con enfermedades crónicas como diabetes o hipertensión no tengan continuidad en su terapia, los obliga a acudir a las farmacias privadas y gastar mucho dinero para adquirir sus medicamentos faltantes.

Lamentablemente no existen cifras oficiales que dimensionen de qué tamaño es el desabasto; sin embargo, podemos conocer los datos de organizaciones, como el Instituto Farmacéutico A. C. (Inefam), que han dado seguimiento a las compras gubernamentales mediante licitaciones y han evidenciado los enormes faltantes en las realizadas durante esta administración. En este caso, el problema es muy grande ya que, actualmente, siete de cada diez compras se están llevando a cabo de manera directa, sin licitaciones.

La organización Cero Desabasto acaba de presentar su reporte, en el cual se observa información sobre el número de recetas no surtidas de manera completa por instituciones de salud, mayormente el IMSS. Según este documento, en 2021 se dejaron de surtir 24 millones de recetas.[31]

¿Por qué el desabasto? ¿Qué se destruyó para que ello ocurriera?

El desabasto comenzó en esta administración con el error de haber centralizado todas las compras de la federación en la Oficialía Mayor de la Secretaría de Hacienda.

Las compras del sector salud se llevaban a cabo mediante un sistema llamado compra consolidada que estaba organizada y mediada por el IMSS. Este mecanismo se había venido perfeccionando y puliendo,

---

[31] *Radiografía del desabasto. Informe de Transparencia en Salud, 2017-2021*, Nosotrxs y Colectivo Cero Desabasto, 2022, <https://cdn-yeeko.s3.amazonaws.com/assets/Radiografia+desabasto+2017-2021.pdf>.

con políticas y mecánicas predecibles, calendarios, procedimientos, etcétera, que los proveedores y los distribuidores conocían perfectamente. Lo más importante es que el sistema era transparente y auditable y había mantenido el nivel de abasto en más del 95% durante 2018.

La Oficialía Mayor de la Secretaría de Hacienda llegó a hacerse cargo, en medio de una total ignorancia, no solamente del sistema de compras en salud, sino de las necesidades, funcionamiento, mecánicas y requerimientos de los pacientes en el sector salud. En pocas palabras, no sabían nada y tuvieron que aprender todo desde cero.

En esta curva de aprendizaje, ellos tenían un objetivo definido por el presidente: encontrar ahorros, renegociando contratos y con ello devolverle dinero a la 4T, qué alegarían que provenía del "combate a la corrupción".

No conocer el sistema y estar buscando ahorros donde no los había los hizo crear su propio sistema de compra consolidada, que pusieron en marcha a partir del segundo semestre de 2019 y probó ser un verdadero desastre. Solamente tres de cada diez "claves" fueron adjudicadas. El resto de la licitación se quedó desierta.

Con este antecedente, podemos decir que la mitad del actual problema del desabasto proviene de haber eliminado el sistema de adquisiciones y cambiarlo por el sistema organizado por la Oficialía Mayor de Hacienda.

Sin embargo, la otra parte del problema surgió tras haber destruido los contratos con distribuidores especializados en medicamentos. Para la nueva administración, el que existiera un sistema de distribución logística de productos para la salud le pareció simplemente intermediarismo y de ahí que anularan los contratos en busca de ahorros inexistentes.

En ese momento se conjuntaron dos factores: la falta de fabricantes que surtieran los medicamentos y la falta de distribuidores especializados que los hicieran llegar a las farmacias del sector salud.

Una vez que ambos mecanismos fueron destruidos en términos prácticos, la incompetencia de quienes manejaron el sistema se hizo patente. Al entrar en escena el Insabi, éste se convirtió en un administrador absoluto de los recursos para la salud y es quien negocia directamente con la Oficina de las Naciones Unidas de Servicios para Proyectos (UNOPS, por sus siglas en inglés).

La relación con la UNOPS puede calificarse hoy como el peor negocio que se haya hecho en México. La UNOPS se encuentra en control de más de 6 mil millones de dólares en el periodo 2021-2024, sin que su mecanismo de trabajo, objetivos o resultados sean transparentes. Es información clasificada.

Hasta el momento, la UNOPS ha sido ineficaz en la adquisición de medicamentos en el extranjero. Los pocos medicamentos que han conseguido no están llegando adecuadamente a las unidades de salud, debido a la falta de distribuidores; es decir, los proveedores logísticos especializados, que ya comenté.

En resumen: se destruyó el sistema de compra consolidada, que era transparente, auditable y predecible para todos los actores. Se destruyó el sistema de distribución, que dependía de proveedores logísticos especializados. Se ha querido parchar estas carencias a través de mecanismos improvisados que combinan ignorancia, incompetencia y mucha ideología.

¿Cuáles han sido las consecuencias, los sectores más afectados y las enfermedades no atendidas?

Sin duda alguna, el desabasto de medicamentos ha afectado a diferentes tipos de pacientes en la mayoría de los padecimientos.

Evidentemente, los más visibles son los pacientes con enfermedades crónicas que requieren medicamentos de alta especialidad. Ése es el caso de los niños con cáncer, que no pueden darse el lujo de suspender las mezclas de sus tratamientos de quimioterapia.

En ese sentido, las políticas gubernamentales han causado un doble daño, ya que al vetar al principal fabricante de medicamentos oncológicos en México, canceló también sus contratos como especialista en centrales de mezclas para preparar las quimioterapias.

Lo mismo ocurre en el caso de los adultos con cáncer, así como los pacientes con otro tipo de enfermedades crónicas graves como VIH. Todos estos medicamentos fueron los primeros en hacerse notar ya que si falta alguno de ellos, queda en peligro la vida del paciente o el pronóstico de sobrevida es menos favorable.

Conforme fue avanzando el tiempo, el desabasto se hizo patente en otro tipo de medicamentos como el de las enfermedades crónicas: hipertensión, diabetes, lupus eritematoso, etcétera. Es interesante comentar que en el caso de esta última enfermedad se padeció además un desabasto provocado por el mal uso de la hidroxicloroquina como un falso tratamiento para el covid-19.

Tal desabasto se hizo igualmente patente en el material quirúrgico o material de osteosíntesis, que es el que se utiliza para reparar fracturas. Evidentemente, esto ha ocasionado que muchas cirugías tengan que ser pospuestas con el consecuente impacto en los pacientes.

El desabasto se manifiesta tanto en las farmacias externas de las unidades de salud, como en las farmacias internas de los hospitales.

Importante es recalcar que los médicos y profesionales de la salud están sufriendo de manera personal, ya que esta falta de medicamentos pone en riesgo la salud de sus pacientes; sin embargo, no están autorizados a hablar del tema y no pueden quejarse. Muchos de ellos están amenazados con perder su trabajo o que se les levanten actas administrativas si es que sus quejas llegan a ser escuchadas.

En una parte del reporte de la organización Cero Desabasto se encuentran cifras verdaderamente alarmantes sobre la falta de vacunas del esquema básico, como la vacuna de tétanos difteria y la del papiloma humano.

En conclusión, el desabasto no es solamente de algún tipo de medicamentos sino de varios, en todos los niveles de especialidades, desde los más avanzados hasta la medicina básica; hablamos además de diferentes tipos de insumos para la salud, como ligaduras para cordón umbilical, suturas y en algunos casos hasta material básico como guantes o gasas.

¿Qué significa que la gente no encuentre la medicina que necesita?

El impacto de no contar con medicamentos es enorme.

Además de lo comentado, el desabasto de medicamentos produce gastos. No es casualidad que México sea el país con el mayor gasto de bolsillo entre los de la OCDE.

Un paciente que no encuentra sus medicamentos se ve obligado a regresar a buscarlos varias veces. Esto significa que debe gastar en transporte además de perder un día laboral. En muchos de los casos son los familiares y los cuidadores quienes deben perder este tiempo.

En la mayor parte de los casos (y ni siquiera se tienen esos datos) los pacientes deben comprar sus medicamentos en las farmacias privadas. Así, además de haber pagado sus cuotas al IMSS, la gente se ve obligada a erogar de su propio bolsillo un dinero adicional.

Desde principios de 2020, con la desaparición del Seguro Popular y la implementación del Insabi, el sector público ya no acepta más donativos ni cuenta con un sistema de cuotas de recuperación; además, está completamente prohibido que los médicos pidan a los pacientes que compren los medicamentos por su cuenta. Esto resulta en una situación perversa, en la que los pacientes no tienen acceso a muchos medicamentos, pero los médicos tienen prohibido otorgarles recetas para que los compren por su cuenta. Los pacientes están, básicamente, atrapados en el sistema.

Al final, las consecuencias naturales son: retraso en los tratamientos, mala evolución de las enfermedades, complicaciones y seguramente, en muchos casos, muerte. Una vez más, no contamos con las cifras ni una investigación directa ligada a la mortalidad por falta de medicamentos; sin embargo, se puede suponer que gran parte de los pacientes que no ha logrado mantener tratamientos de manera uniforme durante los pasados tres años también ha visto complicaciones en su salud.

Un ejemplo muy simple: un anciano que requiere una prótesis de cadera por habérsela fracturado va a permanecer acostado en una cama si no es operado. Mientras mayor sea el tiempo que este paciente se encuentra en cama, mayores serán sus complicaciones, como úlceras de decúbito, neumonía y otras infecciones. Un paciente que pudo haber recuperado su movilidad, puede llegar a morir por no tener un reemplazo de cadera.

¿La falta de medicamentos para niños con cáncer ha sido real? ¿De qué magnitud? ¿O es propaganda antigubernamental como en su momento dijeron las autoridades?

Definitivamente la falta de medicamentos oncológicos es una realidad, tanto para los niños como para los adultos.

El problema comenzó, como ya lo mencioné, cuando el gobierno decidió por múltiples razones pelearse con el principal fabricante de medicamentos oncológicos en México: PiSA.

A clausurar la única línea de producción para algunos productos oncológicos en México, se cayó en un faltante enorme de metotrexato. Sin embargo, éste fue solamente el inicio. La impericia e incompetencia de las autoridades hicieron que no fueran capaces de conseguir los medicamentos necesarios durante un tiempo y tuvieron que recurrir a compras en el extranjero.

Estos medicamentos ingresaron a México sin registro sanitario. El gobierno básicamente estaba violando la ley. De hecho, para remediar esta situación, la ley se modificó de tal manera que hoy el gobierno puede importar cualquier medicamento si considera que es necesario, sin tener que obtener un registro sanitario para ello.

Cualquier paciente que interrumpe su tratamiento oncológico puede ver complicada su situación y detener la cura de un pronóstico negativo. La indignación y el enojo de los padres de los pacientes oncológicos pediátricos es real y entendible.

En este sentido, durante los primeros meses de la crisis, el gobierno negó repetidamente que hubiera faltantes. Cuando finalmente fueron exhibidos, comenzaron a buscar culpables y a querer minimizar el problema, culpando abiertamente a los padres de propagandistas y creando teorías de complot sin sentido.

Fue durante este periodo cuándo Hugo López Gatell mencionó sus nefastas y tristemente célebres frases sobre "las intenciones golpistas" por parte de estos niños. Un disparate.

¿Cuál ha sido la mayor destrucción del actual gobierno en materia de salud?

Los desaciertos del actual gobierno en materia de salud pueden resumirse en tres capítulos principalmente.

El primero, cronológicamente, haber creado el desabasto de medicamentos debido a acciones fundamentadas en ignorancia e incompetencia, motivadas por ideología. Si existía corrupción en el sistema de abasto de medicamentos, ésta debió haberse investigado, perseguido y castigado. En su lugar, se optó por destruir el sistema completo y querer reconstruir otro a su modo buscando cumplir exclusivamente con los intereses del gobierno actual.

El segundo gran error fue la desaparición del Seguro Popular. No existió ningún otro motivo que no fuera el meramente ideológico. El Seguro Popular era una concepción del gobierno de Vicente Fox durante la administración del secretario Julio Frenk. Ideológicamente, es absolutamente contrario a todos los valores de AMLO.

No se quiso entender que el Seguro Popular era un mecanismo de financiamiento a la salud y se alegó que era una fuente de corrupción y que al final no resolvía nada directamente. En realidad, éstos eran pretextos que dieron como consecuencia la apropiación de los recursos del Seguro Popular para su ulterior utilización en programas sociales y clientelares.

Se calcula que de 15 a 16 millones de personas se quedaron sin acceso a servicios médicos a partir de la pérdida del Seguro Popular.

El tercer error, enorme, surgió con el manejo de la pandemia. Una colección de malas decisiones, falta de liderazgo y búsqueda continua de ahorros en la salud, hicieron que no se tomaran las medidas adecuadas de control y de contención. Además, el golpeado sistema de compras se tuvo que dar a la tarea de adquirir los primeros insumos para la atención de la pandemia en un mercado internacional complicado, por lo que, lo poco que pudimos conseguir era de mala calidad a precios altos.

México ha tenido una política de vacunación contra el covid-19 que puede catalogarse como mediocre. En la eterna búsqueda de ahorros, se desconoce cuál es el monto que realmente México ha erogado en la adquisición de vacunas. Un tanto de ellas han sido donado y de otro tanto se desconocen las condiciones contractuales. Es muy probable, por ejemplo, que Rusia haya regalado las vacunas a México. No tenemos pruebas de haber pagado un solo peso por Sputnik.

En este escenario, México en el proceso de vacunación, pese al discurso y la propaganda oficial, apenas y ha sobrepasado 60%. No querer vacunar a los menores de edad es un capricho personal de Hugo López Gatell y se ha convertido en un problema, ya que el día de hoy no tenemos contratos renovados con Pfizer, quienes son los fabricantes de la única vacuna que pudiéramos aplicar a los niños. En caso de que mañana esto se convirtiera en una emergencia (y conste que se calcula que más de 1 200 niños han muerto hasta este momento) no vamos a tener la capacidad de responder, ya que el fabricante no nos podría entregar los más de 18 millones de dosis que hacen falta a partir de un contrato nuevo que ni siquiera se encuentra negociado.

Todos los puntos anteriores pueden resumirse en una enorme falta de conocimiento sobre las necesidades en salud, respondiendo meramente a intereses personales y a una ideología.

La administración actual decidió que la salud debería formar parte de una colección de dádivas por las que se debe agradecer al gobierno. Esto ha sido muy conveniente sobre todo para la apropiación de recursos de la salud para su utilización en programas clientelares por parte del Insabi.

Finalmente, el reflejo absoluto de la falta de conocimiento e interés por incrementar la calidad de los servicios de salud, lo podemos encontrar en la baja inversión. Desde principios de la administración el presupuesto asignado a la salud se ha querido pintar como abundante y con grandes incrementos, cuando en realidad lo único que hemos visto han sido redefiniciones de las partidas presupuestales, cambiando dinero de una bolsa en la otra, acompañadas, en muchos casos, de subejercicio y recortes importantes.

México sigue teniendo una de las inversiones más bajas de recursos gubernamentales en salud. Para contar con un sistema de salud como el de los países europeos, México necesitaría invertir aproximadamente entre 5 mil y 6 mil dólares por habitante. Y México está invirtiendo no más de 500.

Economía: la oportunidad perdida

Enrique Quintana[32]

- Aún con los escenarios más optimistas, lo más probable es que al término del sexenio la economía tenga un crecimiento promedio inferior al 1% anual, lo que será el nivel más bajo desde el sexenio de Miguel de la Madrid.
- La ausencia de una vocación para convertirse en un polo de atracción para la inversión condujo a perder la oportunidad que se presentó con la rivalidad geopolítica de Estados Unidos con China, la cual probablemente sea irrepetible.
- La polarización social genera una situación de desconfianza de los inversionistas y de cautela de los consumidores.

---

[32] Periodista. Vicepresidente y director general editorial del diario *El Financiero.*

¿Cómo y cuándo se produjo el estancamiento económico del país?

Si uno observa la medición económica más detallada, que es la que realiza el Indicador Global de Actividad Económica (IGAE) y que publica mensualmente el Inegi, se puede observar que a partir de la mitad de 2018 la economía dejó de crecer.

Es imposible no relacionar ese comportamiento con el proceso electoral de ese año.

Las condiciones de incertidumbre que se fueron configurando ante el esperado triunfo de López Obrador en la elección presidencial generaron una situación de desconfianza entre los empresarios.

El otro momento crítico que afectó a la actividad económica fue el anuncio de la cancelación del aeropuerto de Texcoco en octubre de 2018. En ese momento se generaron todavía más dudas con respecto a las perspectivas económicas de los siguientes meses y años, lo que también contribuyó al freno de las inversiones.

Desde ese momento hasta el fin del confinamiento producido por la pandemia, el nivel de actividad económica vino hacia abajo.

Sólo hasta la segunda mitad de 2020, cuando la economía dejó de tener las restricciones impuestas por el confinamiento generalizado, se produjo un efecto de rebote. Sin embargo, de acuerdo con las cifras del Inegi, el nivel de actividad económica se encontraba en el mes de diciembre de 2021 todavía 15 puntos por abajo del que tenía en junio de 2018.

La inversión productiva, ¿por qué no ha crecido lo suficiente en esta administración?

La estructura de la inversión en México señala que aproximadamente 85% corresponde a la inversión privada y 15% a la inversión pública.

La inversión privada no ha crecido en los últimos años debido a la situación de incertidumbre que existe tanto por las políticas públicas instrumentadas en el gobierno de López Obrador como por factores del entorno internacional.

En el caso de la inversión pública, la política de austeridad que empezó a aplicarse en 2019 llevó a que la inversión pública realizada por el sector público federal en 2021 fuera 1.1% inferior en términos reales a la efectuada en 2018. Es decir, pese a los grandes proyectos de esta administración, no se ha llegado siquiera al nivel que tenía en el último año del gobierno de Peña.

¿La estrategia económica del presidente López Obrador durante la pandemia y otras acciones de su gobierno sugieren que ve al sector privado como un enemigo?

El presidente López Obrador percibe que hay un grupo de empresarios que son aliados suyos. Se trata principalmente de grupos empresariales de significativa importancia como Grupo Carso, Grupo Salinas, Banorte, entre otros. Sin embargo, en el conjunto del sector privado sí ve que la actitud ha sido la de no invertir y él lo interpreta como un rechazo a los programas de su administración.

Quizá el presidente no vea a los empresarios en general como sus enemigos, pero sí percibe que muchos de ellos no son sus partidarios ni siguen sus lineamientos, sino que toman decisiones en función de los intereses de las propias empresas.

Durante la pandemia en particular, el presidente de la República prácticamente rompió el diálogo con el sector privado organizado en el Consejo Coordinador Empresarial, que le demandaba emprender acciones para mitigar el efecto del covid-19 en el aparato productivo y en la actividad económica.

Al rechazar dichas propuestas, el presidente López Obrador virtualmente interrumpió la interlocución con las representaciones del sector empresarial.

Sin embargo, todavía se ha intentado, a través de la presentación de proyectos de infraestructura en los que participa el sector privado, crear algunos lazos y tender algunos puentes entre el gobierno y los empresarios.

Dado el contexto global y regional, ¿qué oportunidades desaprovechó el gobierno para atraer inversiones productivas?

Quizá la oportunidad más importante que fue desaprovechada por el gobierno de López Obrador estuvo asociada con el proceso de relocalización de operaciones de las manufacturas a nivel global, la cual cobró fuerza tras los impactos directos e indirectos de la pandemia.

Una gran cantidad de empresas norteamericanas se hicieron conscientes de la vulnerabilidad que les implica tener operaciones dispersas geográficamente, en lugares tan distantes como China.

Esto viene incluso desde antes de la pandemia, ante la evidente rivalidad geopolítica de China y Estados Unidos. Sin embargo, el incremento en los costos del transporte, así como los problemas logísticos de toda índole, generaron una percepción aún más clara de ese riesgo.

Si las empresas estadounidenses, canadienses o de cualquier otro lugar del mundo que apuntan al mercado norteamericano hubiesen sido atraídas con programas específicos, con certeza jurídica y con diferentes tipos de estímulos, probablemente México hubiera podido ser receptor de volúmenes de inversión extranjera directa como nunca los habíamos tenido.

Sin embargo, la ausencia de una vocación para convertirse en un polo de atracción para la inversión condujo a perder esa oportunidad la cual probablemente sea irrepetible.

¿El resentimiento social que alienta el presidente López Obrador tiene impacto en la economía?

Aunque no es el factor más importante que influye en la economía, la polarización social que se desata regularmente desde las conferencias mañaneras del presidente López Obrador sí genera una situación de desconfianza de los inversionistas y de cautela de los consumidores.Un ejemplo reciente fue el señalamiento respecto a hacer "una pausa" en las relaciones con España ante la suposición de que las empresas españolas abusaron de nosotros en el pasado.

Diversos empresarios de ese país quedaron en una situación de incertidumbre y dudas respecto al futuro de sus inversiones en México. Ése es un ejemplo de cómo esas actitudes agresivas del presidente impactan en la economía al generar incertidumbre.

¿Qué tan posible es una crisis financiera en México, producto de la mala conducción política y económica del país?

Ése es uno de los escenarios que existen para la última parte de la actual administración. Creo que en este momento no es el escenario más probable, pero tampoco puede descartarse.

Una de las razones que podrían provocar esta crisis es una decisión de política pública que implicara poner en duda la viabilidad económica del país. Quizá la única en ciernes pudiera ser la aprobación de la reforma eléctrica en los términos enviados al Congreso.

Pero también hay que considerar la posibilidad de que el entorno internacional se vuelva más adverso, en cuyo caso podría haber una situación de desconfianza que también podría detonar una crisis de este tipo.

Quizá el antídoto para ello es la actitud fiscal conservadora del presidente López Obrador que ha mantenido sin crecimiento el gasto y la deuda pública en niveles relativamente manejables.

Igualmente, hasta ahora, el presidente ha respetado la autonomía del Banco de México, con lo cual las políticas de esta institución han permitido un manejo de la situación financiera de una forma bastante razonable. Es por ello que no es, a mi juicio, el escenario más probable, pero tampoco es imposible si en la última parte del gobierno nos enfrentamos a una situación política y a decisiones controversiales como las que se produjeron en los sexenios de Echeverría y López Portillo.

López Obrador llegó a la Presidencia con tres argumentos irrebatibles: corrupción, bajo crecimiento económico y una gran desigualdad social. ¿Cómo estamos ahora en esos tres temas?

De acuerdo con la mayor parte de los indicadores, el nivel de corrupción existente sigue siendo muy elevado, sobre todo en los ámbitos más operativos de las administraciones públicas, tanto a nivel federal como estatal y municipal.

Además se han desmantelado los avances que hubo en el pasado para transparentar el ejercicio del gasto público, y una proporción importante de éste se realiza de manera opaca, a través de asignaciones directas por parte del gobierno.

En cuanto al bajo crecimiento de la economía, aún con los escenarios más optimistas, lo más probable es que al término del sexenio se tenga un crecimiento promedio inferior al 1% anual, lo que será el nivel más bajo desde el sexenio de Miguel de la Madrid. Y si los comparativos se realizan en términos per cápita, lo más probable es que haya un retroceso a lo largo de esta administración.

En términos de la desigualdad social, si bien han existido programas sociales para tratar de mitigarla, el impacto de la falta de crecimiento de la economía, así como el provocado por la pandemia, ha golpeado a los sectores de bajos ingresos. Quizá solamente los últimos dos deciles, es decir, 20% de la población con menores ingresos, fueron menos impactados por las transferencias de recursos hechas por el gobierno.

Sin embargo, sectores amplios del país vieron agravada su condición, lo cual se aprecia en el mayor número de pobres que existe, de acuerdo con los datos del Coneval, el cual indica que ahora el 40.3% de la población tiene ingresos insuficientes para adquirir la canasta alimentaria luego de que en el primer trimestre de 2020 ese porcentaje se había logrado reducir hasta 36.6 por ciento.

En lo que atañe a 2022, la información proporcionada por el Inegi indica que el crecimiento de la economía mexicana a tasa anual fue de 1.8% en el primer trimestre y de 1.0% a tasa trimestral.

Considerando cifras desestacionalizadas para evitar distorsiones, el PIB del primer trimestre de 2022 está 2.7% por debajo del nivel que tenía en el cuarto trimestre de 2018. En términos monetarios, esto quiere decir que la economía mexicana vale hoy 746 mil millones de pesos menos que en el cuarto trimestre de 2018 a precios actuales. O, si se quiere ver de otra manera, en este lapso de tres años cada habitante de nuestro país perdió 5 923 pesos anuales de ingreso.

En realidad, las cosas son peores.

Si consideramos que el crecimiento promedio de la economía mexicana entre el año 2000 y 2018 fue de 2.26%, de haberse mantenido la tendencia histórica de las pasadas dos décadas, el crecimiento de los últimos tres años habría sido de 6.9 por ciento.

Es decir, si la economía hubiera mantenido la trayectoria que tuvo en el hoy cuestionado periodo que al presidente López Obrador le gusta denominar como neoliberal, su valor hoy estaría cerca de 10% por arriba del nivel con el que cerramos el 2021.

A los precios actuales, esa diferencia equivale a 2.7 billones de pesos. O, puesto nuevamente en términos más asequibles, en promedio, cada mexicano tendría un ingreso anual superior en 21 430 pesos respecto al nivel con el que cuenta actualmente.

Ya sé que, como en todo el mundo, se atravesó la pandemia y eso modificó los resultados.

Bueno, pues hagamos otro ejercicio.

En nuestra región, América Latina, el resultado en el PIB de los años 2020 y 2021 tuvo una caída de 0.6%. En México, el resultado para el mismo periodo fue una caída de 3.8%. Es decir, hubo una pérdida neta por encima del promedio de la región equivalente a 3.2 puntos del PIB, lo que equivale, a precios actuales, a 860 mil millones de pesos.

El hecho es que el desempeño de la economía mexicana en los últimos años está muy por debajo de sus parámetros históricos.

Y si se pretende justificar este hecho con el tema de la pandemia, resulta que está también por debajo de los niveles promedio de los países de América Latina.

Es decir, en el saldo, hemos tenido años muy malos en materia de crecimiento, y todo indica que el resto del sexenio también será mediocre.

Si nos ponemos optimistas y pensamos que en este año creceremos un 2% (el consenso habla de 1.7%) y consideramos la misma cifra para 2023 y 2024, terminaríamos el sexenio con una economía que habría crecido 2% en seis años.

Esto implica una tasa anual promedio de 0.3%, la más baja desde el sexenio de Miguel de la Madrid.

La lesiva apuesta por los combustibles fósiles

Lourdes Melgar[33]

- Marginar y estigmatizar la inversión privada en la generación de electricidad causará rezago en el abasto de energía limpia y barata, y eliminará una fuente de desarrollo y empleo en las zonas donde podrían realizarse inversiones.
- La cancelación de las rondas petroleras ha significado pérdida de fuertes ingresos para la hacienda pública y ha frenado la estrategia de desarrollo de las cadenas de valor del sector energético.
- Cancelar las subastas eléctricas frenó el despliegue de las energías renovables que permitirían al país reducir los costos de la generación eléctrica y cumplir con los compromisos en el combate al cambio climático.

[33] Consejera fundadora de la iniciativa Voz Experta. Investigadora afiliada al Instituto Tecnológico de Massachusetts. Subsecretaria de Electricidad y subsecretaria de Hidrocarburos (2012-2016).

¿Cuál ha sido el daño infligido al país por la cancelación, en los hechos, de la reforma energética?

La anulación en los hechos de la reforma energética de 2013 ha privado a México de recibir los beneficios concretos de una reforma de gran calado que iba a incrementar la seguridad energética, la competitividad de la economía, los ingresos de la hacienda pública y reducir significativamente la pobreza energética.

Los primeros resultados concretos de la reforma energética de 2013 iban a darse en el gobierno de 2018-2024, debido al tiempo de maduración de los proyectos del sector energético. Estos resultados incluían una reducción real de las tarifas eléctricas y un suministro de gasolinas más limpias y baratas con la consecuente reducción de subsidios generalizados. Al contar con un mayor número de plantas de generación eléctrica, de terminales de almacenamiento de petrolíferos, de una red amplia de gasoductos y de un número creciente de participantes en la exploración y producción de hidrocarburos, se estaría incrementando la seguridad energética del país.

Sin embargo, aún antes de publicar decretos, promover modificaciones a leyes secundarias y presentar una iniciativa de reforma constitucional en materia energética, el gobierno actual bloqueó la concreción de un gran número de proyectos tanto en el sector eléctrico como en hidrocarburos.

La cancelación de las rondas petroleras ha tenido un impacto que va más allá de la exploración y producción de hidrocarburos. Ha significado la pérdida de fuertes ingresos para la hacienda pública, la restricción de flujos hacia el Fondo Mexicano del Petróleo y el freno de la estrategia de desarrollo de las cadenas de valor del sector energético, impulsada por los requerimientos de contenido nacional establecidos en los contratos petroleros.

Por su parte, la cancelación de las subastas eléctricas ha privado al país de continuar el despliegue de las energías renovables (eólica, solar, geotérmica) que permitirían al país reducir los costos de la generación eléctrica en términos reales y cumplir con los compromisos nacionales e internacionales en materia de combate al cambio climático. Asimismo, la cancelación de la subasta de líneas de transmisión privó al país de contar con líneas de transmisión esenciales para evacuar la energía generada en el sureste hacia el centro del país, así como aprovechar un mecanismo que permitiría incrementar el mallado del país.

La lista de proyectos truncados y beneficios cancelados es amplia. Quizá uno de los daños mayores es la pérdida de credibilidad ante los inversionistas, al haberse minado el Estado de derecho y desmantelado a instituciones esenciales para dar certidumbre a los inversionistas.

Las y los mexicanos, sobre todo los más vulnerables, serán los que más perderán por la cancelación de un modelo energético que dota al Estado de una rectoría fuerte, a la vez que le permite atraer las inversiones necesarias para garantizar el suministro seguro y confiable de energéticos limpios a precios competitivos.

¿La situación financiera de Pemex está mejor ahora que como la entregó el gobierno anterior en diciembre de 2018?

La situación financiera de Pemex ha sido delicada desde hace tiempo. Los estragos causados por la caída de los precios del petróleo de 2014 y la mala administración de la empresa en el periodo 2012-2016, la puso en una situación financiera preocupante. Sin embargo, entre 2016 y 2018 se hicieron esfuerzos para sanear las finanzas de la empresa y darle mayor viabilidad buscando incrementar su rentabilidad.

El cambio de timón bajo la actual administración llevó a la pérdida del grado de inversión de Pemex. Hoy en día es una de las empresas más endeudadas del mundo y registra pérdidas millonarias. El Gobierno Federal ha inyectado cuantiosos recursos frescos a la empresa y le ha dado beneficios fiscales. A pesar de ello, Pemex se encuentra en una situación financiera mucho más endeble que en 2018.

¿Qué consecuencias tendrá para México la apuesta del presidente López Obrador por las energías fósiles?

La apuesta del gobierno actual por los combustibles fósiles tendrá un efecto negativo para México en distintos niveles. El más importante para las y los mexicanos es que se incrementará aún más la alta vulnerabilidad del país al cambio climático. Por su ubicación geográfica, México es uno de los países más vulnerables al cambio climático, lo que se traduce en huracanes más violentos y continuos, mayores sequías e incendios, crecientes temperaturas extremas, incremento en el nivel del mar, calentamiento de los mares con el consiguiente impacto en la flora y fauna marina, mayor estrés hídrico, entre otros.

También hay que agregar que la creciente quema de combustóleo con alto contenido de azufre incrementa las emisiones de partículas a la atmósfera, contaminando al medio ambiente y generando lluvia ácida, lo que afecta la salud de las personas y daña las tierras cultivables.

A los impactos ambientales, la salud y las finanzas públicas, hay que agregar las consecuencias para México de no cumplir con sus compromisos internacionales en materia de cambio climático. De mantenerse la tendencia actual, México no llegará a las metas establecidas dentro del Acuerdo de París. Al marginarse de los esfuerzos internacionales en la materia, México dejará de ser atractivo para las inversiones y perderá la oportunidad de generar empleos de calidad, al desarrollar las cadenas de valor de la transición energética.

El modelo adoptado por la actual administración para el desarrollo de los hidrocarburos en México resulta poco rentable y tiene ya un impacto negativo sobre las finanzas públicas. La apuesta por los combustibles fósiles retrasará a México en su avance hacia una economía baja en carbono.

Es inminente la imposición de aranceles a quienes importen productos fabricados con emisiones de CO2. Ya ocurre en Europa. ¿Cuál sería el impacto para México si Estados Unidos también opta por establecerlos?

El impacto para México de un impuesto de ajuste a las importaciones por CO_2 sería negativo para nuestro país, toda vez que más de 75% de las exportaciones tiene como destino Estados Unidos. Los productos mexicanos perderían competitividad y la preferencia del consumidor estadounidense. Al no producir con energía limpia, México estaría desaprovechando las ventajas de sus tratados comerciales, tales como el Tratado entre México, Estados Unidos y Canadá (T-MEC) o su acuerdo con la Unión Europea. Al no contar con energía limpia, las empresas instaladas en México buscarían reubicarse en países que sí la ofrezcan de manera segura y a precios competitivos. Habría una pérdida de empleos y un impacto en el PIB.

¿Construir una nueva refinería es prioritario, oportuno, un buen negocio para los mexicanos?

El negocio de refinación es de márgenes estrechos. Pemex no se ha distinguido por ser un buen refinador. Por cada tres barriles de petróleo que refina genera casi uno de combustóleo de alto contenido de azufre que, a falta de mercado, almacena o quema en las plantas de generación de la CFE. La destrucción de valor es enorme. Por ello, no se pensaría que construir una refinería es una buena decisión.

Si a ello sumamos que la cuarta revolución industrial está en curso y que uno de los grandes cambios es la electrificación de los automóviles y la utilización de biocombustibles y eventualmente de hidrógeno para el transporte aéreo y pesado, resulta cuestionable la propuesta de construir una nueva refinería que será obsoleta en menos de 10 años.

Las consideraciones más inmediatas para cuestionar la construcción de la refinería de Dos Bocas incluyen el impacto ambiental de la obra, la destrucción de manglar, su ubicación en una zona de huracanes e inundaciones, los costos elevados de la construcción que han pasado de 8 mil millones de dólares a 12 mil millones y la falta de transparencia en la asignación de los contratos.

¿Qué daño causa al país marginar y estigmatizar al sector privado que genera energías limpias?

Los requerimientos de inversión del sector energético mexicano son enormes. Considerar que Pemex y CFE pueden solos es no dimensionar los montos del presupuesto de la Federación que tendrían que asignarse al sector energético: simplemente no alcanzan. Por ello, desde 1992 se han buscado esquemas que permitan la participación privada bajo la rectoría del Estado.

Marginar y estigmatizar a la inversión privada en la generación de electricidad causará un rezago en el abasto de energía limpia y barata, impactará en los costos de generación al limitar la posibilidad de incrementar la generación de menor costo y eliminará una fuente de desarrollo y empleo en las zonas donde podrían realizarse inversiones.

México tiene tradición de producir energía geotérmica, es limpia, no es intermitente, y el país es rico en vapor subterráneo. ¿Por qué hay cero pesos del presupuesto a mantenimiento, a inversión, y se les prohíbe a los privados entrar ahí?

México es un país con experiencia probada y potencial interesante en geotermia. Si bien México ocupó un liderazgo mundial en el desarrollo de la geotermia, por más de tres décadas se han relegado estos proyectos.

Debido a que hoy en día la geotermia es competitiva con el gas natural y que representa una energía limpia que sirve de generación base (es decir, no es intermitente como la solar o la eólica), la reforma energética de 2013 emitió una Ronda Cero para que CFE escogiera los campos que deseaba desarrollar, antes de poner a licitación zonas de potencial en las subastas de energías limpias para incentivar su desarrollo. A pesar de que se asignaron áreas a la CFE y que empresas privadas obtuvieron contratos, son pocos los avances que se han dado para concretar los proyectos.

México tendría mayor soberanía y seguridad energética si impulsara el desarrollo de proyectos de geotermia, campo en el cual mexicanos están llevando a cabo investigaciones y desarrollos para producir tecnologías mucho más accesibles, utilizando impresión 3D con nuevos materiales. Adicionalmente, debe mirarse la geotermia de baja intensidad, las bombas de calor, como una alternativa eficiente para acelerar la adaptación al cambio climático en casas y edificios.

Infraestructura: billones de pesos tirados a la basura

Macario Schettino[34]

- En la destrucción del aeropuerto de Texcoco, en 2019, se habían gastado ya 163 mil 540 millones de pesos y restan por pagar 168 mil 455 millones en obligaciones (bonos). Son 331 mil 996 millones de pesos tirados a la basura.
- Dos Bocas, aún si costara esos 8 mil millones de dólares que dice AMLO, pagarla —sin costo de capital— requerirá 42 años.
- Dos billones perdidos en Pemex (aunque uno de ellos es contable, no flujo). Si consideramos nada más el billón inyectado (o perdonado), más el billón y cuarto de las obras magnas, ya hablamos de una cantidad muy considerable.

[34] Economista, escritor y analista político. Asesor y consultor en temas de economía y negocios. Profesor investigador en la Escuela de Gobierno y Transformación Pública del Tecnológico de Monterrey.

Se destruyó la construcción de la principal obra de infraestructura que se realizaba en muchos años, el Nuevo Aeropuerto Internacional de la Ciudad de México, ¿con qué argumentos?

El principal argumento para cancelar la construcción del NAICM fue la corrupción, que ha sido un tema persistente en el discurso de López Obrador para llevar a cabo acciones sin ningún otro respaldo. En el caso específico del aeropuerto, nunca se han presentado evidencias de corrupción. Puesto que la decisión se tomó antes de la toma de posesión como presidente, López Obrador promovió una "consulta popular" que llevó a cabo la Fundación Rosenblueth entre el 25 y el 28 de octubre de 2018 en la que participaron poco más de un millón de personas y en la que casi 70% de ellos prefirieron la opción de cancelar el NAICM y construir nuevas pistas en la terminal militar de Santa Lucía.

¿Qué era lo que ya se había pagado y qué faltaba por pagar? ¿Cuánto dinero se tiró a la basura?

De acuerdo con el informe de auditoría a la Cuenta Pública 2019 de la Auditoría Superior de la Federación, se habían gastado ya 163 mil 540.7 millones de pesos (que incluyen los gastos de cancelación de contratos) y restan 168 mil 455.8 millones de pesos en obligaciones (bonos). Estos bonos se cubren con la tarifa de uso de aeropuerto (TUA) que debía cobrarse en Texcoco, pero ahora sólo se puede cobrar en el aeropuerto actual. Eso implica un cobro muy elevado, pero gastos muy reducidos en la infraestructura del AICM, para poder pagar el servicio de esos bonos.

El costo total de la cancelación es de 331 mil 996.5 millones de pesos, y puesto que no se tiene nada a cambio, se puede considerar que todo se tiró a la basura.

No obstante, el mismo informe de la Auditoría Superior de la Federación (ASF) identificó que dicha estimación puede verse afectada e incrementarse por, entre otros factores, una liquidación pendiente de

70% del valor de los bonos emitidos para financiar el proyecto y que no fueron recomprados, con un valor de 79 mil 265 millones 604.2 mil pesos, cifra que podría incrementarse por una baja en la calificación crediticia del soberano; y el pago de comisiones o intereses generados por los bonos en circulación pendientes de recompra, los cuales se verán afectados por las variaciones en el tipo de cambio que se puedan presentar (peso/dólar). Además, en 2019 continuaban en proceso de resolución 41 juicios de amparo, un juicio contencioso administrativo y dos demandas de arbitraje internacional, derivados de la terminación anticipada de los contratos y convenios de obra, adquisiciones y servicios.

¿Qué perdimos al destruir el NAICM?

La Ciudad de México no cuenta con un aeropuerto de tamaño suficiente. El AICM está saturado desde hace tiempo, y aunque se inaugura Santa Lucía, los ocho vuelos que tendrá no agregan nada. Como referencia, en 2019 el AICM tuvo 459 987 operaciones (comerciales, general y carga), que implican un promedio de 1 260 operaciones al día. En 2021, después de la pandemia, las operaciones se redujeron a 325 726, un promedio de 892 al día. Esto significa que Santa Lucía hace un aporte de 1% en las operaciones aéreas de la capital del país. Aunque se supone que esto se modificará con el tiempo, no queda claro que vaya a ser así por las dificultades de conectividad del aeropuerto, que desalientan el pasaje comercial. Por otra parte, la terminal de carga no se ha terminado aún.

Aun cuando llegase a crecer la utilización de Santa Lucía, la posibilidad de contar con un *hub* relevante ha desaparecido. No hay forma de tener conexiones con dos aeropuertos tan alejados (ya para no incluir Toluca, que es peor todavía).[35]

---

[35] *AICM en cifras. Diciembre 2019*, Secretaría de Comunicaciones y Transportes, enero-diciembre de 2019, <https://www.aicm.com.mx/acercadelaicm/archivos/files/Estadisticas/Estadisticas2019Dic.pdf>; *AICM en cifras. Octubre 2022*, Secretaría de Comunicaciones y Transportes, enero-octubre de 2022,

Y hay que considerar que el mejor proyecto de la actual administración fue el aeropuerto de Santa Lucía, que tiene una utilidad social cercana a cero, en el mejor de los casos. Sigue sin atraer vuelos, de forma que apenas puede aportar 1% de incremento en conectividad a la Ciudad de México, que a cambio está sufriendo problemas considerables en el AICM, no sé si debido a que la tarifa de uso de aeropuerto (TUA) se está utilizando para pagar los bonos del NAICM que fue cancelado, o si es un problema de asignación de presupuesto, o la simple acumulación de incompetencias. El resultado, sin embargo, es que en materia de conectividad aérea la capital del país está en condiciones claramente peores que las que tenía antes de este gobierno. Y eso, en el mundo del siglo XXI, no es poca cosa.

Y si ese proyecto es el bueno, no quiero imaginar lo que costarán los malos. Dos Bocas no parece que pueda producir gasolina antes del fin de sexenio, salvo en pruebas durante 2024. La primera gota, ya en operación, tal vez la veamos en 2026. Si se construyó bien, algo que no podemos asegurar, porque ninguno de los que construyeron había desarrollado un proyecto similar en su vida, en el próximo sexenio aportará tal vez 10% de la gasolina que se consume en México. Aunque esto no tendrá impacto en el precio y no es claro que reduzca los costos de operación de Pemex, que no dependen únicamente del estado de los equipos, sino sobre todo de los recursos humanos, excesivos bajo cualquier comparación internacional.

La desgracia de estos proyectos es que se proyectaron para reemplazar a otros que tenían un impacto notoriamente superior. Si en lugar de construir Santa Lucía se hubiese continuado con el aeropuerto de Texcoco, éste ya habría entrado en funcionamiento, la Ciudad de México podría convertirse en un *hub*, los usuarios no sufrirían lo que hoy y el gobierno de la ciudad tendría una reserva territorial espectacular para impactar el desarrollo de la zona.

<https://www.aicm.com.mx/acercadelaicm/archivos/files/Estadisticas/EstadisticasOct2022.pdf>.

Por otra parte, si en lugar de apostar a Dos Bocas y a la "recuperación" de CFE se hubiese seguido impulsando la reforma energética de 2013, hoy tendríamos más producción de crudo (que es en realidad el elemento determinante de la "autosuficiencia energética"), menores costos en Pemex, más abasto de electricidad y a menor costo.

Hemos tirado ya más de 2 billones de pesos en ocurrencias, se ha destruido la administración pública y hemos perdido cuatro años. De verdad cuesta trabajo encontrar un gobierno tan dañino en la historia nacional.

Se construye una refinería en Dos Bocas, ¿es rentable?, ¿cuánto va a costar?, ¿para qué va a servir?, ¿tendremos gasolina más barata?

Para saber si es rentable habría que saber cuánto va a costar, y eso todavía no está claro. Según la Secretaría de Energía, el costo sería de 8 mil millones de dólares, pero no hubo empresa dispuesta a construir Dos Bocas a ese precio y en el tiempo que la misma secretaría estableció como límite. El que las empresas más importantes del mundo en ese tipo de construcción no quisieran participar implica que las estimaciones de tiempo y costo de la secretaría eran inadecuadas.

Dos Bocas tendría la capacidad de procesar 340 mil barriles diarios de crudo pesado. Con los márgenes de las refinerías mexicanas, que son negativos (Pemex pierde dinero desde hace décadas), nunca se pagaría. Si consideramos el margen de las refinerías más eficientes, que puede estar en 1.5 dólares por barril, ya descontando costos de operación, pagar los 8 mil millones de dólares, sin costo de capital, requeriría 42 años. Conviene tal vez comparar con Deer Park, la refinería que Pemex tenía en sociedad con Shell, y que ahora la primera está comprando en su totalidad y que tiene un siglo de funcionamiento. Son inversiones de muy largo plazo y, considerando la transición energética, tal vez no sea tan buena idea.[36]

[36] Adriana García, *La refinería de Dos Bocas, ¿un proyecto rentable?*, México

¿El Tren Maya era prioritario para el desarrollo del país?, ¿cuánto va a costar?, ¿por qué se está haciendo?

No creo que el Tren Maya tuviera alguna importancia para el desarrollo nacional. Tal vez pueda pensarse que ayudaría en el desarrollo de la península, conectando las tres ciudades importantes: Mérida, Campeche y Cancún. Sin embargo, hace algunos años se evaluó el potencial de un tren rápido Mérida-Cancún, y se optó por no construirlo. El ramal de Tabasco a Campeche y Mérida ya existía. El ramal de Cancún a Bacalar y de ahí a Escárcega atraviesa áreas protegidas, pero en realidad cualquier área en la península es riesgosa por las características hidrológicas (cenotes, ríos subterráneos) y ecológicas.

En lo relacionado al costo, el gobierno ha dicho que costaría entre 120 y 150 mil millones de pesos, pero el Instituto Mexicano para la Competitividad (Imco) ha estimado que estaría entre 500 mil millones y un billón y medio de pesos. Cabe mencionar que esa estimación es anterior al cambio de trazo que se anunció a fines de 2021.[37]

No queda clara la intención del Tren Maya. Si es como atractivo turístico, para conectar "sol y playa" de Cancún y Riviera Maya con turismo arqueológico e histórico, suena atractivo, pero a un costo muy elevado. Si la intención es para desarrollo industrial, no debería atravesar la región que comentábamos porque es más peligrosa ambientalmente. En cualquier caso, no se va a pagar, como ocurre con los trenes en prácticamente todo el mundo.

¿Por qué ningún grupo privado quiso la concesión para operarlo?

Posiblemente porque no hay manera de que se pague ni siquiera la operación, ya no digamos la inversión. Además, es posible que haya

cómo vamos, 15 de octubre de 2021, <https://mexicocomovamos.mx/publicaciones/2021/10/la-refineria-de-dos-bocas-un-proyecto-rentable/>.

[37] *Diagnóstico Imco: proyecto del Tren Maya*, Imco-Centro de Investigación en Política Pública, 21 de marzo de 2019, <https://imco.org.mx/diagnostico-imco-proyecto-del-tren-maya/>.

problemas sociales, porque varias comunidades no están contentas con la idea.

¿La construcción del tren dañará la selva?

Seguramente. Precisamente por eso la parte de Bacalar a Escárcega me parece preocupante.

¿Qué gastos prioritarios en infraestructura física o social pudieron cubrirse con lo que perdemos en NAICM, Dos Bocas y Tren Maya?

Si el aeropuerto implicó una pérdida de 330 mil millones de pesos, más lo que se invierte en Santa Lucía, digamos que ahí va medio billón de pesos. En la refinería, la estimación más razonable es que costará alrededor de 250 mil millones de pesos (12.5 mil millones de dólares). Y pongamos el costo del tren en 500 mil millones. Estamos hablando de 1.25 billones de pesos. Eso es la quinta parte del presupuesto anual del sector público.

¿Cuál es la situación financiera de Pemex, luego de tres años de "rescate" de la presente administración?

El patrimonio de Pemex ha pasado de -1.5 a -2.5 billones de pesos. En el último reporte, le ajustaron el pasivo laboral para que la cifra se redujese a -2.2 billones, pero no es creíble. Digamos que se ha perdido un billón de pesos en el valor neto de Pemex (que ya era negativo, es decir, está técnicamente en quiebra). Adicionalmente, el gobierno ha transferido 300 mil millones de pesos a la empresa, y le ha "perdonado" pago de derechos por casi 700 mil millones. En pocas palabras, Pemex ha perdido un billón de pesos y ha recibido apoyos por otro billón. Hemos desperdiciado dos billones en Pemex en tres años.

¿Cuál es el costo para el país de inyectar dinero a Pemex y absorber sus pérdidas?

Dos billones perdidos en Pemex (aunque uno de ellos es contable, no flujo). Si consideramos nada más el billón inyectado (o perdonado), más el billón y cuarto de las obras magnas, ya hablamos de una cantidad muy considerable.

¿Cuál es la situación financiera de CFE?

CFE ha tenido pérdidas durante este gobierno. Anteriormente, lograba obtener una pequeña ganancia, pero en esta administración ya no ha sido así.

Adicionalmente, hay al menos dos decisiones con un costo de largo plazo por parte de Manuel Bartlett. Primero, el pleito con Braskem, donde cambiaron los contratos con una pérdida para CFE por mil millones de dólares (aparentemente por la incapacidad de Bartlett para entender el valor presente neto de un contrato). El otro caso es la devolución de pensiones al sindicato que se habían reducido con la reforma de 2013. Si el costo de largo plazo crece, y además hay pérdidas por operación, la empresa está quebrada.

¿Qué pasó con la empresa de "clase mundial"?

Desapareció. Sí lo era, me parece. Se había avanzado mucho en eficiencia administrativa y operativa. Ahora la preocupación es de carácter ideológico, y eso es difícil de hacer compatible con la eficiencia.

ARCHIVO PERIODÍSTICO

PABLO HIRIART

Si hace tres décadas hubieran existido medios de comunicación que cuestionaran al entonces secretario de Gobernación, el país habría conocido facetas desconocidas de ese funcionario que sólo se revelaron al asumir el mando del país. Con medios críticos, tal vez habríamos tenido indicios de cómo era realmente Luis Echeverría y no hubiera llegado a ser Presidente de México.

S E M A N A   P O L Í T I C A

Así es el puntero

Cuando a López Obrador le dicen que es bueno, que es el mejor y que va a arriba en las encuestas para el 2006, sonríe magnánimo, condescendiente, y pide que no le toquen el tema.

"Estoy muy ocupado en gobernar esta gran ciudad; me emociona la bondad de la gente. No me distraigan con esos temas de la sucesión", dice a los periodistas.

Pero cuando alguien le dice que sería un mal Presidente por populista y por autoritario, entonces sí monta en cólera y contesta con virulencia, como ocurrió la semana pasada ante las críticas que le formuló Miguel de la Madrid.

López sólo es ecuánime cuando lo halagan.

Si los comunicadores afines a su causa le endulzan el oído, el jefe de Gobierno es una seda, derrocha amabilidad y reparte certificados de profesionalismo, honorabilidad y objetividad.

Ante la crítica pierde la calma, se exalta y aflora su talante autoritario.

Si hace tres décadas hubieran existido medios de comunicación que cuestionaran al entonces secretario de Gobernación, el país habría conocido facetas desconocidas de ese funcionario que sólo se revelaron al asumir el mando del país.

Con medios críticos, tal vez habríamos tenido indicios de cómo era realmente Luis Echeverría y no hubiera llegado a ser Presidente de México.

Ahora, por su sobrerreacción a la aislada crítica que enfrenta y por su manera de gobernar, podemos darnos una idea de cómo es el puntero en las encuestas.

Desprecia y ataca a los críticos.

Tiene la inercia autoritaria de convertir a sus adversarios en enemigos.

Su visión de la historia y de la sociedad es maniquea: la divide en buenos y malos.

No cree en la legalidad.

Veta las leyes que no le gustan.

Subordina al Poder Legislativo del DF para acelerar o frenar lo que él considera que debe frenarse o apresurarse.

Hoy, en el Distrito Federal, el Gran Legislador es él.

Si los fallos judiciales no se apegan a su voluntad, echa a andar la maquinaria de linchamiento en los medios contra jueces y magistrados.

La economía de la ciudad la tiene hipotecada con deuda creciente y quiere más.

Enajena a particulares bienes de la ciudad, como son terrenos de alto valor comercial en Santa Fe a cambio de bultos de cemento.

Con contratos se granjea la bue-

Cuando alguien le dice que sería un mal Presidente por populista y por autoritario, entonces sí monta en cólera y contesta con virulencia, como ocurrió la semana pasada ante las críticas que le formuló Miguel de la Madrid. Ante la crítica pierde la calma, se exalta y aflora su talante autoritario.

Si los comunicadores afines a su causa le endulzan el oído, el jefe de Gobierno es una seda, derrocha amabilidad y reparte certificados de profesionalismo, honorabilidad y objetividad.

na voluntad de connotados empresarios que se cuentan con los dedos de una mano.

El desempleo crece al grado de que en el DF está el 25 por ciento de la pérdida total del empleos en el país.

"Yo sólo puedo generar empleos en la industria de la construcción", responde y le echa la culpa al neoliberalismo por la cesantía.

No concibe que debe crear condiciones de seguridad e infraestructura para que prospere la inversión generadora de empleos, como el tu-

rismo, el comercio y los servicios, y no sólo la que beneficia a ese selecto ramillete de empresarios que se beneficia de su gobierno.

Él nunca es responsable de nada, sólo de los éxitos.

Los errores de su administración se los achaca a sus colaboradores, a sus adversarios o al neoliberalismo.

Si llega a Presidente, ¿de quién va a ser la culpa del desempleo y del endeudamiento excesivo? También del neoliberalismo global, o del imperialismo norteamericano.

Según datos del propio GDF, el 62 por ciento de los capitalinos vive en la pobreza que él prometió abatir.

La policía de la delegación más poblada de la ciudad, está involucrada en el negocio del narcotráfico y en la industria del secuestro.

Exalta la ignorancia, al decir cada semana que los problemas del país son por culpa de personas que se educaron en universidades extranjeras.

¿Acaso no es aspiración de todo padre que le puede dar educación a sus hijos, que lleguen a obtener una especialidad en alguna buena universidad del exterior, para que aprendan más, para que conozcan el mundo y que no odien al mundo?

Él arremete contra eso, y lo pone como una causa de los males nacionales.

Reparte dinero en efectivo aún a quienes no lo necesitan. No le importa de esa manera lleve a la

ciudad a una crisis económica que cada año aumentará su carga explosiva.

Se niega a entregar al Poder Legislativo local el padrón de beneficiados con los 600 pesos destinados a las personas de la tercera edad.

Ofrece el paraíso. La esperanza y la felicidad sin esfuerzos ni reformas.

Y quien lo critica es objeto de sus ataques verbales, ironías e insidias, mientras premia con dispendiosa publicidad a quienes lo halagan.

Para estar bien con la televisión, paga incluso anuncios que nunca salen al aire, como lo documentó CRÓNICA.

Así es López Obrador. Es un populista autoritario.

Pertenece a la misma escuela que arrasó con la economía del país en la docena trágica de los años 70.

No lo ve así quien no lo quiere ver.

O porque no ha tenido información suficiente por la nube de protección que los grandes medios masivos han puesto sobre él para protegerlo porque es su candidato.

O no lo ven así porque les conviene, en virtud de los grandes contratos que han recibido de parte del gobierno del DF.

O porque lo ven fuerte y quieren comprar un boleto de protección con tres años de anticipación.

Desde luego hay quienes si comparten la forma de gobierno que se perfila con López Obrador, lo cual es plenamente legítimo.

Lo que resulta inconcebible, por estrambótico y hasta cierto punto cínico, es que los que piensan diferente se acomoden con el puntero en las encuestas y hagan como que no ven lo que significa López Obrador.

En círculos empresariales y de analistas políticos se comenta que López Obrador es el único que puede realizar las reformas estructurales que el actual gobierno no ha podido hacer.

Con esa lógica, el centro y la derecha deberían votar por López Obrador para que haya reformas. Y la izquierda tendría que votar por un candidato de centro o de derecha para asegurarse de que no haya reformas y se evite así lo que ellos llaman la "venta del país".

Ese argumento no se comenta sin pies ni cabeza.

"Las reformas estructurales son puro cuento", dijo el jueves el jefe de Gobierno de la ciudad de México.

Pretender que las reformas las va a hacer quien se opone a ellas hasta el grado de la burla, es otra excentricidad autocomplaciente.

Es la autocomplacencia del *tío Lolo*.

phiriart@cronica.com.mx

PABLO HIRIART

■

Cuando las leyes le convienen, expresa de su puño y letra que nadie está por encima de ellas. Y cuando se las aplican a él, las desecha con el argumento de que "la justicia está por encima de la ley". ¿Y quién dice qué es lo justo y qué es lo injusto? Él. Por eso sorprende que algunas de las mentes más lúcidas de nuestro país, como Enrique Krauze y Carlos Fuentes, insistan en defender a López Obrador para que no sea tocado por el brazo de la ley.

S E M A N A   P O L Í T I C A

El intocable

Andrés Manuel López Obrador no fue a la Cámara de Diputados a defenderse, sino a agredir a todos los que no piensan como él.

ALONSO GALLEGOS/ARCHIVO

Los argumentos que los más ilustrados defensores de López Obrador han esgrimido para condenar su desafuero son de carácter estrictamente político. Consideraciones sobre la fragilidad de la democracia, el riesgo de inestabilidad, la popularidad del personaje, etcétera.

Pero cuando oyen las críticas al comportamiento de López Obrador, esos defensores responden que sí, que es verdad lo que se dice de él, pero que eso es condenarlo por motivos políticos y no por razones legales.

Y cuando se les dan los argumentos legales, vuelven a sus consideraciones políticas.

¿Entonces?

El caso es que, por lo visto, López Obrador es indefendible política y jurídicamente.

El día del desafuero, después de un razonable discurso en la Plaza de la Constitución, López Obrador se transformó en un patán de la política con su soflama en la Cámara de Diputados.

No resistió el papel de sensato que jugó en el Zócalo, y en San Lázaro pintó un atropellado retrato de sí mismo.

Autoritario y de odios profundos, no explicó, sino que insultó.

No fue a exponer su caso ni a convencer con argumentos de descargo, sino que fue a San Lázaro a agredir a todos los que no piensan como él.

Incluso a los indecisos los cubrió de epítetos.

Ahora que el presidente de la Suprema Corte no está de su lado como si lo estaba en otros casos, lo llamó cómplice y ejecutor de consignas políticas.

A los jueces que hace poco aduló porque en un caso le dieron la razón, ahora les dijo que "en su mayoría" son personas que actúan por consigna y se comportan como "empleados del Ejecutivo federal".

Al Presidente de la República, que hasta hace poco le mereció todo su respeto, ahora lo acusó de "faccioso", "deshonroso" y de "degradar las instituciones de la República".

A los diputados que no piensan como él les dijo que "se hacen llamar representantes populares", sumisos a la línea y obedientes de dictados.

Pero a los diputados que votarían por él, les dijo que eran personas con "dignidad y decoro".

Los empresarios fueron atacados por López Obrador como los grandes atracadores de México, cuya prosperidad según él es la causante de la pobreza de la mayoría.

En cambio, a los que han hecho negocios con su gobierno, merecen ser llamados "emprendedores que han hecho su fortuna gracias al trabajo".

Así de autoritario y ofensivo es López Obrador. Los que piensan como él son buenos y los demás están condenados a sus insultos.

Tan agudos son sus odios, que usó la tribuna de San Lázaro para lanzarse contra un bisabuelo (!) de Santiago Creel porque en alguna época del porfiriato fue canciller.

Bueno, pues ahí está López Obrador. Ése es el personaje al cual quieren defender con argumentos políticos. Cuando las leyes le convienen, expresa de su puño y letra que nadie está por encima de ellas. Y cuando se las aplican a él, las desecha con el argumento de que "la justicia está por encima de la ley".

¿Y quién dice qué es lo justo y qué es lo injusto? Él.

Por eso sorprende que algunas de las mentes más lúcidas de nuestro país, como Enrique Krauze y Carlos Fuentes, insistan en defender a López Obrador para que no sea tocado por el brazo de la ley.

¿Por qué no? Porque es popular en las encuestas y representa una buena carta para que el PRD compita con cierto éxito en el 2006. Ese es todo el argumento.

Ahora bien, ¿porque es popular puede violar el amparo a un particular y nadie debe reclamarle nada?

Rechazó detener las obras y sacar su maquinaria de El Encino, porque quiso. Información tenía, y bastante. En este diario se publicó en primera plana la foto de la maquinaria de El Encino, ese predio, que era la violación a un amparo. ¿Cuál fue su respuesta? Que los jueces le harían lo que el

> **Parece una herejía preguntarle a López Obrador por qué permitía que su secretario de Finanzas fuera a Las Vegas a jugar cantidades millonarias casi todos los fines de semana, incluyendo a veces jueves y viernes.**

viento a Juárez.

Lo mismo ocurre con el caso Eumex, en el que su gobierno ha violado media docena de amparos de esa empresa de anuncios en paradas de autobuses.

Es absurdo pero así es.

Porque López Obrador se presenta con una careta de izquierda, no se le puede tocar.

Nada más porque es del PRD, resulta de mal gusto preguntarle si fue ingenuidad o complicidad el haber propiciado la fuga de Gustavo Ponce.

No se le puede preguntar por qué exigió que le abrieran la televisión a Ponce, mientras éste usaba esas horas para limpiar su escritorio, borrar el disco duro de su computadora y emprender la huida.

Parece una herejía preguntarle a López Obrador por qué permitía que su secretario de Finanzas fuera a Las Vegas a jugar cantidades millonarias casi todos los fines de semana, incluyendo a veces jueves y viernes.

A él no se le puede pedir que abra las cuentas del distribuidor vial de San Antonio. Y las del segundo piso del Periférico, ¿por qué están cerradas a piedra y lodo?

Ahora resulta hasta mal visto que se le pregunte por qué bloqueó la conformación de un Instituto de Acceso a la Información en el Distrito Federal autónomo y plural, y lo llenó de burócratas a su servicio.

Porque el señor es del PRD y es popular en las encuestas, puede mantener en secreto el padrón de personas de la tercera edad que reciben los 700 pesos.

Imposible saber a dónde va el dinero de los adultos mayores que no lo recogen mensualmente.

Los capitalinos no podemos conocer bien a bien cómo estuvo el cambio de la construcción de los puentes en Santa Fe, por lotes que valen mucho más que esa vialidad, por cierto inconclusa.

A él nadie se atreve a preguntarle por que no revela qué otros empresarios, además del constructor Carlos Ahumada, le daban dinero a René Bejarano, su secretario particular.

¿No era López Obrador el responsable político y administrativo directo de sus dos principales colaboradores, Bejarano y Ponce?

Si hubiéramos visto a Gil Díaz jugando millonadas en Las Vegas con dólares transferidos ilegalmente y provenientes quién sabe de dónde, y al secretario particular del Presidente recibiendo maletines de dinero de empresarios, ¿qué habría pasado? Habría pasado que todos los que ahora defienden a López Obrador estarían exigiendo la renuncia de Fox.

Pero López Obrador es el intocable. Ni siquiera acepta que se le aplique la ley por violar un amparo, lo que además puede librar con facilidad si así lo quisiera.

Tan inaudita es la defensa de este personaje, que resulta un verdadero sacrilegio cuestionar por qué el PRD capitalino se niega a que la Asamblea Legislativa del DF audite los fondos recabados entre burócratas para apoyar la "resistencia civil" de López Obrador.

A Marta Sahagún se le mandó al Auditor de la Federación para fiscalizar los recursos que manejó Vamos México. Muy bien hecho. Pero ¿por qué no se puede auditar a la Asociación Civil "No nos Vamos a Dejar", dirigida por Alejandro Encinas?

Todo eso permanece oculto porque son fondos que van para la millonaria campaña televisiva del Intocable.

Ni siquiera se puede preguntar a dónde va el dinero de los miles de taxis pirata llamados Los Pantera, que pagan su cuota a la organización perredista Francisco Villa.

López Obrador siempre "bateó" esos temas y sus defensores jamás se preocuparon por exigirle cuentas a ese gobernante.

Y ahora linchan a una mayoría calificada que en la Cámara de Diputados cometió, según ellos, un crimen contra la democracia? ¿Cuál es ese crimen? Haber permitido que el Intocable sea tocado.

phiriart@cronica.com.mx

NACIONAL | 13

Mexicanos podrán votar en el extranjero; IFE dará credenciales e instalará una casilla por cada 750 electores que participarán sólo en los comicios presidenciales

[FRANCISCO RESÉNDIZ]

NACIONAL | 11

El BM enfrentaría crisis como la OEA si Zedillo llega a dirigirlo, pues un tribunal aún puede juzgar al ex presidente: Centro Fray Bartolomé

[RAMÓN SEVILLA]

LA ESQUINA

Juan Ramón de la Fuente ya encontró la fórmula para desactivar el caso López Obrador. Es la usada en el 2000, cuando se le permitió ser candidato al DF sin tener los requisitos de ley. Ahora, igual: hay que evitar el desafuero para que no haga rabietas. Luego hay que darle la Presidencia para que no se enoje. Y después dejar que se reelija eternamente para que se calle la boca.

PRESIDENTE:
Jorge Kahwagi Gastine

MIÉRCOLES 23
FEBRERO 2005
AÑO 9 Nº 3091/ $7.00
www.cronica.com.mx

LA CRÓNICA DE HOY

López sí sabía y aceptó que violaba el amparo

1.2. Mediante oficio de fecha nueve de mayo de dos mil dos, la autoridad responsable, Jefe de Gobierno del Distrito Federal, manifiesta la imposibilidad para dar cumplimiento a la ejecutoria de mérito, en los términos siguientes:

"ANDRÉS MANUEL LÓPEZ OBRADOR, actuando como Jefe de Gobierno del Distrito Federal, autoridad responsable en el juicio de amparo citado al rubro, en cumplimiento al requerimiento hecho a través del proveído de fecha 25 de abril del año en curso, notificado a esta autoridad el día 3 del mes y año en curso, en el domicilio que para tal efecto señalé, a través del cual requiere al suscrito a fin de que informe el cumplimiento dado a la ejecutoria pronunciada en el juicio de amparo en que se actúa, con el debido respeto comparezco ante Usted para exponer lo siguiente:

Señoría tenga por materialmente imposible el cumplimiento de la sentencia de amparo, en el sentido de devolver a la quejosa las fracciones de su predio que le fueron expropiadas (fojas 1793 y 1794 del cuaderno de amparo)."

Extractos del expediente de la Corte sobre el caso El Encino.

■ "Es materialmente imposible" cumplir su sentencia, respondió en mayo de 2002 al juez que determinó que el GDF desdeñó una suspensión definitiva en El Encino ■ Desde 2001 abogado del gobierno capitalino advirtió a Servimet que a AMLO se le podía acusar de desacato

[ADRIAN CASTILLO]

E
l 19 de mayo de 2002, cuando el juez noveno de Distrito ya había determinado que existía una violación a la suspensión definitiva por parte del Gobierno del Distrito Federal y dado vista de ello al Ministerio Público, dentro del litigio por El Encino, Andrés Manuel López Obrador suscribió un oficio en el cual expresa que es "materialmente imposible el cumplimiento de la sentencia de amparo".

Este documento aparece en al menos dos de los cuatro fallos emitidos entre el 30 de agosto de 2001 y el 26 de febrero de 2003 por diferentes instancias del Poder Judicial de la Federación, que determinan que el jefe de GDF no respetó el amparo concedido a la empresa Promotora Internacional Santa Fe.

Dentro del expediente del desafuero figura también un oficio (DGSL/248/2001) del ex director de Asuntos Legales del GDE Carlos Paniagua, al director de Servimet, advirtiéndole que "de no acatarse lo dispuesto por el juez se puede hacer incurrir al jefe de Gobierno en desacato, "al continuar los trabajos" de una vialidad en El Encino, pese a la protección judicial.

AMLO, como redentor en una cruz ante la Cámara

Periodistas encabezados por Martí Batres realizaron un mitin frente a la Cámara de Diputados, con una cruz de madera en la que colocaron un cartel con el rostro de AMLO. /5

LUZ MORENO

La PGR solicita orden de aprehensión contra Moreno Valle por presunta evasión fiscal

[FRANCISCO SANDOVAL]   /8

Primero la Asamblea y luego el candidato, pactan gobernadores de la Unidad Democrática y Madrazo

[ALEJANDRO PÁEZ]   /9

ACADEMIA | 30

La Cámara baja ordena a la SEP retirar los libros con narcocorridos y fincar responsabilidades a quienes los aprobaron

[JOSÉ ALEJANDRO SÁNCHEZ]

CULTURA | 28

Localizan en Tepito el internado donde Buñuel filmó parte de Los olvidados, estrenada hace 55 años

[RICARDO PACHECO COLÍN]

NACIONAL |11

El PRI se impuso
en zonas zapatistas:
ganó Larráinzar,
Chenalhó, Ocosingo,
Altamirano y
El Bosque; recuperó
Tuxtla y San Cristóbal

NACIONAL | 12

No me voy,
responde
Sánchez Anaya,
mientras que
Marta Sahagún
felicita a la esposa
del gobernador

LA ESQUINA

Tres mujeres, dos de ellas madres
solteras, murieron el viernes mientras
trabajaban en los puentes que unen
Santa Fe y Centenario. Un joven a
exceso de velocidad las arrolló. Un
accidente puede ocurrir en cualquier
parte, pero esa tragedia se pudo
evitar. Nunca debió inaugurarse una
obra inconclusa. Lourdes García,
Rocío López y María Sánchez se
llamaban. Descansen en paz.

PRESIDENTE:
Jorge Kahwagi Gastine

MARTES 5
OCTUBRE 2004
AÑO 9 Nº 2952 / $5.00
www.cronica.com.mx

LA CRÓNICA DE HOY

AMLO había negado 5 veces sus reuniones con Azuela

**López se hace bolas: dice
que con el presidente de la
Corte comió, pero que no
se trató de una reunión**

Apenas el 21 de
septiembre dijo:
"Ningún encuentro
he tenido con el
ministro luego
del 23 de octubre"

[RAYMUNDO SÁNCHEZ]

Andrés Manuel López
Obrador se hizo bolas
ayer y tuvo que aceptar
que se reunió en más de
una ocasión con el presi-
dente de la Corte, Maria-
no Azuela. Así, descalificó
sus propias declaraciones
de mediados de septiem-
bre, cuando sostuvo que su última entrevista con
el ministro fue el 23 de octubre de 2003 para tratar el asunto del Paraje San Juan. Al admitir que
también departió con el titular de la Corte en el restaurante La Casa, dijo que no es lo mismo comer que
reunirse.

Confirmó la información publicada ayer por
CRÓNICA: que en la comida con Azuela pidió pato.
—¿No que usted no mentía?—le preguntaron.
—No, ¿por qué —respondió al tiempo que se le
inflaba la manzana de Adán por la saliva que tragaba.
—¿Qué diferencia hay entre la reunión de Vicente Fox y la de usted?—le cuestionaron.
—Bueno, en el caso de la reunión en Los Pinos,
pues tuvo como propósito tratar un caso que es el
desafuero; en el caso de la reunión, o mejor dicho,
la comida que tuve con Mariano Azuela...
—¿Comió pato?
—Sí, no, pues son muy buenos ustedes, están bien
conectados con el Cisen. Sí, porque es cierto. Además
si fue pato, exactamente —contestó.

[RAYMUNDO SÁNCHEZ]

En cinco ocasiones Andrés
Manuel López Obrador
había negado sus reunio-
nes con el presidente de la
Corte, Mariano Azuela, más allá
de la que sostuvieron el 23 de octubre de 2003, cuando trataron
el asunto del Paraje San Juan.
A raíz de conocerse la reunión
entre el presidente Vicente Fox y
Azuela Güitrón, durante cinco
días consecutivos se le preguntó
a López si había sostenido en-
cuentros privados con el ministro, pero lo negó.
El 21 de septiembre, el jefe de
Gobierno machacó: "Yo les informe ustedes el día 21 (de octubre de 2003) que iba a solicitar
la audiencia. El 23 tuve esa audiencia. "Me acuerdo bien, de entonces a la fecha no he tenido
ningún encuentro con el presidente de la Corte". Pero sí, sostuvo más de una reunión con Azuela y ayer lo reconoció.

El Dalai Lama y Norberto Rivera Carrera ayer en Catedral. FOTO. EFE

Oran por la paz el Dalai Lama
y otros nueve líderes religiosos

[JOSÉ ALEJANDRO SÁNCHEZ]

El Dalai Lama negó ayer que haya un choque
de civilizaciones entre el Occidente y Orien-
te Medio, por lo que pidió no criticar al movimiento islámico por culpa de los grupos radi-
cales que como camino recurren a la violencia.
En la ceremonia ecuménica a favor de la paz
en la Catedral Metropolitana, con la participación
de otros nueve líderes religiosos, dijo que los enfrentamientos entre creyentes de diferentes reli-
giones obedecen a intereses relacionados con el
dinero, el poder y la política.

No usa la cama,
duerme en el suelo de
21:30 a las 3:30 hrs.

Al despertar realiza su
primera meditación; come
arroz y fruta fresca y bebe
té negro

[ALEJANDRA SÁNCHEZ]

MUNDO | 22

Comenzó el funeral del Papa en la Basílica de San Pedro; la preside el poderoso cardenal Joseph Ratzinger

NEGOCIOS | 24

La Bolsa de Valores dio su brinco más alto del año al ganar 2.47%; Prieto Treviño prevé volatilidad transitoria

[LIZBETH PASILLAS]

LA ESQUINA

El Poder Judicial, el Ejecutivo y ayer de manera contundente el Legislativo coinciden: López Obrador merece ser desaforado y juzgado como cualquier ciudadano. Ante eso, ¿qué van a hacer? ¿Seguir desafiando a los jueces e insultando a los que no piensan como ellos? Cuidado. No sólo han violado un amparo, y ellos lo saben. Ojo, que están en un pantano. Y boca abajo.

PRESIDENTE:
Jorge Kahwagi Gastine

VIERNES 8
ABRIL 2005
AÑO 9 Nº 3135 / $7.00
www.cronica.com.mx

LA CRÓNICA DE HOY

Desaforado por autoritario

En votación sin precedente el 72% de la Cámara decidió quitar el fuero a López

[ADRIAN CASTILLO]

Fueron dos formas de salir de San Lázaro y se dieron con cuatro horas de diferencia. Una antes y otra después de una votación que se recordará para siempre: 360 votos a favor del desafuero en números verdes; 127 en contra, en rojos, y 2 abstenciones, en amarillos, marcaron la pizarra electrónica.

El perdedor en la batalla de ayer fue Andrés Manuel López Obrador por abuso de autoridad, por haber desobedecido durante 11 meses un mandato judicial para detener una obra en el predio El Encino. Se fue en el Tsuru que Nico aceleró cual si fuese un bólido, luego de pronunciar un discurso basado en fragmentos arbitrariamente extraídos de la historia nacional y de criticar a los diputados de PRI y PAN y a los presidentes de la República y de la Corte.

Antes el subprocurador de la PGR, Javier Vega Memije, señaló que le parecía inconcebible que el perredista alegue la supuesta impunidad del pasado para alcanzarla para él. Dijo que en su estrategia mediática el tabasqueño se compara con Mandela o Gandhi sin que haya punto de comparación, pues ellos fueron atropellados desde el poder y él (López) usa el poder para atropellar los derechos ciudadanos.

Quien incendió los ánimos con su alocución a favor del desafuero fue el panista Juan de Dios Castro, al afirmar que López violó la suspensión por evitar el pago de 37 millones de dólares al hospital ABC y al banco Santander, que no tenían demandado por no abrir las vialidades en El Encino. ..4 a 19

360 por el Sí
72%

127 por el No
15%

2 abstenciones
0.4%

11 ausentes
2.2%

Andrés Manuel López Obrador al escuchar ayer en la Cámara de Diputados los cargos que le hiciera el fiscal Carlos Javier Vega Memije. Foto: Alonso Delgado.

CRÓNICA publica los textos del fiscal Carlos Vega Memije, de Andrés Manuel López Obrador y de los 12 diputados que hablaron en favor y en contra / SUPLEMENTO

AMLO anuncia que peleará la candidatura del PRD

[ALEJANDRO PÁEZ]

Horas antes de perder el fuero por violar una suspensión definitiva en el caso El Encino, Andrés Manuel López Obrador anunció el en el Zócalo que "esté donde esté" buscará ser el candidato del PRD a la presidencia de la República. Dijo que lo quieren silenciar, dio a conocer un plan de resistencia civil —que incluye ocho acciones— y convocó a la población a una marcha del silencio para el domingo 24 de abril. ..9

Encinas queda como encargado del despacho

- Hoy reanuda mañaneras en el GDF
- La ALDF desconoce el desafuero

[RAYMUNDO SÁNCHEZ Y ELBA MÓNICA BRAVO] ..11 y 35

PABLO HIRIART

La biografía de López Obrador no es la historia de un demócrata. Es la de un violador sistemático no sólo de la ley, sino de reglas convenidas y pactadas de manera implícita por los actores políticos, los partidos y la sociedad. Es la historia de un priista de viejo cuño que renunció a su partido no por motivaciones sociales o ideológicas, sino porque no lo dejaron salirse con la suya en una candidatura que exigía y no se la dieron.

SEMANA POLÍTICA

Negro porvenir

Ni un solo acarreado hubo en la gigantesca manifestación ciudadana contra la inseguridad en el DF, la marcha que ignoró López Obrador.

López Obrador se asume como el intérprete único de la voluntad del pueblo.

En el 2000 López Obrador doblegó las leyes a punta de marchas y amenazas para defender su "derecho a competir" en la elección para jefe de Gobierno; y sin tener los requisitos legales para ser candidato, se inscribió en medio de un escándalo que lo favoreció y ganó.

A pesar de que no tenía la residencia para ser candidato —como lo afirmaron no sólo el PRI y el PAN, sino también los perredistas Pablo Gómez y Demetrio Sodi, entre otros—, el gobierno se echó para atrás y torció la ley para apaciguar el griterío de los manifestantes y calmar a los comunicadores afines a López Obrador.

La historia se ha repetido.

El Estado claudicó ante la provocación y otra vez sacrifica la ley para satisfacer el afán de poder del mismo personaje.

Se viene, pues, una negra y larga noche para la República.

Vicente Fox acaba de cambiar unas semanas de aplausos por décadas de oscuridad para el país.

Paco Calderón dibujó el jueves al Presidente de la República vestido como un lord inglés que en su mano traía la "Ley AMLO", al tiempo que decía "paz para nuestro tiempo". Al pie del dibujo, junto a su firma con un moño negro, puso "esta película ya la vi".

Lo que el gran caricaturista de *Reforma* estaba recordando era el Pacto de Munich. Chamberlain viajó a Alemania a decirle a Hitler que se frenara, que ya se había anexado Austria, y le preguntó qué necesitaba para detenerse. Hitler le dijo que Checoslovaquia, y se la dieron.

Chamberlain regresó feliz a Inglaterra porque ya le habían dado a Hitler lo que quería para calmarlo. "Les traigo la paz", dijo a los ciudadanos. O como lo apunta Paco Calderón: "paz para nuestro tiempo".

Toda proporción histórica guardada, así de negro es el panorama que le espera a México después de la capitulación del Presidente para contentar a López Obrador, apaciguarlo y frenar la campaña periodística en su contra.

Le regalaron la cabeza de Macedo de la Concha y le ofrecieron cambiar las leyes para no afectar sus propósitos personales.

El panorama es negro no sólo por lo que significan señales como el asedio de perredistas al padre del ex subprocurador Javier Vega Memije en Guerrero.

O por el acoso de simpatizantes de López Obrador a la mamá del presidente Fox en el Rancho San Cristóbal.

O por la golpiza que le dieron al fiscal del caso López Obrador y la forma en que el diario *La Jornada* ridiculizó la agresión.

Ésas son sólo algunas muestras de lo que se viene encima a los que se opongan a su voluntad cuando López y los suyos tengan todo el poder en sus manos, la PGR y el Cisen incluidos.

Pero lo alarmante va más allá de esas anécdotas que sirven para abrir los ojos: López Obrador no sabe vivir con los contrapesos propios de un sistema democrático. Él se asume como el intérprete único de la voluntad del pueblo. Lo válido no es lo que dice la ley, sino lo que él dice escuchar de la gente. Él dictamina qué expresión ciudadana es válida y cuál no.

¿Cómo respondió a la gran marcha ciudadana contra la inseguridad en el DF?

Esa que fue la marcha más grande de la historia del México contemporáneo, recibió de él insultos y burlas.

No corrió ni un solo policía después de ese gigantesco y fundamentado reclamo.

A los mandos de la seguridad capitalina los ratificó en sus puestos y a los ciudadanos que marcharon los llamó "pirruris" que fueron "movidos por una mano negra" y que todo fue "obra de mis adversarios".

Ésa es la diferencia entre Fox y López Obrador. Al Presidente lo intimida una marcha, al jefe de Gobierno del DF le importa tres cacahuates la expresión popular.

A la marcha ciudadana contra la inseguridad en el DF la gente llegó por sus propios medios, se organizaron las familias, los vecinos y los amigos de manera espontánea y libre.

A la marcha de López Obrador asistió mucha gente por convicción, pero otra gran parte fue acarreada con el dinero del gobierno y coaccionada con la amenaza de pérdida de programas sociales, en el peor estilo del clientelismo primitivo.

Dos mil ochocientos autobuses trajeron a personas de distintos estados y movilizaron cinco mil microbuses en el Distrito Federal para la marcha del silencio que intimidó a Fox.

Ni un solo acarreado hubo en la gigantesca manifestación ciudadana contra la inseguridad en el DF, la marcha que ignoró López Obrador.

La noche que se viene encima a nuestro país es oscura y será larga. López Obrador nunca ha respetado los mecanismos de control que definen a una democracia.

Con movilizaciones y amenazas doblegó una votación legal del Congreso que lo desaforó para ser procesado por la violación de un amparo.

Desaforado, sigue despachando como jefe de Gobierno porque "así lo quiere la gente".

Un juez, un tribunal colegiado y la Suprema Corte dijeron que había violado la ley, pero él respondió con ataques al Legislativo, al Judicial y al Ejecutivo por estar "en contra de la voluntad de la gente" que se expresaba en sus mítines.

Derrotó a los tres poderes con marchas y amenazas de más movilizaciones.

Cuando le estorban las instituciones, las agrede y las doblega.

Cuando le molesta la ley, la atropella.

Es la hora que no regresa el predio El Encino a sus propietarios.

A la oposición en la Asamblea del DF la aplasta con una mayoría ignorante pero incondicional a él.

Cuando un medio de comunicación asume una postura crítica hacia su gobierno, exhorta a los trabajadores de ese diario (*Crónica*) a boicotear la línea editorial.

Cuando el empresario Carlos Ahumada exhibió la corrupción de los lugartenientes de López Obrador, lo metió a la cárcel y autorizó a que el diario *La Jornada* a fotografiarlo y a hacer escarnio de su persona.

La Comisión para la Transparencia Informativa la inutilizó llenándola de funcionarios de su gobierno y arrinconando a la consejera ciudadana.

No permite que nadie conozca los gastos de su gobierno en la construcción de obras viales.

Ni siquiera admitió que la Asamblea del DF, controlada por él, auditara los ingresos de la Asociación Civil "No nos vamos a dejar", presidida por su secretario de Gobierno, Alejandro Encinas.

En el PRD puso al presidente del partido en el Distrito Federal y en el Comité Nacional.

A Cuauhtémoc Cárdenas, su único contrapeso en el PRD, lo zarandeó el día de la marcha dejándolo atrás, a merced de los gritos de sus incondicionales, y subió al pódium en el Zócalo a Porfirio Muñoz Ledo, el adversario del ingeniero.

Estamos, pues, en la antesala de un periodo oscuro para la nación. La biografía de López Obrador no es la historia de un demócrata. Es la de un violador sistemático no sólo de la ley, sino de reglas convenidas y pactadas de manera implícita por los actores políticos, los partidos y la sociedad.

En su historia personal, López Obrador nunca ha aceptado los mecanismos de control que son propios de una democracia.

Por eso ahora la pregunta que está por resolverse es cuál va a hacer esa parte de la sociedad civil que está aterrada con lo que se viene, luego de la forma en que capituló el gobierno ante López Obrador.

phiriart@cronica.com.mx

SEMANA POLÍTICA

El privilegio de engañar

Si López Obrador nos quiere engañar con sus propuestas de gobierno, no será la primera ni la última vez que lo intente. Es su costumbre.

Pero se necesita atención médica urgente para quienes le crean sin siquiera percatarse que López Obrador no viene de la oposición sino de ejercer el gobierno durante cinco años en la capital del país.

Así es que sus promesas —50 puntos— tienen que medirse con el rasero de lo que hizo como gobernante.

Promete mejorar la seguridad. ¿La mejoró?

Promete aumentar el empleo. ¿Lo aumentó?

Promete cobrar mejor los impuestos. ¿Fue más eficiente para cobrar?

Promete combatir a fondo la corrupción. ¿La combatió?

Promete reordenar la deuda pública. ¿La reordenó?

Promete respetar la autonomía del Legislativo. ¿La respetó?

Promete acatar las leyes y las resoluciones del Poder Judicial. ¿Las acató?

Promete bajarse el sueldo a la mitad él y sus secretarios. ¿Se lo bajó?

Promete mejorar la atención en el IMSS y en el ISSSTE. ¿La mejoró en los centros de Salud del DF?

Promete elevar la calidad de educación. ¿La mejoró?

Promete no usar el cargo para ayudar amigos ni para destruir adversarios. ¿No lo usó?

Está bien que seamos un país desmemoriado, pero no puede haber tanto cinismo como para olvidar que López Obrador gobernó la capital del país los últimos cinco años.

Como si viniera de un largo retiro espiritual en el Tibet o en Bután, López Obrador se asombra de que precandidatos de otros partidos tengan *spot* en televisión y dice que él no tiene dinero para hacer campaña.

Desde el inicio hasta el último día de su gobierno, López Obrador abrumó con propaganda en televisión. No hay en la historia de México un gobierno, local o federal, que haya gastado más en la imagen del gobernante que el de López Obrador.

En *Big Brother*, en los juegos América-Chivas, en la liguilla, en la final, en los partidos de la selección, en los noticieros, en la mañana, en las telenovelas, en las películas, en la noche, en los canales nacionales, en los locales... hasta en la sopa aparecía López Obrador.

Fue tan ostentosa la campaña personal de López Obrador en televisión con dinero público, que Alejandro Encinas determinó, en sus primeras medidas, que desaparezca la imagen del jefe de Gobierno de la propaganda oficial.

Nadie como él ha gastado tanto dinero en encuestas personales, con dinero tomado del cargo que ocupó, para medir la evolución de su popularidad y cómo mantenerla.

El propio Gobierno del DF informó que pagó 260 encuestas durante la administración de López Obrador, de las cuales 241 fueron para conocer los niveles de su popularidad y la aceptación ciudadana de su persona.

En el último tramo de su gobierno mandó a las "gacelas"a adiestrarse a Israel con dinero del erario, pero aseguró que no se las llevaría a la campaña porque no necesitaba guaruras. Hoy están en su campaña y lo cuidan a él y a su familia.

Dice que no tiene dinero, pero durante el proceso de desafuero había 23 *spots* diarios en televisión, pagados por la asociación civil "No Nos Vamos a Dejar", que encabezó Alejandro Encinas y que nunca rindió cuentas.

Dice que no tiene dinero, pero a algún lado se van las cuotas de los trece mil taxis piratas del grupo "Panteras" que pagan al Frente Popular Francisco Villa, del PRD.

Dice que no tiene dinero, pero a algún lado van las cuotas que pagan los 100 mil ambulantes controlados por organizaciones lideradas por René Bejarano en

López Obrador promete garantizar la seguridad pública. Bien. ¿La garantizó en el Distrito Federal, donde gobernó hasta hace muy poco? Bajo su administración los secuestros se duplicaron. Sólo en lo que se refiere a denunciarlos, hubo 913 plagios de alto impacto y alrededor de seis mil de tipo exprés, lo que da —según las cifras secretas oficiales—, unos siete mil secuestros durante los cuatro años y ocho meses de su mandato.

YOO QUIEROO SEEER PRESIDEENTEEE !!!

nueve delegaciones.

Dice que no tiene dinero, pero a algún lado van las cuotas que semana a semana pagan los giros negros a las autoridades delegacionales del PRD para poder operar.

Dice que no tiene dinero, pero en algún lugar está lo que le descontó a los burócratas durante su desafuero, a razón de dos mil pesos a directores; seis mil 400 pesos a subdirectores; cuatro mil 900 a jefes de

Pablo Hiriart

phiriart@cronica.com.mx

Unidad Departamental; cuatro mil 100 a Coordinadores de Proyecto; y tres mil 200 a Enlaces Administrativos.

Dice que no tiene dinero, pero en algún lugar está lo que obtenía su secretario particular con las extorsiones a contratistas para agilizar los pagos de obras realizadas, como todos pudimos ver en televisión.

Dice que no tiene dinero, pero por alguna razón las obras más importantes de su gobierno se realizaron por la vía de la adjudicación directa.

Dice que no tiene dinero, pero cuando la mayoría perredista de la Asamblea aprueba en comisiones que se construyan edificios de seis a diez pisos en Coyoacán y Álvaro Obregón (San Ángel), más "corredores urbanos" con cantinas y centros nocturnos en esas delegaciones, suena precisamente a eso que López Obrador dice que no tiene: dinero.

Dice que no tiene dinero, pero entregó a dos constructoras privadas 38 hectáreas de Santa Fe a cambio de los puentes de la avenida de Los Poetas. La obra costó a esas empresas 850 millones de pesos, y dividieron el terreno en 600 lotes de a dos millones de pesos cada uno, con lo que obtendrán mil 200 millones de pesos. Eso les dejará a los socios del GDF una ganancia neta mínima de 350 millones de pesos. ¿No tiene dinero para la campaña?

Bueno, pero vamos por partes.

López Obrador promete garantizar la seguridad pública. Bien. ¿La garantizó en el Distrito Federal, donde gobernó hasta hace muy poco?

Bajo su administración los secuestros se duplicaron.

Sólo en lo que se refiere a denunciados, hubo 913 plagios de alto impacto y alrededor de seis mil de tipo exprés, lo que da —según las cifras oficiales—, unos siete mil secuestros durante los cuatro años y ocho meses de su mandato.

Treinta y nueve plagiados fueron asesinados durante su cautiverio, de los cuales 14 eran menores de edad.

En el Distrito Federal se da el 44 por ciento de los secuestros que se realizan en el país. Al inicio del gobierno de López Obrador, era sólo el 25 por ciento.

En la actualidad hay 287 secuestradores, con orden de aprehensión, que están libres en el Distrito Federal.

De acuerdo con cifras del Consejo Ciudadano para la Seguridad Pública y la Justicia Penal, la capital del país es la segunda ciudad del mundo con mayor cantidad de secuestros.

Ocupamos el primer lugar mundial con más asesinatos de automovilistas y con más asaltos a transporte de carga.

Entre 2001 y 2004, el narcomenudeo creció en el Distrito Federal en 762 por ciento, de acuerdo con el reporte de la Procuraduría General de la República llamado Problemática Social generada por el narcomenudeo.

Ahí la PGR asienta que el número de tienditas en las que se vende droga en el Distrito Federal es de dos mil 111 expendios.

El informe asienta que la subsecretaría de Servicios Educativos informa que 62 mil estudiantes de secundarias públicas del Distrito Federal, ya son consumidores de drogas.

En total se comercializan 18 mil kilos de droga al menudeo al año aquí en la capital de la República.

Sólo en robo de vehículos el Gobierno de López Obrador puede presumir que hubo un descenso durante su administración, pero ese delito ha disminuido en todo el país.

En diciembre del año pasado, el Gobierno del DF admitió que fue incapaz de reducir los delitos en 15 por ciento como ofreció.

Y cuando cientos de miles de capitalinos marcharon en demanda de seguridad pública, López Obrador dijo que eran pirruris movidos por una mano negra.

¿Ese es el que va a garantizar la seguridad pública si llega a Presidente? (*Primera parte. Continuará*)

NACIONAL | 3

Que Napito *no pidió asilo; Canadá no confirma ni desmiente; la PGR niega que haya orden de aprehensión*

MUNDO | 17

Revelan que un grupo de marines asesinó a sangre fría a 24 civiles en Irak; habrá castigo si violaron la ley: Bush

LA ESQUINA

Que los hospitales del DF tienen medicinas suficientes y además son gratis. Eso dice Alejandro Encinas y acusa a *Crónica* de mentir. ¿Mentira? No, Encinas niega lo evidente. Se parece a alguien que niega las encuestas y que cuando le enseñaron un condón con propaganda suya lo tomó y dijo a la prensa: "Esto no existe". Como se ve, el susodicho dejó escuela.

PRESIDENTE:
Jorge Kahwagi Gastine

JUEVES 1
JUNIO 2006
AÑO 10 Nº 3548/ **$7.00**
www.cronica.com.mx

LA CRÓNICA DE HOY

Pacientes de hospitales del GDF confirman desabasto

Madrazo: la propuesta de AMLO quebraría al país... me la pirateó .4

DESMIENTEN LA GRATUIDAD

Ivone Islas, en el hospital Tacubaya
"Me dicen en la farmacia que no tienen albendazol, que es la que necesita mi bebé porque tiene lombrices, y la tuve que comprar. Me costó como 150 pesos".

Lilia Hernández, en el pediátrico de Moctezuma
"No había medicamentos suficientes y querían esperarlos. Con tal de que mi niña no pasara la noche ahí en observación, salí a comprar diclonacilina".

Heladio, en el pediátrico de San Juan de Aragón
"Los medicamentos para la recuperación de mi esposa los tuve que traer, y no me importa, con tal de que Magdalena esté bien, pero apenas vienen los gastos".

Juan Manuel Rivas, hospital La Villa
"La gratuidad es una jalada; hasta vendas tuve que traer de la farmacia", afirma al mostrar una lesión en el brazo derecho y otra en el cuello.

Isabel Lara, en el hospital Balbuena
"Estamos intentando juntar dinero; mi papá se accidentó y tuvimos que internarlo. Pero nos dicen que hacen falta medicamentos para su recuperación".

Es falso, responde Encinas .13

Sólo si Ebrard gana seguirán medicinas gratis, dicen a pacientes .14

Anaqueles semivacíos en sus nosocomios: los familiares deben salir a comprar vendas, algodón, pañales, suero, fármacos...

[ALEJANDRA SÁNCHEZ y M. CASTILLO]

Pacientes y familiares de hospitales del GDF confirmaron el desabasto de medicinas e insumos que registran nosocomios como los pediátricos Moctezuma, San Juan de Aragón y Tacubaya, los generales de Iztapalapa, Balbuena y La Villa y el materno-infantil Inguarán.

Esa situación obliga a los pacientes de estos nosocomios, la mayoría de escasos recursos, a comprar sus propias medicinas y materiales de curación, con lo cual se incumple la Ley de Medicamentos y Servicios Médicos Gratuitos, que entró en vigor la semana pasada.

Crónica realizó un recorrido por estos lugares y constató que sustancias incluidas en la lista de medicamentos gratuitos no se entregan a los pacientes porque la Secretaría de Salud no las ha surtido. Además, los familiares deben salir a comprar vendas, algodón, pañales para adulto, suero, agujas... .13

Así lucen los anaqueles de la farmacia del hospital de Xoco.

ALONSO GALLEGOS

Roberto Madrazo | AMLO

"¿Y cuándo nos empezarán a dar ese dinerito?", preguntan en mitin en el que López promovió su proyecto .4

Alerta Vicente Fox contra el "tabasquismo" .2

CIUDAD | 15

Acusan a Reyes Gámiz de proteger a la lideresa sindical de ALDF que mintió para conseguir crédito para su hermana

NACIONAL | 10

Murió la cantante española Rocío Jurado, "rodeada de su familia, como ella quería"

crónica

33 ciudad df

MARTES, 16 NOVIEMBRE 2004   ciudaddf@cronica.com.mx

CUÉNTELE A CRÓNICA | DENUNCIAS

Tel.: 1084-5825
1084-5851
Fax: 1084-58-59

"Esto no existe", le dice López al condón

PROPAGANDA CON RECURSOS DEL ERARIO

▶ Enmudece al tener en sus manos el preservativo que reparte el PRD para promover su imagen ▶ Asegura el GDF que son de la Secretaría de Salud

[RAYMUNDO SÁNCHEZ]

Con mano trémula, riendo nerviosamente, Andrés Manuel López Obrador sostuvo uno de los condones propiedad del Gobierno del DF que tiene atrás las las siglas de la Secretaría de Seguridad Pública (SSP) y que el PRD capitalino usa para promocionar la imagen del tabasqueño y defenderlo del desafuero.

Al verlo con detenimiento y desconfianza, sólo atinó a decir: "¡No existe esto, no existe esto!", como queriendo exorcizar el objeto y sin ofrecer explicación alguna de por qué su partido promueve su campaña con recursos que son del gobierno local.

En la conferencia matutina, López Obrador quiso demeritar la nota publicada ayer por **CRÓNICA**: "¿Cómo van a sacar esto, hoy es lunes, cómo vamos a empezar con esto? ¡Levanten el nivel!" Pero las luces de los flashes de las cámaras le pegaban directo mientras seguía observando el preservativo. Le daba vuelta y por eludir el tema.

"Así como salió el simicondón, también ya salió éste, mírelo", dijo el reportero al jefe de Gobierno cuando le entregó el objeto, luego de que el tabasqueño había hablado durante 10 minutos sin interrupción.

—El problema es que son de la SSP y los está repartiendo el PRD para promocionar su imagen —añadió el periodista.

—Miren, ahí está, estamos hablando de esto y vienen con esto —respondió López, tratando de que el asunto se viera, según él, como falta de profesionalismo de los medios.

—Hay desvío de recursos ¿qué tiene que decir? Es de SSP y lo reparte el PRD.

—¡No existe eso!

—¡Pero lo tiene en la mano! ¿Entonces qué es?—, replicaron en coro los reporteros.

—Es Seguretec —la marca del condón—, no, pero ¿cómo vamos a empezar con esto, levanten el nivel, porque acuérdense que estamos en una sala de prensa que lleva el nombre de Francisco Zarco.

> "Cómo van a sacar esto, hoy es lunes, cómo vamos a empezar con esto". Levanten el nivel, sentenció a medios

López Obrador buscó con la mirada a alguien que le lanzara una pregunta más cómoda, lo que le dio resultado, pues del fondo de la sala se escuchó una voz que pedía detalles sobre la consulta que en diciembre realizará el GDF para someter a revocación el mandato del tabasqueño.

Cuando ya daba por sentado que había librado el asunto y que nadie le preguntaría más sobre los condones, el jefe de Gobierno dio por terminada la conferencia.

No obstante, cuando se disponía a salir de la sala de prensa otra vez se escuchó: ¿Le va a preguntar a Marcelo Ebrard por qué le dio condones al PRD?

—Ahorita lo vemos, es más, me lo llevo —dijo, y regresó por el preservativo que había colocado sobre el atril, se lo echó a la bolsa y se fue sin decir más.

BUENO, SÍ EXISTE. Más de 12 horas después, el Gobierno local aceptó los preservativos existen y, a través de un comunicado, informó que "se trata de una irregularidad la utilización del preservativo para fines propagandísticos".

También sostuvo que "reprueba que se añada información que desvirtúe los objetivos del programa de prevención de transmisión del VIH/SIDA de la ciudad de México"

Explicó que "si algunas organizaciones que distribuyen los condones añaden información al empaque, lo hacen bajo su exclusiva responsabilidad".

MUESTRA. Andrés Manuel López Obrador, durante la conferencia de prensa de ayer.

ARIEL ÁLVAREZ

Los condones, precisó el documento, son distribuidos por la Secretaría de Salud del Distrito Federal de manera gratuita y "se han entregado a diputados de todos los partidos políticos, a las 16 delegaciones, (y) asociaciones civiles de todas las tendencias".

El gobierno capitalino determinó ayer que con las siglas SSP se identifica "a la Dirección General de Servicios de Salud Pública y no a la Secretaría de Seguridad Pública".

ASAMBLEÍSTAS

En este caso se configura el delito de peculado

[ELBA MÓNICA BRAVO]

■ Diputados locales del PAN y del PRI criticaron ayer la distribución de condones que hace el Partido de la Revolución Democrática con la imagen del jefe de Gobierno, Andrés Manuel López Obrador, que incluye leyendas con las que promueve su defensa en contra del desafuero, y señalaron que analizan la posibilidad de presentar una denuncia penal por el delito de peculado.

El coordinador de la bancada panista, José Espina, comentó que posiblemente se hayan desviado los recursos de la Secretaría de Seguridad Pública (SSP) al utilizar el presupuesto para "fines distintos a su función" y que el PRD se encargue de distribuir los condones.

Su compañero de bancada, José María Rivera Cabello, expresó que "resulta confuso cómo pasaron los recursos de la dependencia encargada de combatir la inseguridad en la ciudad a un partido político", por lo que "es necesario conocer el modus operandi y que las autoridades deslinden responsabilidades".

APRENDIÓ RÁPIDO. El legislador aseguró que se trata de "una distracción de recursos públicos, como lo hizo por muchos años el PRI, pero el PRD aprendió rápido y hace exactamente lo mismo", tras indicar que en este caso "estamos frente al delito de peculado por el uso de recursos del erario para un fin particular como es promover la figura del jefe de Gobierno".

En entrevista expresó que la Asamblea Legislativa solicitará información al secretario de Seguridad Pública, Marcelo Ebrard, para conocer de qué partida y la forma en la que se adquirieron los condones con la imagen de López Obrador.

"Debe proporcionar información a este órgano, porque si la esconde entonces ya no se trata de desvío de recursos sino de robo", y agregó que también es necesario que la Secretaría de Salud emita una posición al respecto.

Entrevistado por separado, el legislador del PRI Mauricio López indicó que "estamos frente a un delito de peculado, luego de que el PRD utiliza los recursos de la dependencia para promover la figura y defensa del jefe de Gobierno".

Bátiz exonera a los que hacen esta campaña

El Procurador capitalino, Bernardo Bátiz, sostuvo ayer que la repartición de condones propiedad de la Secretaría de Seguridad Pública a los que el PRD-DF pegó propaganda a favor de Andrés Manuel López Obrador, "no tiene una significación de carácter penal", por lo que la dependencia a su cargo no indagará la presunto desvío de recursos.

Incluso dijo al reportero que le preguntó: "si quiere usted hacer la denuncia, preséntela ante el Ministerio Público".

Entrevistado al término de la reunión de gabinete local de Seguridad Pública, Bátiz apuntó que "si alguien hace la denuncia, por supuesto que investigaremos. Si alguien, usted u otra gente tiene sospecha de que esté un desvío de recursos con mucho gusto investigamos".

—¿No se persigue de oficio? —se le preguntó.

—No conozco ese hecho, ustedes me lo están diciendo, luego ustedes dicen afirmaciones. Yo no puedo dar una opinión de un hecho que ustedes me dicen que está sucediendo.

—Son condones de SSP que reparte el PRD con propaganda de López Obrador.

—No conozco esa información, no sabía yo que reparten condones. *(Raymundo Sánchez)*

PABLO HIRIART

Todos contra la aplicación de la ley, desde la Diana hasta el Zócalo, porque esta vez afecta a López Obrador. Ya habrá oportunidad para que salgan de nuevo a marchar para exigir que se aplique la ley, cuando el infractor sea un enemigo político de López Obrador. En eso está convertido el PRD. En guardián del populismo que enarbola López Obrador, porque así le conviene a él.

SEMANA POLITICA

Populismo vil

Cien pesos, una gorra, una camiseta, una playera, un lunch, cobro de favores, promesa de una dádiva, chantaje, coacción, pase de lista, acarreo, uso de recursos públicos, ... todo eso y más se vio ayer en la marcha organizada para defender a López Obrador.

Sin duda hubo quienes asistieron por convicción o por rutina, pero la constante fue otra: la manipulación de las necesidades de la gente.

¿Por qué el PRD acude a las mismas prácticas que caracterizaron al populismo priista?

Porque son los mismos.

El PRD está asfixiado por la línea populista de algunos que se salieron del PRI cuando ese partido comenzó a cambiar sus dogmas en materia económica.

El problema del PRD es que no es de izquierda, ni es moderno ni tiene propuesta alternativa. Es populista a secas.

Y como carece de propuestas, a la hora de gobernar se acopla a las que critica.

Ahí está como muestra evidente el evento de ayer y el discurso de López Obrador y el discurso de López Obrador.

Qué tiene que ver la izquierda o un partido moderno con el acarreo clientelar y coercitivo para llevar a un mitin a gente enganchada por el estómago, que teme perder la pensión que le da el gobierno capitalino?

¿Qué partido es ese que organiza una marcha para impedir que se aplique la ley?

Es muy legítimo marchar en contra de una ley que se considere injusta, pero este no es el caso.

Lo que López Obrador violó fue la ley de Amparo, que no está a discusión por nadie.

Y la marcha de ayer fue para intimidar al Congreso.

Para evitar que se acceda a la petición del Poder Judicial de quitarle el fuero al Jefe de Gobierno y juzgarlo por desacato.

La acusación de un juez contra López Obrador no es un complot para inhabilitarlo. Nadie lo forzó a violar un amparo y a sentarse en los exhortos del poder judicial para acatar el fallo.

Lo que está en juego es la garantía que tiene un particular de que un gobernante, por poderoso que sea, no le va a afectar su propiedad sin razón legal.

En entredicho está el carácter inviolable de la propiedad privada. Hasta el gobierno comunista de China ha incluido en su Constitución el respeto a la propiedad privada.

Pero aquí el mariachi de la policía controlada por López Obrador canta

que la palabra de su jefe es la ley. Y el jefe viola amparos, reta al poder judicial y para resolver una controversia jurídica saca a gente a la calle mediante el acarreo y la coerción.

Eso es el populismo. El populismo autoritario de López Obrador.

Es el populismo que no propone nada, porque sus ofertas están determinadas por el oportunismo. Que critica las privatizaciones y la apertura comercial, sin ofrecer ninguna propuesta alternativa.

Que vocifera contra las privatizaciones mientras se deshace en atenciones hacia el beneficiario de ellas, para tenerlo como aliado.

Que hace de la crítica al neoliberalismo el eje de su discurso, pero no ofrece nada concreto a cambio.

Que protesta porque compramos gas y gasolina a alto precio en el extranjero, pero que impide las reformas para remontar esa desventaja grave que tenemos como país.

Que exige castigo a los empresarios involucrados en Fobaproa, pero premia con la asignación de contratos, sin concurso, a los empresarios que mayores beneficios sacaron del rescate bancario, porque eso le conviene a López Obrador.

Que ofrece medicamentos gratis, becas a discapacitados, detonar la industria de la construcción, pensión universal para viejitos, pero se opone a una reforma fiscal para que el Estado tenga más recursos.

Que propone crear empleos como una forma de abatir la delincuencia, pero en el DF, entidad que gobierna, el desempleo tiene el índice más elevado de todos los estados del país.

Es muy legítimo marchar en contra de una ley que se considere injusta, pero este no es el caso.

Lo que López Obrador violó fue la ley de Amparo, que no está a discusión por nadie.

Que para atacar a la delincuencia plantea abatir la corrupción, cuando los policías de élite del Distrito Federal brindan protección a bandas de secuestradores.

Que minimiza el asesinato de un anciano a garrotazos en Oaxaca, porque ese silencio fortalece los acuerdos de López Obrador con José Murat.

Que hace de la honestidad un lema de campaña, pero al llegar al gobierno se despachan con extorsiones en dólares transferencias a Las Vegas para pagar vicios privados, y nadie está detenido porque los inculpados son cercanos a López Obrador.

Que critica el elevado monto de la deuda externa, cuando ésta se disparó en la época que gobernaban quienes hoy apoyan a López Obrador, él estaba en el PRI, y la deuda bajó cuando llegaron a la Presidencia los que aborrece y ataca López Obrador.

Que se presenta como defensor de los derechos humanos, pero meten a la cárcel a un joven indígena de 15 años que luego fue asesinado

en el penal, y rechazaron la amonestación de la Comisión de Derechos Humanos del DF porque eso empaña la imagen de López Obrador.

Que ofrece para el país pulcritud y austeridad con los recursos públicos, pero se sirven con la cuchara grande a la hora de promover la imagen personal del jefe de Gobierno con recursos del erario.

Que sus aliados en los medios ocultan el secuestro y asesinato de una eminencia médica, porque eso empaña la figura de López Obrador. Y publican a toda plana cuando la policía capitalina detiene a dos de los plagiarios, porque eso levanta la imagen de López Obrador.

Que se proclama juarista, pero le regala a Iglesia terrenos por más de 150 millones de pesos para que hagan negocios con las criptas.

Que coarta la libertad de un preso enemigo suyo. Ahumada, para dar entrevistas y decir su verdad, y le organiza una conferencia de prensa a los presuntos terroristas de la ETA que están en el reclusorio, porque son de los afectos de López Obrador.

Que ataca la impunidad, pero no toca a Bejarano, porque es el guardián de los secretos de López Obrador y uno de los organizadores del mitin de ayer.

Ese es el populismo y el oportunismo que hoy se defiende como gato feroz arriba en las calles de la capital.

Todos contra la aplicación de la ley, desde la Diana hasta el Zócalo, porque esta vez afecta a López Obrador.

Ya habrá oportunidad para que salgan de nuevo a marchar para exigir que se aplique la ley, cuando el infractor sea un enemigo político de López Obrador.

En eso está convertido el PRD.

En guardián del populismo que enarbola López Obrador, porque así le conviene a él.

phiriart@cronica.com.mx

Mientras López quiere abatir la delincuencia, sus policías dan protección a bandas de secuestradores.

Los medios afines a AMLO ocultan el asesinato de una eminencia médica para no afectar su imagen.

NACIONAL | 9

Asesinan de dos balazos en McAllen a Trigo Figueroa, hijo del cantautor Joan Sebastian

[NAVELY RAMÍREZ MAYA]

NACIONAL | 6

El IEE declara ganador en Chiapas a Sabines; PRI, PAN y Panal lo desconocen e impugnarán ante el Trife

LA ESQUINA

Los venados de Carlos Ahumada amanecieron muertos. Envenenados. Y la esposa del constructor encarcelado recibió un mensaje claro de amenazas si su marido sigue con la idea de ser entrevistado. ¿Qué es eso? De seguro los venados se suicidaron para dejar mal parado a López Obrador. Otro complot, pues.

PRESIDENTE:
Jorge Kahwagi Gastine

LUNES 28
AGOSTO 2006
AÑO 11, Nº 3656 / $7.00
www.cronica.com.mx

LA CRÓNICA DE HOY

No tenemos respeto a las instituciones: AMLO

- "Van a decir que estamos locos", expresa en el Zócalo ■ Dice que el día 16 la convención elegirá entre: **a)** Presidente legítimo **b)** Jefe de Gobierno en Resistencia **c)** Encargado del Poder Ejecutivo **d)** Coordinador Nacional de la Resistencia Civil Pacífica

[ALEJANDRO VELÁZQUEZ CERVANTES]

Ante simpatizantes congregados en el Zócalo, Andrés Manuel López Obrador se refirió a sus adversarios políticos y fue terminante: "¡Ya no nos importa lo que hagan! ¡No tenemos ningún respeto por sus instituciones, porque no son las instituciones del pueblo!"

Se preguntó "¿qué haremos si el Tribunal convalida el fraude y respalda a los delincuentes que nos quieren robar la elección presidencial", y el mismo se contestó: "Si formamos un legítimo Gobierno de la República o una Coordinación Nacional de la Resistencia Civil Pacífica...".

Y anticipando el fallo del Tribunal Electoral llamó a formar "un legítimo gobierno o una Coordinación Nacional de la Resistencia Civil Pacífica... o si se elige a un Jefe de Gobierno en Resistencia, a un encargado del Poder Ejecutivo a un Coordinador Nacional de la Resistencia Civil Pacífica. Todo ello mientras dure la usurpación". .3

Cabañas da 4 arponazos al tiburón

Salvador Cabañas festeja uno de los cuatro goles que metió al Veracruz en el triunfo de 5-1 del América. El delantero paraguayo se puso al frente de la tabla de goleadores. .48

Sin licitar, Leonel Cota privatizó el transporte público de La Paz .6
[JORGE LEDESMA EN LA PAZ]

En San Blas es inevitable hablar de los náufragos y el *narco*

El Paraje del Rey, en San Blas.

[DANIEL BLANCAS M. EN SAN BLAS]

Bajo un descascarado guamúchil, en el embarcadero del Paraje del Rey y a un kilómetro de la casa del capitán de navío de San Blas, suelen cerrarse los tratos más jugosos del narcotráfico. Ahí viven, ahí están, los pescadores de parranda, los *cocodrilos*... Así les dicen por su inclinación a la cocaína y a la mariguana. Los contactos saben dónde encontrarlos

y les basta una pregunta para iniciar la operación...

—Tengo un viajecito, ¿quién es quiere ganar 20 bolsas de un jalón..?

Enfrente, en un centro botanero donde los pescadores despilfarran su dinero, envalentonado por el sopor y el alcohol, Alejandro, alias *El Pollita*, comenta el tema de moda: los náufragos de las Islas Marshall.

—Esos tres son hierberos —acusa. .10

SALUD | 42

Nature corrige: en la obtención de células madre científicos de EU si destruyeron los embriones

NACIONAL | 14

Alerta la PGR sobre dos nuevas drogas de diseño que venden en antros; causan aneurisma o infarto

[ISRAEL YÁÑEZ G.]

SEMANA POLÍTICA

Sí es un peligro

Ahí está buena parte del peligro: con gritos y amenazas, López Obrador y su estado mayor intimidan a las instituciones.

Bastó con que el presidente del PRD, Leonel Cota, acusara al presidente del IFE de estar en un complot contra López Obrador y que ante ello convocaría a movilizaciones, para que la Junta Ejecutiva de ese instituto se pusiera a temblar.

Sus integrantes acordaron que debía ser retirada la publicidad de Felipe Calderón que se refería de manera directa a López Obrador, por implicar "calumnia, infamia, injuria y difamación".

Afortunadamente el pleno del IFE dio marcha atrás en la decisión de la Junta. Pero ahí queda ese botón que evidencia el pánico que tienen en instituciones clave, a los enojos (López Obrador y al escarnio de su prensa.

En el *spot* de Calderón aparece el candidato del PRD con su célebre sentencia de "cállate chachalaca" al Presidente de la República.

¿De quién es la injuria?

¿De López Obrador que la profirió, o de Felipe Calderón que la exhibió?

Dos periodicazos bastaron para que los integrantes de la Junta Ejecutiva del IFE propusieran hacer callar al denunciante y no al agresor.

El hecho confirma que eso nos espera si gana López Obrador. Las instituciones dobleadas ante el autoritario que las pone contra la pared.

"Endeudó al Distrito Federal", dice el *spot* de Calderón.

¿Dónde está la infamia, la calumnia, la difamación?

López Obrador recibió el Gobierno del DF con una deuda de 28 mil 649 millones de pesos, y entregó su administración con 43 mil 527 millones de deuda.

Sólo por intereses de esa deuda los capitalinos pagamos siete mil millones de pesos anuales.

El pago por los servicios de la deuda supera ligeramente a lo que el Gobierno del DF destina a sus programas sociales, lo que quiere decir que sin el manejo desastroso de la economía capitalina, habría el doble de recursos para programas sociales.

¿Dónde está la calumnia? ¿Dónde la injuria?

La Junta Ejecutiva del IFE quiso castigar a quien dio a conocer que, efectivamente, López Obrador tuvo un pésimo manejo de las finanzas públicas en el Distrito Federal.

Claro que es un peligro.

Ahí están, en sus cifras, en sus palabras, en sus reacciones, las evidencias de su nocividad.

ese peligro, Calderón convoca en sus *spots* a ahuyentarlo con votos. Eso es todo.

Su peligrosidad la conocemos, porque él ya gobernó.

Y los que son como él, también ya gobernaron.

López Obrador ya ha dado muestras una y otra vez que atropella el Estado de derecho.

Que es un destructor de instituciones.

Y que no rinde cuentas.

Esos tres elementos, Estado de derecho, instituciones sólidas y rendición de cuentas, son tres pilares de los estados democráticos modernos.

A los tres los zarandeó.

Violó amparos de ciudadanos y de empresas, como en el caso de El Encino.

Se negó a pagar por predios expropiados, como el Paraje San Juan. "No pago y háganle como quieran", dijo.

Al dueño del Paraje lo metió a la cárcel, por reclamar sus derechos.

Ahora Alejandro Encinas ha tenido que enmendar la plana: liberar al propietario y empezar a pagar la indemnización de ley.

la empresa Eumex le violó cuanto amparo presentó.

Persiguieron a sus directivos, allanaron propiedades y detuvieron trabajadores.

Todo porque Eumex quiere hacer valer un contrato legal firmado con el Gobierno del Distrito Federal.

¿No es un peligro?

Con las instituciones no ha tenido consideración alguna.

A la Comisión de Derechos Humanos del DF la nulificó poniendo oídos sordos a sus quejas.

A la institución presidencial, en un ámbito democrático como el que vivimos, la ha tratado con la punta del pie.

> Ahí están tres pilares del estado democrático moderno: Estado de derecho, instituciones sólidas y rendición de cuentas.
> Contra los tres la ha emprendido López Obrador.
> Y eso que su poder es acotado.
> Desde la Presidencia será imparable.

El Poder Judicial, especialmente la Suprema Corte y el presidente de ella, fueron acusados por López Obrador de bribones, complotadores y vividores, y los tiene amenazados con una reforma a modo en caso de ganar la Presidencia.

Manejó a la Asamblea Legislativa del DF como si fuera un apéndice de su gobierno.

Al legislativo lo intimidó y sus colaboradores orquestaron la toma de San Lázaro cuando quisieron reventar las sesiones.

Al IFE lo tiene sentenciado y contra la pared.

"Desde Los Pinos y el IFE existe una tentativa común de no reconocer el eventual triunfo del candidato de la coalición Por el Bien de Todos", dijo Leonel Cota en entrevista con *La Jornada*.

Por eso el PRD anunció que "convocará a movilizaciones en los cierres de campaña, que espero sean tan contundentes como para detener a Fox y a Ugalde", agrega la nota.

Él ha repetido que no confía en el árbitro (el IFE).

Intimidación pura contra las instituciones para doblegarlas a su voluntad y conveniencia.

A los medios de comunicación también los intimida.

Contra *Crónica* su partido lanzó a los Panchos Villa a "clausurar" el diario porque no le gusta su crítica.

López Obrador mismo, desde el Gobierno del DF, llamó a los periodistas de este diario a "rebelarse" contra la postura editorial de *Crónica*.

Hace unos días buscó intimidar a los comediantes de "El Privilegio de Mandar".

El programa, que suele ser ácido con personas como Elba Esther Gordillo, Fox, Palacios Alcocer y Felipe Calderón entre otros, en una emisión reciente satirizó a López Obrador y éste se enojó y amenazó.

En lugar de tomarlo como ejercicio de libertad de expresión en una parodia, López Obrador no soportó la crítica y advirtió al presidente de Televisa, Emilio Azcárraga Jean, que de ahora en adelante vigilaría con detención "los contenidos" de sus programas.

¿No es un peligro?

En su gobierno, rendición de cuentas simplemente no hubo.

Es la hora que no se integra el Instituto de Información Pública en el Distrito Federal. Y no lo integran porque ocultan chapuzas financieras que lo perjudicarían como candidato.

La Contaduría Mayor de Hacienda de la Asamblea ha detectado irregularidades millonarias en la construcción del distribuidor de San Antonio y del segundo piso del Periférico.

¿Qué explicación ha dado a eso? Ninguna. Su mayoría en la asamblea lo tapa todo.

Sin licitación por medio la administración de López Obrador entregó durante cinco años al menos ocho contratos por más de 62 millones de pesos a la empresa Tere Struck y Asociados.

¿Y qué hay con esa empresa?

Es la que ahora le elabora la publicidad al candidato López Obrador.

La Contaduría Mayor de Hacienda detectó esa irregularidad y apuntó que tales contratos debieron darse mediante licitación.

¿Y? No pasa nada. Porque la rendición de cuentas no es lo suyo.

Con las licencias de conducir se acaba de detectar un fraude por más de 20 millones de pesos, cometido por funcionarios que nunca ingresaron a las arcas del GDF el monto recaudado en la expedición de 58 mil licencias.

¿Cuántos detenidos hay? Ninguno.

¿Dónde está el dinero? Quién sabe.

Ahí están tres pilares del estado democrático moderno: Estado de derecho, instituciones sólidas y rendición de cuentas.

Contra los tres la ha emprendido López Obrador.

Y eso que su poder es acotado. Desde la Presidencia será imparable.

Si a todo lo anterior le sumamos su carácter intolerante.

Más el desastre fiscal que fue su administración.

Más su ignorancia del mundo en plena época de globalización, pues...

Claro que es un peligro para la República.

Un peligro al que los ciudadanos deberán vencer con votos.

Pablo Hiriart

phiriart@cronica.com.mx

NACIONAL | 12

Renuncian a la fracción del PRI 18 diputados federales vinculados al magisterio

[LUCIANO FRANCO]

NACIONAL | 17

Ejecutan en una emboscada a tres agentes de Inteligencia de la PFP en Nuevo Laredo

[JESÚS HERNÁNDEZ EN NUEVO LAREDO]

LA ESQUINA

En el Foro Mundial del Agua dominaron las voces de alerta por el descuido de los gobiernos para con el agua. Se va a acabar. Tres mil 900 niños mueren al día por mala calidad del agua. Ése era el tenor allá adentro. Y afuera, grupos políticos chocaban con la policía porque querían entrar por la fuerza al Foro a evitar que privaticen el agua. La paranoia es de risa.

PRESIDENTE:
Jorge Kahwagi Gastine

VIERNES 17
MARZO 2006
AÑO 10 Nº 3473/ $7.00
www.cronica.com.mx

LA CRÓNICA DE HOY

López al Presidente: "Cállate chachalaca"

Aspiran 23 ex gobernadores a una candidatura del tricolor .12

[ALEJANDRO PÁEZ]

Partidos, comunicadores, legisladores y Presidencia condenan la hostilidad contra CRÓNICA: un diputado-líder de los *Panchos Villa* advierte que pueden repetir agresión .10

¿QUÉ ES LO BÁSICO A RESCATAR EN EL LEGADO DE BENITO JUÁREZ?

BICENTENARIO

"Para construir un México mejor, los mexicanos debemos

retornar la vida, pensamiento y actitud de Benito Juárez. De Juárez se puede retomar todo, incluyendo su postura contra la intervención extranjera".

Álvaro Ruiz Abreu
Escritor y crítico

Se lo dije despacito, porque yo no hablo de corrido, se burla AMLO en Oaxaca

[ALFONSO CRUZ EN SALINA CRUZ]

En la discusión sobre si se pueden bajar o no las tarifas eléctricas, Andrés Manuel López Obrador arremetió otra vez contra el Presidente: "Ya le tuve que decir, así, despacito porque yo no hablo de corrido, le dije: Cállate Cha-cha-la-ca; dice que no se puede, cómo no se va a poder, todo va a depender de que acabemos con la corrupción en el gobierno".

En Salina Cruz, el candidato del PRD a la Presidencia dijo que Petróleos Mexicanos dejará de ser el "charrito que lo aguanta todo". Para ello, pidió el apoyo del pueblo, de los petroleros y de los técnicos de la paraestatal para "limpiar a Pemex y al gobierno de la corrupción".

Prometió que de llegar a la Presidencia construirá tres refinerías para que en un plazo de tres años el país deje de importar gasolina. .14

Patrulla destruida frente al Museo Nacional de Antropología.

DAVID DEOLARTE

El Foro rechaza privatizar agua; afuera es pretexto de vandalismo

[RAÚL CRUZ, DANIEL BLANCAS Y NANCY ESCOBAR]

Mientras en los discursos los jefes de Estado, ministros y especialistas desmienten en voz alta los supuestos intentos por privatizar el recurso, en las calles de la ciudad de México, sede del IV Foro Mundial del Agua, miles de manifestantes protestaron contra esa idea, que ni siquiera es tema en la reunión.

Un grupo de manifestantes se enfrentó a la policía y destrozó una patrulla enfrente del Museo Nacional de Antropología. Antes, detuvo a jóvenes con 20 bombas molotov cuando salían del metro Insurgentes.

Los participantes en el Foro criticaron a los gobiernos por tratar con desinterés el tema del agua. .3 a 6

CULTURA | 40

Como una aceitada maquinaria sonora, la Filarmónica de Viena ofreció un concierto perfecto en el Auditorio

[RICARDO PACHECO]

CIUDAD | 18

Encinas solicita a CRÓNICA información adicional sobre la pistolización en carnavales de Iztapalapa

[ALEJANDRO CEDILLO CANO]

NACIONAL | 8

Les faltó valor para expulsarme antes, afirma Elba Esther Gordillo: "serví a México, Madrazo no será presidente"

MUNDO | 18

Hezbolá declara "guerra abierta" a Israel; van 61 muertos por ataques israelíes a Líbano

LA ESQUINA

Si el Tribunal accede a las presiones, y hay recuento voto por voto, López Obrador, magnánimo, nos dice que "acaso detendría las movilizaciones". Acaso. Pero no reconocerá el veredicto, no acatará el resultado. Eso seguro. Ni aunque se cuente voto a voto, urna por urna. O gana él, o el ganador es espurio. No hay de otra. ¿Quedó claro? ¿O tendrá López que repetirlo?

PRESIDENTE:
Jorge Kahwagi Gastine

SÁBADO 15
JULIO 2006
AÑO 11 Nº 3592 / $7.00
www.cronica.com.mx

LA CRÓNICA DE HOY

AMLO: ni con el voto por voto aceptaré a Calderón

- El panista será un "presidente espurio", dice
- Sostiene que la elección estuvo signada por la inequidad y la ilegalidad
- Califica de infamia el cómputo distrital

A ndrés Manuel López Obrador advirtió que ni aunque se hiciera un recuento de la elección voto por voto reconocería el triunfo de Felipe Calderón, quien sería un presidente "espurio".

Entrevistado por la periodista Carmen Aristegui en *W Radio*, el candidato presidencial del PRD mencionó que sí un eventual recuento voto por voto ordenado por el Tribunal Electoral del Poder Judicial de la Federación (TEPJF) le da el triunfo a Calderón, "acaso detendría las movilizaciones, pero nunca reconocería que la elección fue limpia y libre".

"Yo gané la elección presidencial... Es una vergüenza que estos fraudes se sigan haciendo".

López Obrador llamó a sus simpatizantes a instalar campamentos afuera de los 300 Comités Distritales del IFE en todo el país; a filmar con cámaras de video "cualquier cosa sospechosa a una distancia prudente", y a "presionar a los medios para que no nos cierren espacios". .5

La Guelaguetza, en peligro

Integrantes de la Asamblea Popular del Pueblo de Oaxaca quemaron ayer el tablado sobre el que bailan las delegaciones durante la celebración de los Lunes del Cerro. También se pusieron en plantón frente a las oficinas de Turismo estatal para evitar la venta de boletos a los turistas. .10

Se enfrentan Encinas y el delegado electo de Iztapalapa: el GDF no desaloja a Panchos Villa que invadieron canchas deportivas .13

DEPORTES | 34

Por corrupción en el calcio: Juventus, baja a segunda y pierde 30 puntos; Lazio y Fiorentina, a Serie B; Milan, en primera, pero fuera de Champions League y con 15 puntos menos

NACIONAL | 5

Sin alianzas en el Congreso no habrá leyes y menos reformas constitucionales: una revisión a los datos

[FRANCISCO BÁEZ RODRÍGUEZ]

ESCRIBEN	
CÉSAR FERNANDO ZAPATA	UNO
OCTAVIO SOSA	DOS
JOSÉ CONTRERAS	DOS
JUAN JOSÉ HUERTA	TRES
CÉSAR CASTRUITA	CUATRO
PONCHO VERA	23
ALEJANDRO MÉNDEZ	38
ALDO FERNÁNDEZ	43

El destructor de Pablo Hiriart
se terminó de imprimir en febrero de 2023
en los talleres de
Impresora Tauro, S.A. de C.V.
Av. Año de Juárez 343, col. Granjas San Antonio,
Ciudad de México